张海芳　主编

任务驱动下的小学语文单元整体教学

九州出版社
JIUZHOUPRESS

图书在版编目（CIP）数据

任务驱动下的小学语文单元整体教学 / 张海芳主编.

北京：九州出版社，2024.6.--ISBN 978-7-5225

-3094-9

Ⅰ.G623.202

中国国家版本馆CIP数据核字第2024MZ2544号

任务驱动下的小学语文单元整体教学

作　　者	张海芳　主编
责任编辑	安　安
出版发行	九州出版社
地　　址	北京市西城区阜外大街甲35号（100037）
发行电话	（010）68992190/3/5/6
网　　址	www.jiuzhoupress.com
印　　刷	天津中印联印务有限公司
开　　本	710毫米×1000毫米　16开
印　　张	21.5
字　　数	340千字
版　　次	2024年6月第1版
印　　次	2024年6月第1次印刷
书　　号	ISBN 978-7-5225-3094-9
定　　价	78.00元

　　《义务教育语文课程标准（2022年版）》（以下简称"新课标"）在"课程内容"部分提出，"语文学习任务群由相互关联的系列学习任务组成"，设计学习任务"要围绕特定学习主题，确定具有内在逻辑关联的语文实践活动"。这就要求我们实现教与学方式的变革，设计出具有驱动力、整合力、发展力的单元学习任务，在真实情境下，以任务为驱动，引导学生完成系列任务，自主进行语文实践活动，从而实现自主学习、主动建构。

　　设计什么样的学习任务可以整合单元学习内容，帮助学生在有逻辑关联的语文实践活动中建构系统性和整体性的学习体验？创设什么样的学习情境，能够激发学生内驱力，产生积极解决问题的欲望，使学习在"真实"的问题解决情境中真实发生？如何促进学生语文核心素养的发展，实现深度学习？这些问题都是我们一线教师进行单元整体设计时需要下大力气研究的功课。

　　新课标颁布前，我和工作室老师们就聚焦革命文化、阅读策略等单元进行单元整体教学的研究，自新课标颁布以来，我们在前期已有研究经验的基础上，聚焦发展型学习任务群的教学要求，进一步深入单元整体设计的研究与教实施，在"整体解读教材-确定学习任务群归属""科学定位单元学习目标-明确单元大概念""创设单元学习情境-精准设计核心任务""梳理目标落实路径-分层确定子任务""分解子任务-设计序列实践活动"上下功夫，进行单元整体教学设计与实施，"促学生举一反三、融会贯通，加强知识间的内在联系，促进知识的结构化"。

　　本书是我和课题组老师们梳理的研究成果。该成果呈现了"深度学习"和"单元整体教学"融合的相关理论，提炼了任务驱动下的小学语文单元整体教学的原则及基本流程，聚焦发展型学习任务群，对"思辨性阅读与表达""文学阅读与创意表达""使用新阅读与交流"三个类型单元选取低中高三个学段的部分学习单元，从教材分析、教学策略、设计思路三个不同的层面进行系统呈现。其中的教学案例，均以学历案的方式编写，落实学为中心，落实语文学习任务群的要求，落实学生的核心素养的提升。

目录

第一篇　绪论

《任务驱动下的小学语文单元整体教学》是张海芳名师工作室在前期"为思维生长而教：小学语文单元整体教学"研究与实验成果的基础上，进一步对发展型语文学习任务群的深入思考与教学实践的系统实施成果。本书主要从情景任务驱动下的小学语文单元整体教学设计的流程架构及3个发展型学习任务群列举单元教学案例方面，回答了"为什么教、教什么、怎么教"的问题。此绪论将从研究背景与意义、主题与思路、内容与实施路径方面介绍其想法与做法。

第一章　小学语文单元整体教学
研究/课题背景及意义

一、背景

2022年，教育部颁发了《义务教育语文课程标准（2022版）》，在"课程理念"部分有五条，其中三条与"整体"有关。其中，在课标中，"整体"一词出现了23次；在《2022义务教育课程方案》中，课程实施部分指出：探索大单元教学，积极开展主题化、项目式学习等综合性教学活动，促进学生举一反三、融会贯通，加强知识间的内在关联，促进知识结构化。

单元教学作为欧美"新教育运动"的产物，最早可追溯到19世纪末。比利时著名教育家德克乐利（Ovide Decroy）主张将课程按一定的标准分类，组成不同的教学单元，德克乐利的理念成为单元教学的理论萌芽。此后，美国的心理学家莫礼生提出了"莫礼生单元教学法"，成了教学实施的理论依据。美国教育家杜威（John Dewey）倡导并提出实用主义下的单元教学模式。20世纪60年代，布鲁姆提出"掌握学习"理论，让单元教学目标以可量化的方式呈现，更好地指导学生学习。20世纪90年代，教学设计理论家冯曼利伯提出了"四元培训与教学设计模式"，为单元教学的发展提供了诸多启示。

就国内发展研究历程来说，五四运动之后，梁启超提出了"分组比较"的教学方法。他主张课文应分组讲，提出同类型的文章可在一起进行比较讲解，而学习的重点是文章的组织结构，而不再是仅着眼于字、词、句、段的理解，由此学生在遇到相似题目时，可以迁移自己的学习方法。这种教学思路蕴含了单元教学的理念，可作为我国单元教学发展的起源之一。到了20世纪30年代，叶圣陶和夏丏尊编撰了《开明国语课本》，延续了单元编排的方式，形成了知识点与练习系统相匹配的整体，充分体现了语文学科知识的系统性。这种严密的教学结构是我国单元整体教学的雏形，语文单元整体教学的模式基本定型。自此，以单元为载体编写教科书的传统延续至今。在国内，早期对单元教学实践的探索还有：霍懋征积极尝试和探索了单元整体教学的实施路径，提出了"根据教学大纲与教学需求，将具有联系或者有共同特点的教材组合成为一个教学单元"；林冶金提倡训练组教学，万兴厚提出了比较归纳教学，还有钱梦龙的"三主四式单元教学法"，黎世法的"六课型单元教学法"。窦桂梅、李怀源、韩军等名师从教学实施流程层面展开了单元教学的探索，均取得了一定的成效。

但我们发现，已有研究文献中，关于"小学语文单元整体教学实践研究"的资源整合的研究不多，特别是注重关联的研究不多；单元任务情境设计弱化关联、学习活动随意化、缺少统整的活动设计；学习任务群的教学实践类文章不多，缺乏实践性样例的引领学习。本研究以单元内外教学资源整合构建为基础，注重单元教学中显性、隐性等各要素的关联，运用行动研究法、案例分析法等，以"教材单元"为基本单位，以"整体"为核心，以"整合"为基本思想，以"关联"为纽带，以"任务"为驱动，开展发展型学习任务群视域下小学语文单元整体教学的实践研究，以此，解决单元整体教学运用怎样的方法这个问题，从而推进这个整体落地，实现单元教学的整体性、结构化。

二、意义

"情境任务驱动下的小学语文单元整体教学"，聚焦发展型学习任务群，以教材单元作为语文教学的基本单位，创设情境任务，统整学习活动，以任务驱动实践活动，带动整个单元学习，把字、词、句、段、篇以及讲、练、写、考、查等环节有机结合，在前后关联解读教材、目标、任务、活动、评价等方面，以系统、整体的单元教学意识，实施高效学习，促进知识结构化，提升学生学科素养。

第二章　小学语文单元整体教学主题及思路

一、主题

基于上述理解，我们将此书的主题定位为"情景任务驱动下的小学语文单元整体教学"，重点在于以"情景任务驱动"和"单元整体教学活动设计"的整合策略为目标，关注学科核心素养的进阶提升，从过去的教师视角——教过，转变为现在的学习视角——会学与学会；遵循"认知—理解—迁移—运用"的学习规律，通过不同类型学习任务群的教学，提高学生的学习能力，提升学科素养。

我们通过深化课程改革，实现全科育人、全程育人、全员育人，侧重探究"情景任务驱动下的单元整体"模式，将碎片化的学科知识系统化、课程化。变革学习方式，通过普通单元、特殊单元的课程教学，探索切实可行的教学路径，以"单元学历案"的方式架构单元教学模式，从单元整体教学与课时教学两方面设计，推进单元统整性、结构化学习。

二、思路

一是，开展不同类型单元的单元整体教学设计与实施的研究。关注不同发展型学习任务群，研究体现"1+X"单元教学理念、注重关联、具有整体性、结构化的单元整体教学设计流程及学历案，提炼教学策略，并采用不同的教学策略，研究特殊课型、课例。

二是，进行小学语文单元整体教学评价的研究。小学语文单元整体教学评价是对教师教学质量和学生综合语文能力的全面评价，目的是促使教师改进教学和提高学生的语文素养。评价中，将依据学习目标、教学内容、任务活动、语文核心素养的形成等来研究设计评价任务，使各个评价节点、评价任务有逻辑的呼应，并注重评价量规的开发，以评促教，优化单元整体评价任务的设计，从而优化教学效果，发展学生语文核心素养。

三是，以任务驱动单元整体教学。基于语文要素、单元学习目标，创设单元教学情境，以此确定核心任务、子任务及关联的实践活动，驱动单元教学，促单元整体教学结构化，单元教学的设计、评价任务的设计、评价量规的开发等，具体化地解决了教什么、怎么教、怎么评的问题。

四是，以单元任务的架构统领单元教学。依据单元学习目标落实的需要选择和组织学习内容，规划设计了通向目标实现的相关联的路径任务及序列化、梯度性活动，进行任务的架构，统领教学，深度学习，以促单元教学"整体"的有效落地，达成教学评的一致。

第三章　小学语文单元整体教学
主要内容及操作路径

第一篇绪论部分，提炼编书背景及意义、编排主题及思路、编写主要内容及操作路径，凸显本书编写特色。

第二篇小学语文单元整体教学原则部分，则从"整体性、连续性、关联性、实践性、闭环性、思维生长性"等角度详述本书的编排原则。

第三篇任务驱动下的小学语文单元整体教学流程部分，则从单元教学模式与课堂教学模式两方面，提炼研究成果，即从"基本信息、学习内容分析、单元目标、单元评价、任务导引、学习过程、学习资源"方面整体构建单元教学结构，在情境任务驱动下，引领学生在序列化、梯度化的实践活动中学习，提升语文核心素养，给广大教师以借鉴作用。

第四篇至第六篇，从教材分析、教学策略、设计思路及单元学历案四个方面，完整呈现"思辨性阅读与表达"学习任务群、"实用性阅读与交流"学习任务群、"文学阅读与创意表达"三个发展型学习任务群教学的操作路径，以"情境任务"驱动单元教学，给教师以引领作用。

本书的编写凸显出以下编写特色：

1.设计任务驱动下的小学语文单元整体教学流程图。改变了逐篇讲读课文的教学形态，将走向深度学习的单元整体教学纳入研究范畴，研究主题从整合内容转变到发展素养，研究流程从关注知识到任务群设计，研究方法从讲读为主转变为深度引思、导学有备。

2.以情境任务驱动单元整体教学。基于语文要素、单元学习目标，创设单元教学情境，以此确定核心任务、子任务及关联的实践活动，驱动单元教学，促单元整体教学结构化，单元教学的设计、评价任务的设计、评价量规的开发等，具体化地解决了教什么、怎么教、怎么评的问题。

3.所编写的案例均是学历案的方式，很好地体现了推进深度学习的小学语文单元整体教学的追求，落实学为中心，落实语文学习任务群的要求，落实学生的核心素养提升。

第二篇　小学语文单元整体教学原则

随着语文课程改革如火如荼地推进，大单元教学俨然成为语文老师研究、尝试的热点。课题组两年来研究并实施的任务驱动下的单元整体教学是一种具体的课程落实形式，其教学设计在遵循一般课程逻辑的同时，还遵循整体性、思维生长性、关联性、实践性、连续性、闭环性等原则，以规范设计与实施单元教学。

一、整体性原则

"单元整体教学设计"的核心思想是"整体性"。单元整体教学中，教师要在一个单元教学内整体统筹课标、学情、教材等多因素，规划单元教学的核心任务、课时安排、学习目标，形成以大单元教学目标为统领的系统化的教学架构，规避单篇教学的碎片化。任务驱动下的小学语文单元整体教学应对单元内容进行通盘考虑，既要纵向分析，明确单元在整套教材中的位置、地位及作用，又要根据课标学段目标，厘清单元教学目标，撷取单元语文要素，创设情境任务，融合选文、课后题、园地、拓展资源等，学习、迁移并运用。

二、思维生长性原则

新课程的全面实施，需要语文教师重视学生思维能力的培养，通过教师组织形式多样的单元整体教学活动，实施有效策略，促进学生直觉思维、形象思维、逻辑思维、辩证思维、创造思维的发展与提升。走向深度学习的单元整体教学，要求教师充分了解学生的思维水平和心理特征，按照学生的思维认知情况和发展规律优化教学设计，教学过程立足学生思维的生长，找寻教材知识中的思维发展点，引领学生在实践体验和探索知识的过程中不断激活思维，促进思维的不断生长。

三、关联性原则

关联性原则就是教师对本单元教学内容与任务进行系统规划，使单元学习内容、学习任务、课时之间具有关联性、衔接性、层次性。进行单元整体教学时，教师要设计总目标统领单元教学和学习活动，找到内容版块之间、学习活动之间的关联点，形成有梯度教学，学生在这样有梯度的教学中，直接或间接地体验到递进的学习过程，真正理解学习的知识，进而内化成自己的技能，为素养发展赋能，为迁移和创造赋能。

四、实践性原则

实践性原则，旨在借助真实的学习情境，依托单元学习任务，统筹规划实践活动，实现单元学习目标的有效达成。要以问题导向为指引，基于单元特点，立足学情，设计语文实践活动，引导学生将习得的新知运用于实践活动中，锻炼学生解决实际问题的能力，在活动中，发展学生的语文能力、语文思维，助力语文核心素养的提升。

五、连续性原则

连续性原则指单元整体教学要具有连续性，在进行单元整体教学设计时，不仅要关注整套教材中，同一主题单元间存在的前后关联与承接，还要聚焦单元内核心知识与能力，构建单元学习任务序列，促进学生持续、连贯、系统地展开语文学习。

六、闭环性原则

闭环性原则强调单元教学从起点到终点的完整性。即从单元学习目标的确定，到系列表现性任务学习活动的构建，再到学业测评与学后反思，让学生能够在学习的过程中有意识地实现任务的成功标准，让学生能够在学习的过程中有意识地发展思维，提升学习体验的成就感。教师则要自始至终围绕目标和评价任务，随时随处诊断学习任务及活动是否有层次地达成教学目标，并根据评价结果反思、调整教学策略，最终达成"目标—评价—教学"的一致性，实现单元教学的完整闭环。

第三篇 任务驱动下的
小学语文单元整体教学的流程

　　《义务教育语文课程标准（2022版）》指出："义务教育语文课程结构遵循学生身心发展规律和核心素养形成的内在逻辑，以生活为基础，以语文实践活动为主线，以学习主题为引领，以学习任务为载体，整合学习内容、情境、方法和资源要素，设计语文学习任务群。"小学语文单元整体教学架构便是围绕任务群的学习形态展开的。单元整体教学以单元为基本教学单位整合教学内容，以语文核心素养为培养目标，依据单元语文要素和人文主题，创设基于学情的真实学习情境任务，驱动有关联的语文实践活动，并以可视化的形式呈现学习成果，助力学生核心素养的全面提升。

一、流程架构的理论思考

　　语文单元整体教学要在单元主题及要素的统领下，实现学习情境、学习任务、实践活动、学习资源及学习评价的融汇统整，整合推进。

（一）学习情境的创设

　　单元整体教学情境具有三个显著特点：一是真实性，是指学生在进行本单元的学习时，将整个学习过程放在一个特定的情境中。这个特定的情境虽然是设定的，但是却源自学生的家庭、学校、社会生活，与学生的真实生活紧密相连。二是关联性，即情境的创设应当服务于语文学习任务的实现，要创设"贴近学生既有经验且符合当下兴趣的特定环境"，引领学生在熟悉且有挑战性的语言文字运用情境中，感受语文学习"社会性"的本质价值，激活学生"学语文、用语文"的内驱力，实现核心素养的全面提升。三是连续性，即整个单元的教与学都发生在一个大情境之中，每个教学任务的实施可以有若干个小情境，但都应该是在这一大情境之下前后关联的小情境。

真实而有效的学习情境的创设，意在将本单元的学习不仅界定为知识层面，更重要的是引导学生转化为语言的积累与运用、思维的发展与创新等核心素养上来，增强学生学习语文的综合性，培养学生应对生活实际问题的解决能力，习得有用的能力与素养。

（二）学习任务的确定

2022版《语文课程标准》指出："义务教育语文课程实施要从学生语文生活实际出发，创设丰富多彩的学习情境，设计富有挑战性的学习任务。"那么，单元整体教学的学习任务如何确定呢？就小学语文学科而言，最简便、有效的途径就是遵循统编教材双线组元的规律，将单元的人文主题与语文要素统筹谋划，融语文知识的学习、语文能力的发展和语文核心素养的提升为一体，有效确定可"提领而顿"的学习任务。

单元整体学习任务的确定，必须基于学情视角，以学习者为中心来考量，要充分考虑本单元学习内容在整册书乃至整个小学阶段的定位及前后关联，借助横向及纵向梳理，从宏观上全面把握教学内容，明确单元学习的起点和终点，确定单元目标，设计层级递进、螺旋上升的学习任务，帮助学生将习得的语文知识系统化、序列化。

（三）实践活动的设计

新课标在"课程理念"部分指出："要围绕特定学习主题，确定具有内在逻辑关联的语文实践活动。"学生只有在大量的语文实践中获得的语文知识和应用规律，才能真正形成语文能力。实施单元整体教学，就是在真实的学习情境下，依托单元学习任务，把单元学习内容统筹规划，精心设计学生的进阶实践活动，将单元学习目标有计划地分解到各个环节中，使之形成前后关联、循序渐进的阶梯形的层级。

小学语文单元整体教学，要突出问题导向设计语文实践活动，为学生的创造性学习提供沃土。学生进入什么样的实践活动，活动如何组织、成果如何呈现，都需要发挥教师的主导作用，引导学生学习的主题"实践"起来，"活动"起来，从而实现借助实践活动解决问题、完成任务。

（四）学习资源的提供

素养立意下的小学语文单元整体教学，能打破学科壁垒，建立一个更适合儿童精神发育和言语生命成长的学习社区，以丰富的学习资源供给，支持学生的语文学习活动，切实提升单元整体教学的效能。

众所周知，教材是语文学习不可忽略的必要学习资源，但并非唯一资源。因此，实施单元整体教学，要从整体出发，通盘考量，将学习资源进行整合、拓展。要精准把握统编教材"精读—略读—整本书阅读"的编排意图，构建"三位一体"的资源网络，以"1+X"的方式，即课内精讲的一篇课文，拓展阅读多篇课外美文，丰富学生的阅读体验，树立"为学生而教、为开放而学"的单元整体教学追求。

（五）教学评价的运用

新课标指出要"根据不同年龄学生的学习特点和不同学段的学习目标，选用恰当的评价方式，加强语文课程评价的整体性和综合性"。小学语文单元整体教学要遵循"教—学—评"一致性的原则，关注在真实情境中，学生能否综合运用所学知识解决问题、创生新知，能够真正实现语文核心素养的丰实和提升。

小学语文单元整体教学评价可通过前置性测评、过程性评价及单元整体测评来完成。在整体教学开展前进行前置性评价，有助于教师更充分地把握学情，使单元整体设计更切合学生学习的需要，利于整体教学任务的有效推进。过程性评价伴随单元整体教学实施进程中的每个环节，教师可通过相关的评价指标，随时监控学生的学习状态，并根据学生的学习状况及时调整学习进度或学习方法，实现高质量的、有效的学习。单元学习结束后，组织突出整合性和开放性的单元测评，通过设置与单元学习情境一致的真实情境，将单元考查点融入其中，考查学生综合运用所学知识创造性地完成任务的能力。

二、流程建构的设计与说明

在核心素养导向下的课程改革中，以"大概念"为抓手，开展单元整体教学，能够更好地促引语文核心素养的落地，这就需要我们语文教师站在更高的位置上去思考教学，建构走向深度学习的单元整体教学方案。基于之前已阐述的关于单元整体教学的思考及其关键要素，课题组梳理并确定了任务驱动下的小学语文单元整体教学流程的基本步骤，如图3-1：

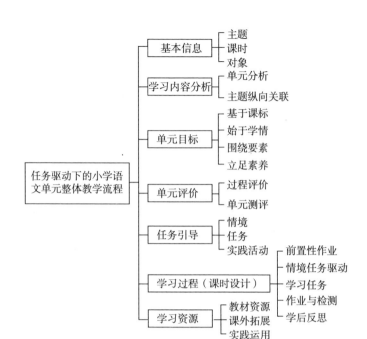

图3-1 任务驱动下的小学语文单元整体教学流程的基本步骤示意图

（一）基本信息

这一部分主要包括单元主题、课时安排以及学习对象。

如何确定单元主题？我们在备课前做到研读单元导语、研读文本、研读"泡泡"里的提示、研读课后习题、研读"交流平台"等，找准本单元的"双主"，即人文主题和语用主题。文本是落实整个单元学习目标的主要载体，反复研读本单元的文章，不难发现其编写意图，从而确定本单元的主题，单元主题可以用大问题或大任务命名。

课时安排则是根据学生的学情、单元学习内容等，有计划地将单元学习内容分成若干课时，持续地、关联地、进阶地、整合地展开教学。

学习对象，这里指的是参与学习的该年级学生。

（二）学习内容分析

学习内容分析，包括单元教材分析以及本单元在整套小学语文统编教材同一主题中的纵向关联分析，使之明确本单元在整个学段所处的位置以及作用，从而准确定位单元目标，做到不浅薄、不拔高，让语文素养的培育落地有声。

（三）单元目标

单元目标可谓是在课程目标与课时目标间架起的桥梁，能够起到承接教学内容、导向评价任务、指导教学方略的作用，它的确定是实现"教—学—评"一致性的重要一环。单元目标的确定是落实学科核心素养的关键，要基于课标、始于学情、围绕要素、立足素养而定。

（四）单元评价

单元评价是依据教学内容、单元目标、课时目标制定的学习任务，通过科学、合理地设计评价内容，有效诊断学生学习质量。评价设计既要有目标导向，又要注意设计的针对性、科学性、适当性、选择性、实践性、层次性，多维度评价学习效果。我们常用的评价方式多为课时作业及单元作业，它的设计要早于学习过程，最终达成"目标—评价—教学"的一致性。

（五）任务导引

基于对"学习任务群"的理解，在进行单元整体教学设计中，通过创设真实的学习情境，凝练统整的学习任务，设计关联的实践活动，并以可视化的图表、思维导图等方式，对单元学习任务群进行整体架构与引导。这一结构化、易操作的任务导引，是组织单元整体教学设计的关键。如五年级下册第五单元的任务导引导图，即图3-2。

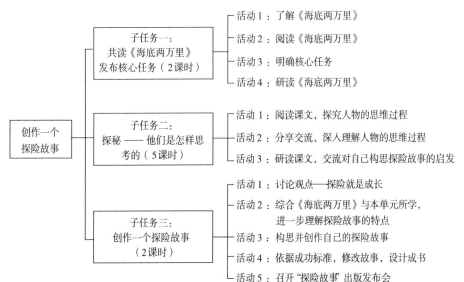

图3-2　五年级下册第五单元任务导引图

（六）学习过程

"学习过程"包括前置性作业、情境任务驱动、大任务统领下的系列学习任务、作业与检测、学后反思等。它的设计要具有机构化、进阶性和实践性。

前置性作业是学习新课前，教师依据学习目标引导学生尝试性、自主性展开的学习，它是学生自主学习的指向标，一般包含读通课文、识字写字、字词理解、了解文本主要内容和结构、提出疑难问题以及查阅相关资料等。"前置性作业"的设计与使用，其目的在于自学导思。

情景任务驱动。如何确定单元学习情境，本篇前部分内容已有论述。在确定单元大情境下，每一实践活动的情境创设，都要注意与大情境一脉相承，且体现连续性、关联性、整体性。"单元"情境的创设，要指向单元学习目标，指向学生的素养提升，能够驱动学生探求新知、形成素养。

学习任务。在单元大任务统摄下，设计多项指向学习目标的子任务，各子任务间存在关联性、连续性、持续性，能够引导学生在进阶地阅读与探究学习活动过程中，完成学习任务，达成学习目标，发展学科思维，提升学科素养。

作业与检测。针对单元整体教学评价，围绕单元目标、语文素养，基于学情，设置基础性、发展性、拓展性的单元作业进行检测，能够可视化的呈现学习成果。

学后反思，需要教师设计与目标匹配的学后反思的支架，在梳理、反思与交流中，进一步促进学生建构知识，发展思维，提升素养。

教学后，教师要对照素养目标，反思学习路径，总结经验，改进学习策略，真正实现新课程所倡导的课程育人。

（七）学习资源

本着"资源整合、取舍有道"的原则，将教材内容和与之相关的课外拓展资源相融合，与家庭生活、学校生活、社会生活相链接，丰富资源的供给，赋予实践运用，提升单元整体教学效能。

第四篇 "思辨性阅读与表达"学习任务群

《义务教育语文课程标准（2022年版）》中明确地将学习任务群分为了基础型学习任务群、发展型任务群和拓展型学习任务群这三个层面。其中，"思辨性阅读与表达"学习任务群属于发展型层面。"思辨"是思辨性阅读与表达任务群的核心，强调辩证思维，并指向"思维能力"这一语文核心素养，旨在引导学生大胆提出生活和学习中遇到的问题，通过阅读、观察、请教、讨论等方式，积极思考、探究，乐于分享自己解决问题的办法，并说出一两个理由。

这一任务群的关键词是"思辨"，思辨是一种对思维的辩证，指向语文核心素养内涵中的"思维能力"，"思辨性阅读与表达"学习任务群的教学应指向意义理解的思辨性概念、促进内容整合的思辨性问题，以及产出学习成果的思辨性活动为关键节点，铺设整个学习任务群从目标确定到任务设置再到评价反馈的实施路径，凸显理性思维的培养过程。因此，结合语文课程的总目标，比对"思辨性阅读与表达"学习任务群的目标指向，我们可以确定本任务群是"思维能力"素养落实的应然要求。需要灵活运用多种学习方式，发挥单元学习内容的综合效应，侧重引导学生在阅读中多角度思考，表达观点，提升根据问题提取信息的能力，学会在交流、讨论中梳理材料和观点之间的联系。我们力求创设真实的情境，助力于学生将自己的生活紧密连接，引发学生丰富的联想和想象，在思考的过程中积累资源，丰富语言文字的运用实践。教学中，我们注重与思辨有关的大概念，并对教材中较为典型的思辨课文进行梳理与提炼，以此作为学习任务群的建构核心，开发具有逻辑关联的学习任务，通过任务驱动，引导学生开阔视野，由文本走向生活，由他人想到自我，鼓励学生思考与探究，在鉴别中了解、反思、分类。设计具有思维含量的思辨性问题，将思辨性问题作为学习任务群的设计线索，通过有层次的思辨性问题的提出有效架构起整个学习任务群，学生在完成学习任务的过程中解决问题，充分发挥思辨性问题提供导引、促进理解的作用，从而引发知识间的联系和迁移。为了保障学习过程的步步落实，我们注重过程性评价，通过评价单、表演剧等多种方式为学生提供讲述支架，在助力学生完成情境任务的同时，重视学生参与思辨活动的过程性表现，对学生思辨性学习活动的成效进行全面综合的评定。

（初朝霞）

第一章　二年级上册第五单元

第一节　教材分析

作为语文课程在时代背景下的发展产物，"思辨性阅读与表达"的提出并非凭空产生。而是对"发展思维能力"的明确、深化、强调和体现。在我们以往的语文课程实施中，尤其是低年级语文教学，比较强调对形象思维、直觉思维的引导和训练，而抽象思维以及逻辑思维训练相对较弱；更加注重"听说读写"，却忽视了学生思维的全面发展。统编教材中"思辨性阅读与表达"任务群通过梳理不难发现：多以纵向方式跨单元、跨学段成群。横向来看，也有跨单元的任务群设计。综观这一任务群在各个学段的构建，我们惊喜地发现，统编教材有些单元整组课文都设计了思辨性阅读和表达任务。例如：第一学段的二年级上册第五单元和下册第七单元；第二学段的三年级上册第四单元，下册的二、三单元；四年级上册第二、第八单元，下册第二单元，五年级下册第六单元等，如表4-1-1。

表4-1-1　统编教材中设计了思辨性阅读和表达任务的单元

册序	单元	阅读训练要素
一下	第七单元	根据信息做简要推断，训练逻辑思维，读好疑问句和祈使句的语气；利用多种形式读好长课文
二上	第五单元	初步体会课文讲述的道理，感受和体会课文语言表达的多样性，学习表达
二下	第五单元	根据课文内容，谈谈简单看法

续表

册序	单元	阅读训练要素
三下	第二单元	读寓意故事，明白其中道理
四上	第二单元	阅读时尝试从不同角度去思考，提出自己的问题
四下	第二单元	阅读时能提出不懂的问题，并试着解决
五下	第六单元	厘清故事的起因、发展、高潮和结局，了解人物的思维过程

那如何依托现行的统编教材引导学生进行"思辨性阅读与表达"呢？在第一学段，思辨性学习任务必须遵循低年级学生的年龄特征和接受能力，因此思辨性阅读主要结合课文和儿童生活展开，引导学生将自己带入文本情境中去移情体验，使其表达自己的感受、思考和想法。主要侧重于对文本角色的行为或语言进行简单评价，不做更高要求。思辨性表达则需要结合文本和生活经验，进行合理想象，乐于探究并分享自己内心的独特体验，从而提升"对生活的观察和审视以及有中心、有条理地表达"的语文素养。

在课程实施过程中，我们尤其要重视理性的逻辑思维与辩证思维，即理性思维的发展。以二年级上册第五单元为例，《坐井观天》《我要的是葫芦》是寓言故事，《寒号鸟》是民间童话故事，这些生动的童话故事让读者懂得了人生哲理。而这需要引导学生在解决问题和了解内容的基础上，思考并发现故事中所蕴藏的道理，并说出自己的所感所想，以此来培养学生的思维能力，实现双主线的相互勾连。三篇课文各具特色，蕴含的道理也有所不同。课程实施过程中，我们要尝试构建"思辨性阅读与表达"学习任务群设计的一般路径与策略，培育学生的理性思维和理性精神。

一、教材概况

"思辨性阅读与表达"任务群在小学阶段的阅读文本或材料以短文、故事为主。文本类型随学段的升高而变化：

（一）思辨内容逐级递增

第一学段为宽泛的"有趣的短文"，虽然文本形式提出得较为模糊，但联结学习方式和学习主题便可确定，所谓的"有趣的短文"并非只指情节发展或人物形象方面的有趣，更是指表现事物奇妙、事件神奇，能引发学生提问、思考、探索的短文。如与自然奥秘有关的《要下雨了》《棉花姑娘》《我是什么》等，与解决问题有关的《玲玲的画》《曹冲称象》《画杨桃》等。到第二、三学段开始聚焦于内容题材上与科学有关、能体现人物德行或智慧方面的故事、短文或评论等。如与科学探索有关的说明性文章《花钟》《夜间飞行的秘密》《呼风唤雨的世纪》《宇宙生命之谜》等，与人物思维方式有关的寓言故事或成语故事《守株待兔》《陶罐和铁罐》《自相矛盾》《田忌赛马》等。此外，还包括对联、谚语、绕口令等多种语言材料。

表4-1-2 "思辨性阅读与表达"任务群在小学阶段的文本类型

学段	话题	文本类型	课程目标
第一学段	学习和生活	有趣的短文	发现、思考身边的奇妙之处，说出自己的想法；大胆提出生活和学习中遇到的问题，积极思考、探究，乐于分享自己解决问题的办法；学会阅读、观察、请教、讨论等方式
第二学段	大自然生活和学习	有关科学的短文，解决生活问题的故事，尤其是中华智慧故事	尝试发现大自然的奥秘；依据事实和细节，运用口头和图文结合的方式，表达自己的观点和思考；学习思考的方法，学习辨析、质疑、提问等方法；尝试运用列提纲、画思维导图等方式；主动记录、整理、交流自己发现的问题和思考
第三学段	社会公德祖国语言科学之光故事智慧	阅读有关中华传统美德、社会公德等方面的短论、简评；发现并思考成语、对联、谚语、绕口令等多种语言现象的特点。阅读有关科学发现、技术发明的故事；阅读哲人故事、语言故事、成语故事	发现并思考语言现象的特点、表达效果；用画思维导图等方式辅助，简洁清楚地表达科学家的发现、发明的过程；学习科学家的创造精神；体会猜想、验证、推理等思维方法；学习其中的思维方法

（二）思辨要求螺旋上升

本学习任务群提出的学习方式体现理性学习的特征，"发现问题—提出问题—解决问题"是整个思辨性学习任务群的主要学习流程。学生通过观察、记录、请教、讨论等方式深入任务本身，在完成任务的过程中获得思辨的方法，形成思辨的能力。纵向比较可发现，思辨的方式和策略形成具有进阶性，体现高阶能力的培养方向。以寓言故事的阅读为例，第一学段的思辨性学习任务遵循低年级学生的年龄特征和接受能力，思辨的方式蕴含于文本学习中，侧重于对文本角色的行为或语言进行简单评价，不作更高要求；第二、三学段的思辨性学习任务更复杂、更综合，在阅读寓言时要运用列提纲、画思维导图等方式，有理有据地表达观点、道理，表述清楚人物的思维过程，深入学习辨析、质疑、提问、推理等思辨方法。纵观三个学段的学习要求，可以看出随着学段的升高，学习要求也在螺旋上升。

（三）思辨技巧由浅入深

"观察、请教、阅读、讨论"是第一学段的思辨技巧的侧重点，第二学段则提升为运用"画思维导图、列提纲、辨析、质疑、提问"等方式方法辩证思考，第三学段侧重"用思维导图辅助，简洁清楚地表述思维过程，并学习思维方法"，思辨技巧的思维含量由简到繁，由浅入深。

通过梳理可以发现，本学习任务群的学习内容、方法、成果指向"思辨性"，对思辨能力的培养呈现出清晰的发展轨迹，由低到高，由浅入深，体现出对学生认知水平、理解能力的考量，遵循学科核心素养的培育和形成规律。

二、教材特点

就学习内容而言，第一学段"思辨性阅读"的要求并不高，生活中的日常事物就是学生观察、发现的对象。主要途径为"阅读—发现—思考"，符合第一学段学生的年龄和认知特点。结合"思辨性阅读"的学习目标，对统编教材第一学段学习内容进行梳理，可以确定该学段"思辨性阅读"有以下两个特点：

（一）强调"关联"，培养学生的思维习惯

本学段的教学内容基本都是与学生生活息息相关的事物。比如日月星辰、花草树木等动植物。目的就是激发学生对自己的成长环境、日常生活能够保有好奇心。低年级教材的课后习题中，有很多关于"因果"关系的内容，来辅助学生养成"关联"的思维习惯。例如一年级下册的《树和喜鹊》课后习题："想一想树和喜鹊后来为什么很快乐？"《咕咚》一课课后习题："说说动物们为什么跟着兔子一起跑？"等等。

（二）注重"比较"，提升学生的思辨能力

二年级的统编教材逐渐涉及"思辨性阅读"的题目，尤其重视运用"比较"

来提升学生的思辨能力。比如我们统编教材二年级下册的课文《画杨桃》，课后的习题需要比较看待事物的角度不同，人和人的做法也有差别；《小蝌蚪找妈妈》要比较小蝌蚪在找妈妈过程中的身体变化。这都要求学生先对相关内容进行梳理，然后结合文本进行思考，展开比较，通过分析，归纳相关内容，从而提高学生的思辨能力。

通过梳理教材，我们不难发现，在统编教材中，能体现"比较"这一思辨策略的课文特别多，比如二年级上册的《坐井观天》《曹冲称象》等，以及二年级下册的《大象的耳朵》《一匹出色的马》等。以《画杨桃》为例，为了比较"看到的图形为什么不一样"，他们的思维同样要经历"梳理—比较—分析"的过程。

结合上述分析，我们确定"比较"是提升思辨能力的重要策略，尤其是在第一学段，"比较"的过程需要结合生活实践以及对文章阅读后的梳理、分析，运用"比较"来提升思辨能力符合学段特点。

（于明珠）

第二节　教学策略

梳理"思辨性阅读与表达"学习任务群的"学习内容"，可以看出，针对不同学段，都有明确的特定话题、文本类型和课程目标。在小学语文"思辨性阅读与表达"学习任务群的教学中，如何落实课程目标，发展学生的思维能力呢？

一、任务驱动，引领学生积极思考、主动探究

"学习任务群"的关键词就是"任务"。"新课标"将课程实施中的情境性和实践性并列，表明二者相互依存，互为作用。任务驱动教学，就是发挥教师的引导性和学生的主体性，以任务为主线，引领学生在情境中进行思维实践，将"文本阅读与主动探究结合起来"。

任务驱动教学，我们的思辨性问题可以以关键概念、目的意义、技术策略、使用情境等角度来加以设计。例如二年级上册第五单元以"思维方法"为主题，

选编的3篇课文以及"我爱阅读"板块的《刻舟求剑》，都是寓言故事。如何分析"思维方法"的内涵呢？我们可以结合课后习题，设计"任务图表"，以此为学习任务群的建构核心，开发具有逻辑关联的学习任务。根据课堂教学的组织程序，可以分为课前任务驱动、课中任务驱动和课后任务驱动。针对不同学段学生思维发展特点和不同单元、不同文本的教学目标，应设计不同的学习任务。

二、比较阅读，引领学生学会观察、分析发现

比较，是认识问题、分析问题的基本思维方式，能更好地辨别相似事物的异同点，进而更深入地认识事理。乌申斯基曾说过："比较是一切理解和思维的基础，我们正是通过比较来了解世界上的一切的。"比较阅读，就是运用这种思维方法，指导学生阅读、分析、发现、习得。

因为不同学段学生的思维发展特点不同，"思辨性阅读与表达"课程目标也不同，它们是循序渐进、螺旋上升的，所以，在实际教学中，运用比较阅读策略时应有侧重，避免操之过急、求之太深。

1.低段的比较阅读，重在激发好奇心，引导学生观察、发现，有理由表达。

如统编版二年级上册《寒号鸟》，可以抓住课后习题："想一想，为什么喜鹊能住在温暖的窝里，寒号鸟却冻死了？"首先让学生圈画标记、梳理提取两封信的内容，然后引导学生比较阅读，发现对待同一件事情，从不同的角度看，会有不同的处理方法，通过自由、充分的表达，学生体会到要学会乐观地面对生活、快乐地解决问题。

2.中段的比较阅读，重在以文本为例，引导学生发现、分析，有证据表达。

如统编版三年级上册《在牛肚子里旅行》这篇课文，它的课后习题："从哪里可以看出青头和红头是'非常要好的朋友'？"可以作为思维主线，在教学过程中，我们可以紧扣该习题，引领学生阅读文本，然后用笔圈画出答案并进行交流。通过任务设计，请学生围绕自己找到的"红头的惊险旅行"和"青头的急切帮助"的有关语句，有证据地表达自己的观点。如在课堂交流时，学生这样表达自己的观点：红头和草一起被大黄牛卷进嘴里时，从它拼命向青头呼救的话语里，我觉得它们是彼此信赖的朋友；我找到了"红头看见自己的朋友，高兴得流下了眼泪：'谢谢你……'"这句话，从中我感受到红头对好朋友青头的感激之情……

3.高段的比较阅读，重在觅事物联系，引导学生分析、辨别，有条理地表达。

如统编版五年级下册《跳水》，可以引导学生紧扣课后习题："课文多次描写水手们的'笑'，把相关的语句找出来，说说这几次'笑'与故事情节发展的联系。"指导学生有目的地展开比较阅读，找出水手们"笑"的有关语句和描写猴子放肆举动的语句，引导学生从猴子和水手两方面去分析、辨别其中的因果关系。起初，孩子"笑得很开心"，是因为他们看到水手们拿猴子取乐的经过；后来，猴子"摘下他的帽子戴在自己的头上"，让水手们"大笑起来"，孩子却"哭笑不得"；最后，猴子的挑衅让水手"笑得更欢了"，孩子因伤了自尊"气得脸都红了"，并由此步入险境。通过这样的阅读，学生抓住了猴子的挑衅、水手的"笑"和孩子的心情变化之间的联系，逐步发现水手的"笑"很明显，在整个故事情节的发展中起到了推波助澜的作用，就能有条理地将自己的观点表达出来。

设计比较阅读，落实课程目标，教材的课后习题是最好的抓手。当然，除了课后习题外，我们还可以结合文本内容和教学实际灵活采用。

如统编版二年级上册《场景歌》，这是一篇识字小韵文，为了让学生学会生字并理解"一队'红领巾'"的意思，可以将"一条红领巾"与文中的"一队'红领巾'"同时呈现，学生在求异的比较阅读中就会观察到两个数量词中量词不一样，第二个"红领巾"用了双引号，再结合课文插图，必然发现两者意思不同，后者指少先队员。又如五年级下册《金字塔》，是由一篇抒情散文和一篇非连续性文本组成的略读课文，教学中紧扣"阅读提示"，可以聚焦"两篇短文都介绍了金字塔的哪些特点"和"两篇短文在表达内容和形式上有什么不同"这两个问题，给予思维导图或表格等支架，引导学生在求同比较和求异比较中阅读文本，展开交流，落实教学目标，训练思维能力。

三、可视化阅读，引领学生运用思维、习得方法

可视化阅读就是以可呈现的形式把阅读中原本深奥的纯文字表达、思维模式、作者思想感情，用具体的图像、表格等多种方式，直观地呈现阅读文章的核心要素。小学语文教学中，运用可视化阅读策略最常见、最易于学生掌握的形式就是图表式阅读，包括表格式阅读和思维导图式阅读，二年级以上的学生

通常会互化运用。它适用于不同的文本类型，如童话故事《卖火柴的小女孩》、寓言故事《池子与河流》、科学小品文《夜间飞行的秘密》、名人故事《梅兰芳蓄须》等，都可以运用图表式的可视化阅读。

可视化阅读是一种综合的思维阅读策略，具体步骤可以分为信息提取、梳理整合、构建可视化呈现和反馈评价。

如《梅兰芳蓄须》，这是我们统编教材四年级上册第七单元的一篇略读课文，这篇课文承载着"迁移运用从精读课文中学到的方法"的任务。因此，本课的教学，应让学生尝试结合已有的学习经验，运用学到的方法概括文本的主要内容。首先，我们可以以"学习提示"中的问题驱动，结合任务设计，出示学习单；其次，让学生自主阅读并筛选出相关信息并归纳整理；最后，小组合作梳理出梅兰芳主要的拒演办法和所经历的困难与危险，完善任务单中的表格。

（于明珠）

第三节 设计思路

本单元定位于"思辨性阅读与表达"学习任务群。该任务群对第一学段的要求是"阅读有趣的短文，发现、思考身边的鸟兽虫鱼、花草树木、家用电器等日常生活的奇妙之处，说出自己的想法"。"大胆提出生活和学习中遇到的问题，通过阅读、观察、请教、讨论等方式，积极思考、探究，乐于分享自己解决问题的办法，说出一两个理由。"本单元的语文要素是"初步体会课文讲述的道理，感受课文语言的表达效果"。根据单元整体解读，结合课程标准中"思辨性阅读与表达"学习任务群对第一学段的目标要求，本单元学习目标确定为：

知道（K）：

1.认识字词，正确书写课后生字，熟读课文。

2.对话语气映射说话人的情感、想法、态度和身份等。

3.寓言故事、童话故事等蕴藏某种道理。

4.相同含义的句子，可以采用多种表达方式。

理解（U）：

1.故事中角色的想法和观点来自他们自身的生活经历。

能够（D）：

1.根据角色表达的思想和自身的理解，读出角色对话的语气。

2.阅读时了解故事所蕴含的道理，分享自己的所感所想。

3.对故事中角色的观点和想法做出判断和评价。

结合单元整体解读，从学生实际出发，学习情境创设为："故事就像一个魔法袋，袋子很小却能取出很多的智慧。我们将一起走进几个故事，从故事中明白它所蕴含的道理，将自己所读所想通过精彩的讲述和表达分享给其他同学，给大家带来更多思考和启发，争做智慧分享者。"基于这样的学习情境，本单元的核心任务设为：阅读小故事，辨析想法，分享智慧。

一、学习任务一：猜讲故事，发布任务

（一）看图猜故事

1.观察"揠苗助长""守株待兔"等故事图片，根据图片内容猜测故事题目。

2.分享交流故事内容，走进故事。

（二）交流、明确核心任务

1.走进故事，互相交流故事中蕴含的道理。

2.明确任务内容：将自己所读所想通过精彩的讲述和表达分享给其他同学，给大家带来更多思考和启发，争做智慧分享者。

（三）通读课文，初步了解故事

自由朗读三篇课文，关注课文中角色对话。

1.《坐井观天》反复朗读青蛙和小鸟的对话，初步体会青蛙和小鸟的内心想法。通过合作读、分角色朗读等方式朗读，加深对文本的理解。

2.《寒号鸟》一课中，分角色朗读课文，了解喜鹊和寒号鸟之间发生的故事。

3.《我要的是葫芦》中通过对比朗读，初步了解故事内容。

【任务说明：以看图猜讲故事提起学习兴趣，通过交流，明确任务。自主阅读《坐井观天》《我要的是葫芦》《寒号鸟》三篇课文，根据课文内容进行交流分享，开启本单元。】

二、学习任务二：评析角色，辨析想法

（一）初读课文，解决字词

1.朗读课文，通过字理识字、生活识字等方式认识生字生词，学会写部分生字。

2.通过听写、看拼音写词语等方式进行巩固。

（二）走进故事，了解内容

1.《坐井观天》的讨论重点：

（1）读课文，找出故事的主人公是谁。

（2）结合课文插图说一说，主人公们分别在什么地方，并画出一口井，将位置标记出来。

（3）感知青蛙和小鸟的三组对话，进一步解决、巩固生字词，并通过简短的填空大体了解故事内容。

2.《寒号鸟》的讨论重点：

（1）通过自己读课文，初步了解喜鹊和寒号鸟的不同。

（2）再读课文，找出描写季节变化的句子读一读，体会天气的变化，抓住三个不同的时间段。

（3）通过学生读课文的方式，检查课文字音是否正确的同时，通过填空的方式，了解故事的大意。

3.《我要的是葫芦》的讨论重点：

（1）通过观察图片，阅读第1自然段，画出喜欢的部分进行分享。

（2）通过朗读课文二、三、四自然段，找出叶子上出现了什么，种葫芦的人和邻居的态度有什么不同，葫芦的结局又是什么。

（三）深入故事，辨析思维

1.《坐井观天》的讨论重点：

（1）通过学习第一组对话，思考小鸟和青蛙分别住在什么地方。

（2）通过学习第二组对话，思考青蛙和小鸟在争论什么，读懂两只小动物对天的看法有什么不同。

（3）通过学习第三组对话，思考造成青蛙和小鸟看法不同的原因是什么。

2.《寒号鸟》的讨论重点：

（1）在对比朗读品味中，探究核心问题：为什么喜鹊能住在温暖的窝里，寒号鸟却冻死了？

（2）结合神态、动作、语言描写等，体会角色的特点和想法，理解导致不同结果的原因。

3.《我要的是葫芦》的讨论重点：

（1）朗读课文，找出葫芦的生长状况和前后变化。

（2）通过对比朗读，体会种葫芦的人和邻居对待蚜虫的不同态度，理解葫芦枯萎的原因。

（四）链接生活，说说道理

1.分享故事传递出的道理。

2.联系生活实际，谈谈有没有遇到过故事主人公一般的人，进一步加深理解。

（五）展开想象，新编故事

将自己带入主人公的位置中，换位思考，为故事新编一个新的结局。

【任务说明：从字词入手，梳理文章脉络。抓住关键词句，体会语言运用的表达效果。探究造成故事结局的原因，联系生活实际，体会课文讲述的道理。】

三、学习任务三：选讲故事，联系生活，分享智慧故事

（一）选择试讲小故事，联系生活，品悟智慧

1.自主选择本单元三篇课文中的一个故事进行试讲。

2.联系生活实际，谈谈你从本课中习得的道理。

（二）举办故事分享会

1.师生共同制定分享会的方案。

2.分工做准备。

3.开展现场故事会，自主评价。

4.颁发奖励。

【任务说明：联系生活实际谈感想，开展故事分享会，争做智慧分享者。】

（丛婉星　赛莹莹）

第四节 学历案设计

一、基本信息

1.主题：二年级上册第五单元学历案——思维方法

2.课时：8课时

3.对象：二年级一班学生

4.人数：44

二、学习内容分析

本单元围绕着"思维方法"这个主题，编排了《坐井观天》《寒号鸟》《我要的是葫芦》三篇课文。《坐井观天》《我要的是葫芦》是寓言故事，《寒号鸟》是民间童话故事，它们通过生动的童话故事让读者懂得人生哲理。学生在解决问题和了解内容的基础上，思考并发现故事中所蕴藏的道理，并说出自己的所感所想。以此来培养学生的思维能力，实现双主线的相互勾连。三篇课文各具特色，蕴含的道理也有所不同。《坐井观天》告诉我们看问题要站得高才能看得远；《寒号鸟》让学生懂得做事一定要有计划，不能只顾眼前的道理；《我要的是葫芦》让学生明白事物之间是有联系的，注重结果的同时也要关注过程。

本单元的语文要素是"初步体会课文讲述的道理，感受课文语言的表达效果"，旨在培养学生的思维能力和语言表达能力。"体会道理，学会思考"作为一种重要的语文能力，贯穿整个小学段。第一学段中，从"简要推断"到"体会道理"再到"谈谈看法"的编排思路，由易到难、螺旋上升。

三、学习目标

本单元定位于"思辨性阅读与表达"学习任务群。根据单元整体解读，结合课程标准中"思辨性阅读与表达"学习任务群对第一学段的目标要求，本单元学习目标确定为：

知道（K）：

1.认识字词，正确书写课后生字，熟读课文。

2.对话语气映射说话人的情感、想法、态度和身份等。

3.寓言故事、童话故事等蕴藏某种道理。

4.相同含义的句子，可以采用多种表达方式。

理解（U）：

1.故事中角色的想法和观点来自他们自身的生活经历。

能够（D）：

1.根据角色表达的思想和自身的理解，读出角色对话的语气。

2.阅读时了解故事所蕴含的道理，分享自己的所感所想。

3.对故事中角色的观点和想法做出判断和评价。

结合单元整体解读，从学生实际出发，学习情境创设为："故事就像一个魔法袋，袋子很小却能取出很多的智慧。我们将一起走进几个故事，从故事中明白它所蕴含的道理，将自己所读所想通过精彩的讲述和表达分享给其他同学，给大家带来更多思考和启发，争做智慧分享者。"基于这样的学习情境，本单元的核心任务设为：阅读小故事，辨析想法，分享智慧。

四、任务导引

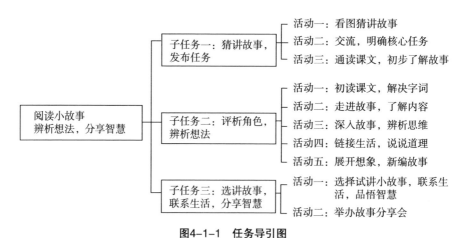

图4-1-1 任务导引图

五、评价任务

1.通过子任务一猜讲故事，发布任务初步阅读课文。达成"知道"层面的目标2、3、4。

2.通过子任务二评析角色，辨析想法，初读课文，抽查生字词的书写以及课文的朗读，达成"知道"层面的目标1。

3.通过任务二评析角色，辨析想法，联系生活经验说道理，达成和"理解"层面的目标1。

4.通过任务三选读故事，联系生活，分享智慧，举办故事分享会，达成"能够"层面的目标1、2、3。

5.通过单元作业检测，评价单元目标达成度，以此修正、调整后续的学习。

六、学习过程

子任务一：猜讲故事发布任务

学习目标：

1.明确任务，将自己阅读后的感想分享给其他同学。

2.初步了解寓言故事、童话故事等蕴藏的道理。

学习重点：

明确任务，将自己阅读后的感想分享给其他同学。

学习难点：

初步了解寓言故事、童话故事等蕴藏的道理。

评价任务：

1.通过交流探究，达成学习目标1。

2.通过对比朗读，达成学习目标2。

学习活动：

活动一：看图猜讲故事。

1.观察故事图片，你能根据图片内容猜猜题目吗？

2.分享交流。

3.你能给大家讲讲其中的故事吗？

4.四人小组合作，推荐代表起来讲故事。

5.全班交流，互评互学。

6.说说哪个地方特别吸引你。那我们怎么样才能把故事讲好呢？今天就让我们一起走进第五单元，跟随课文《坐井观天》《寒号鸟》《我要的是葫芦》去探索讲好故事的秘密吧！

活动二：交流、明确核心任务。

1.同学们，故事就像一个魔法袋，袋子很小却能取出很多东西，这个东西就是智慧，你们想做智慧分享者吗？怎样才能争做智慧分享者？

2.以小组为单位交流。

小结：从故事中明白它所蕴含的道理，增长自己的智慧，不仅如此我们还要将自己所读所想通过精彩的讲述和表达分享给其他同学，给大家带来更多思考和启发，争做智慧阅读者。

活动三：通读课文，初步了解故事。

自由朗读三篇课文，读准词语，读顺句子。

1.《坐井观天》是一篇寓言故事，跟随音频一起听听故事里都讲了什么。

2.谁再来给同学们读读这个有趣的小故事？

3.我们一起读读试试，我读青蛙说的话，你们读小鸟说的话，好吗？

4.师生合作朗读。

5.男女生合作读，男生读青蛙的话，女生读小鸟的话。

6.自由朗读课文《我要的是葫芦》。

7.出示课文两张插图。两张图片有什么不同？为什么会这样？

8.全班交流。

9.你能结合图片，再说说故事讲了什么内容吗？

10.出示课文插图。你们看，山脚下有道石崖，崖缝里住着（寒号鸟），河对岸有棵大杨树，杨树上住着（喜鹊），冬天就要来了。而此时，喜鹊和寒号鸟在干什么呢？

11.自由读课文，用文中的话来说一说此时喜鹊和寒号鸟在干什么呢？

12.同样的天气，可是他们的做法却不一样，做法不一样，结果也就不一样，为什么喜鹊能顺利过冬，而寒号鸟冻死了呢？

13.你觉得喜鹊和寒号鸟有什么特点？默读课文，找出他们之间的对话。

13.你想对寒号鸟这样的人说些什么？

14.全班交流分享。

子任务二：评析角色，辨析想法
《坐井观天》

★ **第一课时**

学习目标：

1.识记"沿、答"等9个生字，读准多音字"哪"，会写生字，理解词语"井沿"。

2.读通小鸟和青蛙的三组对话，初步感知课文大意。

学习重点：

识记"沿、答"等9个生字，读准多音字"哪"，会写生字，理解词语"井沿"。

学习难点：

读通小鸟和青蛙的三组对话，初步感知课文大意。

评价任务：

1.通过字理识字、生活识字、看图识字等方法，达成学习目标1。

2.通过朗读课文和划分对话，达成学习目标2。

学习过程：

活动一：初读课文，解决字词。

1.读课题，结合图片，认识生字"井"。

2.请大声朗读课文，一定要读准字音，读通句子，将课文读流畅。

3.同桌间互相读一读，帮他纠正错误读音。

4.识记"观"字。

（1）你在哪儿见过这个字？

（2）出示"观"的甲骨文，"观"的甲骨文字形像什么？那你觉得"观"是什么意思？"观天"就是正在做什么？

活动二：走进故事，了解内容。

1.学习第1自然段，走进故事。

（1）读过课文，你会发现，故事的主人公是谁？

（2）他们分别在水井的什么地方？

（3）请你将两个主人公的位置标记在图中。

2.学习第2—7自然段，感知青蛙和小鸟的三组对话。

（1）读读2—7自然段，用横线标记出青蛙说的话，用波浪线标记出小鸟说的话。

（2）同桌之间说一说，青蛙和小鸟一共发生了几次对话？

①读准多音字"哪"，这里读三声"nǎ"。

②在生活中的哪里也见过"答"字？

③"渴、喝"长得非常像，你有什么好方法能区分它们？"口渴"的时候需要什么？因此"渴"的部首是？"喝水"是一个动作，要张嘴喝，需要用到什么？所以"喝"的部首是？你会编个顺口溜记住它吗？

④关注"哪"的读音。"哪"这个字在这个句子中读什么？这个字在前文当中也出现过，"哪儿"中的"哪"读什么？原来这还是个多音字呢！你记住了吗？

⑤识记"错"字。在生活中你见过这个字吗？有没有做过错事？做了错事会怎样认错？

⑥理解"际"字。我们在之前学过了字典查字法，通过查字典的方式找到"际"在"无边无际"中的含义。

⑦"话"字可以用一个简单的方式来记忆，你有想法吗？

⑧做一个"抬"的动作。

（3）同桌两人分角色朗读，再合作读课文。

（4）填一填，做练习

青蛙坐在（_____），看到的天只有（_____）。小鸟落在（_____），看到的天（_____）。

用一句话概括，青蛙和小鸟围绕着什么问题在讨论？青蛙和小鸟的想法为什么会有那么大的不同呢？课后请你自己想一想，下节课我们一起来讨论。

★第二课时

学习目标：

1.复习本课生字、词语。

2.分角色朗读课文，带着对应的语气读好小鸟和青蛙的对话。

3.梳理小鸟和青蛙说法不同的原因，明白故事传递出的道理。

学习重点：

分角色朗读课文，带着对应的语气读好小鸟和青蛙的对话。

学习难点：

梳理小鸟和青蛙说法不同的原因，明白故事传递出的道理。

评价任务：

1.通过听写等方式，达成学习目标1。

2.通过关键字词和关键标点符号的重点朗读，达成学习目标2。

3.通过展开想象、新编故事的方式，达成学习目标3。

学习过程：

活动一：深入故事，辨析思维。

1.复习生字，听写词语。

2.青蛙和小鸟明明看到的是同一片天空，为什么青蛙认为天只有井口那么大，小鸟认为天无边无际呢？你能帮他们找找理由吗？

（1）梳理青蛙的观点。

①到课文中读读青蛙的话，用横线画出青蛙认为天很小的原因。

②青蛙天天坐在井里，看到的天是怎么样的？

③你觉得青蛙说这句话的时候应该用什么样的口气来读？

④还有哪里也能表现出它的自信？我们一起当当自信地青蛙——齐读。

Ⅰ.再读一读，思考：青蛙为什么认为天只有井口大呢？

Ⅱ.一起做个模拟小实验亲身体会一下吧！

用纸卷成筒状当"井"，仰起头从下往上看，模仿青蛙从井底看天的样子，通过纸筒观察天花板，用自己的话说说青蛙认为天只有井口大的原因是什么遮挡住了青蛙的视线？

（2）梳理小鸟的观点。

观点一：①小鸟认为天是什么样的？怎样理解无边无际？

Ⅰ.借助查字典，理解"无边无际"中"际"的意思。

○●"无边无际"中"际"的意思是（D）

A.彼此之间。　　B.时候。

C.当，适逢其时。D.交界或靠边的地方。

○● "无边无际"的意思是（B）

A.一眼望得到边。　B.没有边，很大。

Ⅱ.快想想，小鸟还可能飞过哪些无边无际的地方？

小鸟飞过了无边无际的_____，也飞过了无边无际的_____，还飞过了无边无际的_____，也有可能飞过了无边无际的_____。

②小鸟为什么会认为天是无边无际的呢？用波浪线画出小鸟的理由。

Ⅰ.现在学着小鸟，挥动翅膀飞一飞。

Ⅱ.飞了这么久，你看到天的边际了吗？

Ⅲ.大声读读这句话，读出一百多里那么远。

观点二：和青蛙交谈后的小鸟，认为青蛙应该怎样做？

你跳出井来看看吧。

Ⅰ.想象自己是小鸟，推测小鸟的想法。

Ⅱ.小组讨论，画出小鸟各种想法的思维导图。

Ⅲ.全班交流分享。

Ⅳ.用自信的语调再来读读这句话。

活动二：链接生活，说说道理。

1.结合学习单讨论青蛙和小鸟对天的认识不同的原因是什么？

表4-1-3　学习单

主人公	住在哪里？	认为天有多大？
青蛙		
小鸟		
造成青蛙和小鸟认知不同的原因是什么？		

2.用自己的话说说，青蛙是一只怎样的青蛙？小鸟是一只怎样的小鸟？

3.后来"坐井观天"演变成了一个成语，查一查，人们常常用"坐井观天"这个成语来形容什么样的人？

4.在这篇寓言中，"坐井观天"说的是谁？你从中明白了什么道理？

5.你的生活中有没有遇到这样的人？和小伙伴们说一说。

活动三：展开想象，新编故事。

自选超市（二选一）

1.新编故事。

①洞里之蛙。

一只青蛙坐在洞里，小鸟飞来站在洞外，它们又会有怎么样的对话呢？想象一下，同桌交流。

②窗下之蛙。

看，这是一只躲在小木屋里的青蛙，它天天坐在窗下，抬头看天。这时候又飞来一只小鸟，它们又会怎样对话呢？

同桌之间合作扮演。

2.续编故事。

假如你是那只青蛙，天拿过来当你跳出井口后，你会看到什么？想说些什么？

青蛙听了小鸟的话，真的跳出了井口，看见了_____，他一下子_____，于是对小鸟说："_____。"小鸟说："_____。"

板书设计：

坐井观天

青蛙	小鸟
井里	井沿
井口那么大	无边无际

（赛莹莹）

《寒号鸟》

★第一课时

学习目标：

1.识记"号、堵"等17个生字，读准多音字"号、当"，会写生字。

2.分角色朗读课文，厘清文章顺序，初步了解课文大意。

学习重点：

识记"号、堵"等17个生字，读准多音字"号、当"，会写生字。

学习难点：

读分角色朗读课文，厘清文章顺序，初步了解课文大意。

评价任务：

1.通过字理识字、生活识字、看图识字等方法，达成学习目标1。

2.通过朗读课文，划分对话，小组讨论，达成学习目标2。

学习过程：

活动一：初读课文，解决字词。

1.很久以前，很远的一座高山脚下，有一堵石崖。如果在冬天的夜晚从山脚下经过，你会听到从石崖里传出声音："哆啰啰，哆啰啰……"是谁在号叫呢？它就是寒号鸟。

2.简介寒号鸟。

资料出示：

一般认为，寒号鸟指的是复齿鼯鼠，体形像松鼠，因为怕冷，日夜不停号叫，所以叫"寒号鸟"。

图4-1-2　寒号鸟

3."号"是个多音字，拿出字典查一查，"号"字有几种读音？分别是什么？在这里是哪个读音，是什么含义？这只小动物的名字怎样读？我们在哪里见过另外的读音？

4.寒号鸟为什么在崖缝里号哭呢？答案就在课文中，大声读课文，试着将字音读准，将句子读通，将故事理顺清楚。

5.同桌之间互相读课文，纠正错误读音。

6.检查字词认读情况。

活动二：走进故事，了解内容。

1.自己读读课文，初步了解喜鹊和寒号鸟的不同。

（1）大声读课文第1自然段，边读边思考，寒号鸟住在哪里？喜鹊住在哪里？

（2）这对邻居的家有什么不同？

寒号鸟和喜鹊两个虽然是面对面住的邻居，但是住的地方却不一样，一个住（＿＿＿＿），一个住（＿＿＿＿）。

2.再读课文，用横线画出描写季节变化的句子，同桌之间读一读，体会天气的变化。

（1）同桌合作读，说说你从句子中感受"风"在不同季节里有什么不同，你体会到了什么？

（2）读句子时，需要重读哪些词语，带着什么样的动作和表情，能完美读出越来越冷的感觉？小组内讨论交流一下，试着演一演。

（3）总结一下，课文是按照"＿＿＿＿＿＿＿＿＿""＿＿＿＿＿＿＿＿＿""＿＿＿＿＿＿＿"三个不同的时间段来写的。

3.按三个时间段朗读课文，其他同学认真听，根据提示填空，看你有没有读懂这个故事。

冬天快要到了，喜鹊＿＿＿＿＿＿＿＿＿，寒号鸟＿＿＿＿＿＿＿＿＿；冬天说到就到，喜鹊＿＿＿＿＿＿＿＿＿，寒号鸟＿＿＿＿＿＿＿＿＿；寒冬腊月，喜鹊＿＿＿＿＿＿＿＿＿，寒号鸟＿＿＿＿＿＿＿＿＿。

寒号鸟的结局让我们唏嘘，相信大家也有很多的想法，课后思考一下造成寒号鸟结局的原因，下节课我们一起讨论。

★第二课时

学习目标：

1.读懂课文，知道喜鹊住在温暖的窝里，寒号鸟却冻死了的原因。

2.联系生活实际，理解故事深层含义。

学习重点：

读懂课文，知道喜鹊住在温暖的窝里，寒号鸟却冻死了的原因。

学习难点：

联系生活实际，加深对故事寓意的理解。

评价任务：

1.通过关键句的重点朗读，达成学习目标1。

2.通过展开想象、新编故事的方式，达成学习目标2。

学习过程：

活动一：深入故事，辨析思维。

1.听写词语。同桌相互检查、订正。

2.朗读课文。一名学生读第1自然段，其余三名学生按时间推进的顺序朗读相关段落。这节课，我们再次走进课文，想一想：为什么喜鹊能住在温暖的窝里，寒号鸟却冻死了？

3.自由读课文2—4自然段，冬天来临前，寒号鸟和喜鹊分别在做什么呢？用横线标记出喜鹊的做法，用波浪线标记出寒号鸟的做法，并完成学习单表4-1-4。

表4-1-4　学习单

主人公	做了什么事？	结果怎么样？
喜鹊		
寒号鸟		

（1）感受喜鹊的勤劳。

①天气转凉时，喜鹊是怎么做的？

②开动脑筋展开想象，喜鹊会飞到哪些地方寻找材料做窝呢？

③喜鹊为了衔回枯草筑巢，是多么不容易啊。这是一只什么样的喜鹊？你能通过哪些词语感受到喜鹊的忙忙碌碌？

④一起读写喜鹊的句子，再次读出喜鹊的勤劳。

（2）感受寒号鸟的懒惰。

①和喜鹊完全不同，寒号鸟是怎样的呢？文中的哪些地方让你感受到了？

②有一个字写出了寒号鸟和喜鹊完全相反的行为，你找到是哪一个字了吗？"只知道出去玩""累了就回来睡觉"，进一步说明它是什么样的小动物。

③寒号鸟一天就干两件事，要么玩，要么躺着睡觉，真的太懒了。朗读出寒号鸟的懒惰。

（3）男女生分角色读描写喜鹊和寒号鸟的句子，读出它们对待生活的不同态度。

4.读对话,感悟寒号鸟的另一个性格特点。

通过刚才的学习,我们发现,冬天快到的时候,寒号鸟和喜鹊的做法却完全不同。喜鹊是那么勤劳,寒号鸟是那样懒惰。

(1)文中小喜鹊作为寒号鸟的邻居,怎么来劝劝这只寒号鸟呢?

①小组讨论一下,小喜鹊的这两句话分别是要告诉寒号鸟什么事情?

喜鹊第一次劝告寒号鸟,告诉它要_____;第二次告诉它这样做的原因_____。

②快想想,怎样才能读出喜鹊劝告的语气?试着找出关键词读一读,看看怎样才能体现出小喜鹊的诚恳劝说?

③这是一只怎样的喜鹊?除了勤劳这一方面,它还有哪些优点?

(2)理解寒号鸟的回答。

①喜鹊来劝寒号鸟,可是寒号鸟却反过来说喜鹊什么?喜鹊真的傻吗?它心里是怎么想的?

②"得过且过"是什么意思?从课文哪些地方可以看出寒号鸟"得过且过"?从中可以看出什么?

(4)你能通过朗读,展示这只懒惰的、不听劝告的寒号鸟吗?我们需要重读哪些关键词?用什么样的语气读?

> 喜鹊说:"寒号鸟,别睡了。天气暖和,赶快做窝。"
> 寒号鸟不听劝告,躺在崖缝里对喜鹊说:"傻喜鹊,不要吵。太阳高照,正好睡觉。"

> 喜鹊来到崖缝前劝寒号鸟:"趁天晴,快做窝。现在懒惰,将来难过。"
> 寒号鸟还是不听劝告,伸伸懒腰,答道:"傻喜鹊,别啰唆。天气暖和,得过且过。"

(5)比较朗读,加深印象。

> 喜鹊说:"寒号鸟,别睡了。天气暖和,赶快做窝。"
> 寒号鸟不听劝告,躺在崖缝里对喜鹊说:"傻喜鹊,不要吵。太阳高照,正好睡觉。"

> 喜鹊来到崖缝前劝寒号鸟:"趁天晴,快做窝。现在懒惰,将来难过。"
> 寒号鸟还是不听劝告,伸伸懒腰,答道:"傻喜鹊,别啰唆。天气暖和,得过且过。"

①男生读每一组的第一句，女生读每一组的第二句，进行分角色朗读。

②想想喜鹊和寒号鸟对话时分别会有怎样的表情和动作呢？同桌合作，边表演边读一读吧。

5.反复朗读环境描写和寒号鸟的语言描写，体会"得过且过"的后果。

（1）寒号鸟为什么在夜晚哀号呢？

（2）"冻得直打哆嗦"是什么样的状态？你能为我们演一演吗？"冷得像冰窖"说明了什么？

（3）我们可以想象，不听劝的寒号鸟，在寒冷的冬天，还会急成什么样子？

（4）用稍快的语速、低沉的语调，读出它的可怜与凄惨吧。

（5）寒号鸟白天偷懒，晚上受冻了才想着要去做窝，可是事情真的如它所愿吗？寒号鸟最后的结局是怎样的呢？齐读最后一个自然段。

6.总结概括。

现在你能否结合刚才的所学所想，连起来说说寒冬腊月，为什么喜鹊能住在温暖的窝里，而寒号鸟却冻死了？

活动二：链接生活，说说道理。

1.像寒号鸟这样的人，我们现实生活中还真不少，分析这位同学的做法对不对，如果不对，也请你当当喜鹊，劝劝他。

事例：

小A同学，他的房间啊，乱得一团糟。书本、文具没有固定的家，桌上、地板上、床上到处是，有时候要找一样东西，半天翻不着。父母劝他一句也不想听。

2.你在生活中有见过像喜鹊这样勤劳的人吗？说说他的小故事。

3.小组内谈谈自己从《寒号鸟》这个故事中明白的道理。

活动三：展开想象，新编故事。

1.寒冬腊月，寒号鸟冻死在崖缝里，着实让人心痛。大家想，如果寒号鸟听从了喜鹊的劝告，这个故事还会有相同的结局吗？让我们一起为寒号鸟创编一个新的故事结局吧！

2.先自己联系着说一说，再小组之内互相讲一讲，完善自己的小故事。

3.课后和小伙伴、家人们讲讲这个小故事。

4.推荐阅读:《中国寓言故事》。

（赛莹莹）

《我要的是葫芦》

★ 第一课时

学习目标:

1.认识"葫、芦"等11个生字,会写生字。

2.正确、流利地朗读课文,学习课文第1自然段,体会种葫芦的人对小葫芦的喜爱之情。

学习重点:

认识"葫、芦"等11个生字,会写生字。

学习难点:

正确、流利地朗读课文,学习课文第1自然段,体会种葫芦的人对小葫芦的喜爱之情。

评价任务:

1.通过字理识字、生活识字、看图识字等方法,达成学习目标1。

2.通过对比阅读与交流探讨,达成学习目标2。

学习过程:

活动一:初读课文,解决字词。

1.你看,这是什么?

2.这样的小葫芦大家喜欢吗? 用一句话来夸夸它。

3.这么可爱的小葫芦,伸出手,一起写出它的名字!

4.一起读一读,注意"芦"字本音读二声,但在这个词语中读轻声,再读一遍。今天的课文就和葫芦有关。

5.分层识字,探寻规律。

（1）大声朗读课文,读准字音,读通句子。将不熟悉的生字圈出来多读几遍。

（2）开火车检测字词,纠正字音。

（3）观察生字，归纳识字方法。

①偏旁归纳：

草字头（植物有关）：葫、芦、藤。

心字底、竖心旁（心里所想有关）：感、想、怪、慢。

言字旁（语言有关）：言、谢。

②加一加、减一减。

③形声字特点识记。

（3）字入词中，熟读词语。

（4）词入句中，读通句子。

活动二：走进故事，了解内容。

1.欣赏图画。

（1）仔细观察，你看到了什么？能用一个词来说说这个人的表情是什么样的吗？

（2）看，叶子和葫芦都长在什么上？这个字读？图上的哪一部分是葫芦藤呢？用手来指一指。

2.走进课文。

（1）第1自然段：

①课文中有一段话说的就是这样一幅美丽的图画，找一找是第几自然段？大声朗读这一自然段，读准字音，读通句子，画一画你喜欢的部分。

②把自己喜欢的部分读给大家听，说说喜欢的理由。

③怎样才能把喜欢的部分读好？圈出关键字词再读一读。

④男女生比比赛，看谁能将第1段读得又准确，又美丽。

（2）第2自然段：

①有一天，叶子上来了不速之客，是谁？

②种葫芦的人是怎样想的？在文中画出来。

（3）第3、4自然段：

根据课文内容填一填。

①葫芦的叶子上生了_____，种葫芦的人对蚜虫_____，邻居的看法却不同，_____。

②最后种葫芦的人得到胡芦了吗？

如此渴求葫芦的人最终为什么得不到葫芦？结合学习单思考，下节课我们一起来讨论。

★第二课时

学习目标：

1.学习课文第2—4自然段，通过对比朗读，体会反问句、感叹句与陈述句的不同的语气，体会其中蕴含的相同含义。

2.探讨种葫芦的人最后没有得到葫芦的原因，初步懂得要注意事物之间有联系的道理。

学习重点：

通过对比朗读，体会反问句、感叹句与陈述句的不同的语气，体会其中蕴含的相同含义。

学习难点：

探讨种葫芦的人最后没有得到葫芦的原因，初步懂得要注意事物之间有联系的道理。

评价任务：

1.通过关键字词和关键标点符号的重点朗读，达成学习目标1。

2.通过展开想象、新编故事的方式，达成学习目标2。

学习过程：

活动一：深入故事，辨析思维。

1.听写词语。

谢谢、医治、心想、盯着、自言自语、每次、邻居、奇怪。

同桌相互检查、订正。

2.在第1自然段中，种葫芦的人对小葫芦的评价是怎样的？

来看着这两句话。

> 多么可爱的小葫芦啊！
> 多么可爱的小葫芦啊。

读一读，你更喜欢哪一句？说说理由。

3.这么喜爱葫芦的人，最后有没有得到葫芦？为什么呢？

（1）在叶子上出现蚜虫的时候，种葫芦的人有了什么样的想法？再来读一读这几句话。

①观察课本插图，观察种葫芦的人的神态和动作，用自己的话说一说什么叫做"盯"？

②种葫芦的人为什么要"盯"着葫芦？你能做出相应的动作吗？

③种葫芦的人是怎样说话的？什么叫做"自言自语"？你能联系生活来说一说吗？你还见过其他这样的四字词吗？大胆说一说。

④面对叶子上的蚜虫，这个人心里在想什么？

Ⅰ.看，这是什么标点符号？我们该怎样读这句话？

Ⅱ.这句话是种葫芦人嘴里说的，还是心里想的？该用什么样的声音读？

Ⅲ.大家说说种葫芦的人说这句话的意思到底是怕虫子，还是不怕虫子呀？

Ⅳ.你能用另一种说法说一说吗？

Ⅴ.男女合作读，男生读问句，女生读陈述句。

⑤当叶子上长着蚜虫的时候，这个人还在摸着小葫芦说什么呢？

Ⅰ.看这句话，有两个感叹号，这种表达与一个感叹号相比有什么区别？快读读试试。

Ⅱ.还记得吗？种葫芦的人是怎样说这句话的？"自言自语"又是什么样的声音？读读试试吧。

⑥学着他的样子，盯住小葫芦，读读这段话吧。

带着这种高兴的心情，一起读读这段话吧。

（2）面对叶子上的蚜虫，虽然种葫芦的人不以为意，但邻居的想法却有所不同。

①同桌之间互相读读这句话，谈谈读好这句话的秘诀是什么。

②这句话中也有一个感叹号，表现出了这位邻居怎样的心情？

③假如你就是这位邻居，你会怎样劝说种葫芦的人？

Ⅰ.热心的邻居在哪里？想想你身边热心的人，表情会是怎样的？

Ⅱ.生气的邻居在哪里？想一想，你生气说话的时候，语调会怎样？语气又是什么样子的？

Ⅲ.着急的邻居在哪里？着急的时候，语速会怎样？会不会有肢体上的动作？

Ⅳ.语重心长的邻居在哪里？什么样的人会语重心长呢？模仿模仿他。

④看啊，邻居多为他着急呀，可面对邻居的真诚劝告，种葫芦的人有什么反应？你来继续读。

Ⅰ.认识"？"这个可爱的小符号吗？一般用在什么样的句子中？

Ⅱ.这句话中，种葫芦的人是在问邻居问题吗？想一想，实际上这是种葫芦的人的疑问，还是回答？

Ⅲ.你能为种葫芦的人的回答换一种说法吗？

Ⅳ.你还会不会说类似的句子？开动脑筋试一试吧。

⑤从种葫芦的人回答中就能看出，他到底有没有接受邻居的劝告呀？

（3）愿望是多么美好，可是你看这人，叶子上都长了蚜虫，还沉浸在自己的世界里，不管不顾，不听劝告，最终，他的愿望达成了吗？谁来读一读？

①和最开始的时候相比，这棵葫芦有什么变化？

②你能看着图4-1-3，用自己的话说说这段时间内葫芦发生的变化吗？

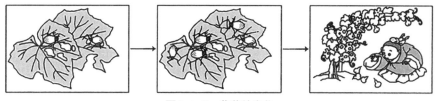

图4-1-3 葫芦的变化

③看到小葫芦这样的结局，你的心情怎么样？你能帮种葫芦的人找找造成这个结果的原因吗？小组之间交流想法。

活动四：链接生活，说说道理。

1.叶子上生了蚜虫，和最后得不到小葫芦有什么关系呢？

2.除了这个原因，还有什么也造成了小葫芦的枯萎？

3.通过这个故事，你懂得了什么道理？

4.在实际生活中，你有没有遇到过这样盲目又不听劝告的人呢？分享一下你的想法。

活动五：展开想象，新编故事。

1.假如第二年，这个人又种了一颗葫芦，你猜猜这次的结果又会怎么样？

第二年，种葫芦的人又种下了一棵小葫芦，这次他_____。这一年的小葫芦的叶子上又长出了蚜虫，他吸取教训，_____，慢慢地，小葫芦_____。

2.相信种葫芦的人和我们一样都明白了事物之间的联系，这就是寓言故事的魅力。

3.推荐阅读：《伊索寓言》《成语故事》。

子任务三：选读故事，联系生活，分享智慧

学习目标：

1.根据角色表达的思想和自身的理解，读出角色对话的语气。

2.阅读时了解故事所蕴含的道理，分享自己的所感所想。

3.对故事中角色的观点和想法做出判断和评价。

学习重点：

阅读时了解故事所蕴含的道理，分享自己的所感所想。

学习难点：

根据角色表达的思想和自身的理解，读出角色对话的语气。

评价任务：

1.通过试讲故事活动，达成学习目标1。

2.通过故事分享会，达成学习目标2、3。

学习活动：

活动一：选择试讲小故事，联系生活，品悟智慧。

1.本单元我们学习了《坐井观天》《寒号鸟》《我要的是葫芦》三篇课文，你能从中选择一篇课文试着用自己的方式讲出来吗？

2.试讲故事小技巧：了解故事大意，说清故事发展过程和结果，表情生动，声音与角色特征相符。

3.学生试讲课文故事。

4.读完这个故事你明白了什么道理？联系生活经验，把想法说清楚。

5.同桌交流讨论，合作演绎，在交流中探讨从故事中受到的启发。

活动二：举办故事分享会。

1.制定分享会的方案。

（1）确定分享故事的主题和范围，选择自己认为具有教育意义的、富有想象力的、生动有趣的小故事。

（2）准备故事，根据自己的喜好，每人准备1～2个小故事，采用讲演的方式进行分享。

（3）确定分享时间、地点和参加人员：周一上午第三节课，在班里进行故事分享会，参加人员为班主任、任课教师及全体同学。

（4）明确故事分享的评价标准。

①分享的故事需要蕴含一定的道理，能给人带来思考和启发。

②结合故事中角色的性格特点和当时内心想法读出适当的语气。

③分享时联系课文内容和生活实际谈谈自己的感受和看法。

2.分工筹备，自行讨论活动分工，决定主持人、上台顺序等。

3.依据评价标准，自行练习讲故事。

4.分享故事。

5.自主评价，推选出第一届故事大王，颁发"智慧阅读者"荣誉证书。

6.推荐读本：《成语故事》《格林童话》《伊索寓言》。

（丛婉星）

七、作业与检测

单元检测

（一）基础性作业

1.看拼音写词语。

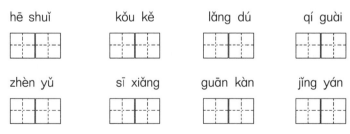

hē shuǐ　　　kǒu kě　　　lǎng dú　　　qí guài

zhèn yǔ　　　sī xiǎng　　　guān kàn　　　jǐng yán

2.判断下列画线字的注音是否正确，正确的用"√"标出来，错误的在后面改正。

答应（dá）　　腊月（nà）　　狂吼（kuáng）

感动（gǎi）　　比赛（sàn）　　邻居（lín）

3.形近字组词。

渴（　　）　井（　　）　海（　　）　娃（　　）

喝（　　）　开（　　）　梅（　　）　蛙（　　）

4.把词语补充完整，并选择一个词语说一句话。（不能重复哟）

一（　）不（　）　（　）言（　）语　　（　）言（　）语

（　）言（　）语　　窃窃（　）（　）　　东（　）西（　）

（二）发展性作业

1.选词填空。

①慢慢地　②轻轻地　③微微地

（1）温暖的春风（　　）吹在我脸上。

（2）她看见我，只是（　　）一笑，并没有说什么。

（3）小葫芦（　　）变黄了，一个一个都落了。

2.照样子，写句子。

（1）例：有几个虫子不可怕。　　有几个虫子怕什么！

这点困难不算什么。

_____

（2）例：叶子上的虫不用治。　　叶子上的虫还用治？

这么小的雨不用打伞。

_____

（3）例：天空飘着气球。　　蓝蓝的天空飘着五彩的气球。

池塘开满荷花。

_____

（4）排列句序。

（　　）我仔细一看，原来是一条蚯蚓。

（　　）突然从泥土里钻出一条又细又长的虫。

（　　）爸爸说蚯蚓能松土，是益虫，我们要保护它。

（　　）我和爸爸正在花园里拔草。

（　　）我问爸爸蚯蚓是益虫还是害虫。

（三）拓展性作业

1.遇到下面的情况，你该怎么和别人商量呢？想一想写下来。

如果你向你的好朋友果果借的书没有看完，想再多借几天，你想怎么和她说呢？

2.阅读检阅台

乌龟与水井

一只乌龟在陆地上散步，路过一口水井，想到井边喝水，水井提醒乌龟说："喂，伙计，请离得远一点，掉到我这儿是很危险的!"

乌龟笑着说："什么样的江河湖海我没到过？不怕你这小小的一口水井。"

水井对乌龟说："我这儿的环境与别处不同。"

"有什么不同？还不都是水，我下去给你看看。"说完，乌龟"扑通"一声跳下了井。

乌龟跳到了井里，可是不一会儿它就明白过来，自己再也无法爬上去了。

（1）这篇短文共有_____个自然段，写了乌龟与水井的_____次对话。

（2）"我这儿的环境与别处不同。"这句话中，"我这儿"是指_____，"别处"是指_____。

（3）请用"____"画出乌龟说的话。

（4）当乌龟再也爬不上来时，他会说什么？

_____

（5）读了这篇短文后，我懂得了（　　　）

A.水井能关心帮助乌龟。

B.不区分情况，不听人劝告，是没有好结果的。

C.骄傲自大是不对的。

（四）实践性作业

仔细观察图4-1-4，图中都有谁？他们正在干什么？展开合理的想象写一写。

_____

_____　　图4-1-4

八、学后反思

根据所学完成单元知识表格梳理。

表4-1-5　单元知识梳理

篇目	主要人物	故事启示
《坐井观天》		
《寒号鸟》		
《我要的是葫芦》		

九、学习资源

补充资源1：《成语故事》

补充资源2：《伊索寓言》

补充资源3：《格林童话》

补充资源4：《中国寓言故事》

补充资源5：《安徒生童话》

第二章　五年级下册第五单元

第一节　教材分析

在以往的语文教学中，阅读与写作占"大半壁江山"，读写结合是常用的教学方式。而在"新课标"中，新增加了"思辨性"一词，"思辨性阅读"不但只是对文本信息的基本掌握，还应理解文本是如何组织的，学会分析和评价阅读材料。"思辨性表达"不只是将自己的观点传达给别人，让别人理解和明白，还应该注重传达的过程是否严密和有序，说与写的目的是什么，让别人认同和信服。思辨性阅读与表达旨在引导学生在语文学习与实践活动中，通过阅读、比较、推论、质疑、讨论等方式，梳理观点、事实与材料及其关系；辨析态度与立场，辨别是非、善恶、美丑，保持好奇心和求知欲，养成勤学好问的习惯。

一、教材概况

要想帮助学生形成负责任、有中心、有条理的理性思维和理性精神，那就要从教材编排特点研究起，解读教材内容，读懂教材的意图。

教材从二年级下册开始就对学生的思维方法进行了简单的训练，三下第一单元阅读训练要素是"试着一边读一边想象画面"，第五单元"走进想象的世界，感受想象的神奇"，到四上第一单元"边读边想象画面，感受自然之美"，其在提升学生的形象思维能力上发挥着不容小觑的作用，为学生后期逻辑思维的发展埋下了扎实的根基。五年级上学期，第三单元要求"创造性复述"与"缩写故事"，是引导学生思维提升的一大进步，促使学生往抽象思维的道路上行走。五年级下册第五单元"了解人物的思维过程"，则对学生思维能力提出了更高要求，在单元课文内容的设置上，由表及里，从文字内容的体会深入到对思维过程的分析。通过对关键语句与客观事实的把握，归纳总结关键信息，最终合理推测人物的思维过程，并体会这样思考的好处，在语文实践中真实培养学生的逻辑思维能力。

表4-2-1 基于"思辨性阅读与表达"的单元主题及语文要素

所在单元	人文主题	语文要素
二年级上册第五单元	思维方法	初步体会课文讲述的道理，感受和体会课文语言表达的多样性
二年级下册第五单元	读故事、悟道理	根据课文内容，谈谈简单的看法
三年级上册第四单元	猜测与推想	一边读一遍预测，顺着故事情节猜想
三年级下册第一单元	大自然的生灵	试着一边读一边想象画面
三年级下册第五单元	想象的世界	走进想象的世界，感受想象的神奇
四年级上册第二单元	学贵有疑	阅读时尝试用不同角度去思考，提出自己的问题
五年级上册第三单元	民间故事	了解课文内容，创造性地复述故事
五年级下册第五单元	思维火花	了解人物思维过程，加深对课文内容的理解

二、教材特点

1.课后习题，前后勾连，有机融合。

教材注重发挥课后习题的作用，以单元语文要素为核心，将课后习题与语文要素、课文内容、交流平台有机融合，单元内容形成一个有机整体。单元内每篇课文的课后练习按照学生学习能力的提升与思维水平的改进步步推进，一课一落实。"思维"是单元阅读要素的重中之重，教材通过"猜测""想一想""为什么""好在哪里"等问法，让提升思维从抽象层面落到实处，通过一个个问题的设置，使之更加明确具体。例如，五年级下册第五单元《田忌赛马》课后第二题："连一连，把齐威王和田忌赛马的对阵图标画出来。说一说：孙膑为什么要这样安排马的出场顺序？""连一连对阵图"，能够让学生将孙膑的思考过程可视化，"说一说为什么"，可帮助学生真实体会到思维的妙。在课后题里，蕴含着由"要素"到"实施"的路径。《跳水》课后第三题："在那个危急时刻，船长是怎么想的？他的办法好在哪里？和同学交流。"正引导学生一步步思索探究人物的思维过程，学生只有将所有可能性进行分析才能着实走入人物的内心深处，读懂内心独白。单元内各版块相互勾连，将语文学习方法的掌握、思维水平的提高用实际可行的方法进行操作，教材充分承担了提高学生思维能力的重任。

2.关注习作，承接关照，锻炼思维。

表4-2-2　基于"编故事"的所在单元及习作要求

所在单元	习作要求
三年级上册第三单元	编写童话故事
三年级上册第四单元	续编童话故事
四年级上册第四单元	展开想象，写一个故事
四年级下册第八单元	按自己的想法新编故事
五年级上册第二单元	缩写故事

纵观基于"思辨性阅读与表达"的单元习作的编排，注重于编写故事，学生在三年级上册第三单元、四单元学习过编童话、续编故事，四年级上册第四单元"展开想象，写一个故事"，四年级下册第八单元"按自己的想法新编故事"，五年级上册第二单元"缩写故事"。从三年级到五年级，我们能够清楚地发现，虽然写作类型和具体要求不同，但是每一册书都有一个单元提出了编故事的习作要求，如此大的比重，正是课标"在发展语言能力的同时，发展思维能力，激发想象力和创造潜能"在习作方面的落实。习作编排很好地反映了编者的意图——展开想象，展开想象并不是脱离实际，在想象的情节中，人物的行为与结果必然要有其合理性，目的在于锻炼学生的逻辑思维与创造性思维。

3.读写要素，螺旋上升，发展思维。

学生通过系统地学习单元课文，对人物的行为进行了解，探究其背后的思维过程，并进行学习，这是以文本语言为载体来发展学生思维，由外向内，是输入。而单元习作，要求将自己吸收的思维方法、增长的思维能力用文字的形式来呈现，由内向外，是输出。在教材编排中，两条语文要素关联密切，螺旋上升。以五年级下册第五单元为例，该单元习作要素为"根据情境编故事，注意情节的转折"。这个写作要素看似和本单元的阅读要素没有关系，其实不然，细细研究，就会发现编者的意图。本单元阅读要素指向思维能力的培养，而要想把故事编精彩，必定离不开思维的作用，后一句话是"注意情节的转折"，什么叫"情节的转折"？联系本单元的课文就会清楚了，《田忌赛马》中孙膑还没有出场时的败局，《跳水》中孩子爬上桅杆顶端面临的危机，这两处都是故事中的困局。而孙膑的出场和船长的以枪逼迫跳水就是情节的转折，情节的转折靠的是什么？靠的是对现场情况的分析，进而想到解决的办法，归根结底靠思维。在单元编排中，单元课文与单元习作紧密相连，因此学生只有搞清楚文本中人物的思维过程，他们在自主写作时，才能将遇到的险情、情节的转折以及应对措施写清楚、合理化。能够有效促进学生思维能力和创造力的发展是"思辨性阅读与表达"教材编排中重要的特点。

（李凯悦）

第二节　教学策略

"思辨性阅读与表达"任务群对语文课堂教学来说是一个新挑战。当下语文阅读教学则侧重于语言教学，对学生认识感知、理性思维、独立评价能力的培养忽视了，这种以讲授为主的课堂很难让学生深层阅读，不能激发学生的阅读兴趣，孔子在论语中也提倡"学"与"思"的统一，那在语文课堂中如何进行思辨性阅读和表达呢？我们应以实践为主，让学生在学习、探究、运用策略中提高思维能力。

一、创设情境，激发学生思维表达的愿望

教师在授课时可以创设各种情境激发学生思维来表达自己的愿望。我们在

课堂中可以用各种活动来创设情境，可以用语言来创设情境还可以利用多媒体扩展情境激活教科书，让学生在情境中激发思维，激发学生对学习的兴趣。例如在教学《海底世界》一课时，可以播放海底景色的视频，呈现各种各样美丽的鱼穿梭在海藻、海草、珊瑚之间美丽的画面。借机提问学生："如此美丽的海底，是不是安静无声呢？"孩子们必定各抒己见，持"有声"和"无声"两种观点。从而引入课文第1段："海底是不是没有一点声音呢？不是的，海底的鱼都在窃窃私语。"趁机追问："会有哪些声音呢？我们一起走进课文中。"这样的导入不仅能激发学生兴趣，还激发了学生思维表达的愿望，增强课堂获得感，从而促进创新性思维的发挥。

二、多元质疑，扩宽学生思维表达的路径

教学参考书在为教师备课提供依据时，一定程度上也使得教师缺乏自己独立的思考和见解，有的时候按部就班地教授，很难让学生在课堂有自主生成的东西，所以教师在备课时可以设置一些具有思辨性的问题引发学生的思考。例如，学习二年级下册《雾在哪里》一课时，出示题目质疑：看到题目你有哪些问题？学生们必定众说纷纭，教师要预设到学生可能提出的疑问。比如：题目是一个问题，为什么没加问号？雾就在我们身边，课文中会写雾在哪里呢？教师要引导学生带着问题读文，在文中寻找答案，从关键句中再次去体会课文描写的特点，掌握文章写作特点的同时感受到雾的调皮。学完课文后引发学生思考雾的形成过程，让学生通过课后自主探究来解答疑惑，并通过课堂交流来碰撞想法。从而，在多元质疑的过程中锻炼学生思考与解决问题的能力。

三、思维导图，梳理学生思维表达的思路

思维导图是引导学生用发散思维想问题的一种科学思维方法，它简单而有效，是一种非常实用的思维方式。运用图文并茂的技巧，把课文的主要内容、主要线索，以及各级主题的关系用关键词、图画、颜色表现出来，利用思维导图可以培养学生思维的发散性、系统性，可以让学生行深度思考，帮助学生化学习过程，优化学习效果。例如，在教学五年级下册第五单元《田忌赛马》时，可以引导学生画出双方对阵图，借助图示梳理归纳一共可以选择的出场顺序，在分析了赛马双方的具体情况后，想到孙膑通过合理安排马的出场顺序来取胜

的思维过程，这样就能让孙膑的思维过程显而易见；在教学《跳水》时，针对船长逼孩子跳水的行为引导学生表达对人物这样做的看法，并引导学生注意关注当时的现场情况。从而归纳总结出遇到问题首先要对实际情况进行客观分析，推理出不同的方法，再判断最好的方法，意在引导学生理论应用于实际，充分发挥思维的作用。

四、创新实践，发展学生思维表达的能力

每学期新课本时，学生们都会迫不及待地翻开语文书，他们看到自己喜欢的文章，读到自己喜欢的情节，都会激动不已。这时可以提前给他们布置任务，比如：当我们学到这一课时请你有感情地朗读课文；当遇到表演性的文章时告诉他，等我们学到这一课时你和你们小组的小伙伴把课文给大家表演出来。前置性任务往往发挥着重要作用。比如，学习《青蛙卖泥塘》时，可以鼓励学生以小组为单位自主排练课本剧，自主制作头饰并分配角色，在表演之前教师应引导孩子们多思多想，想一想青蛙的话、老牛的话、野鸭的话等都应该用什么样的语气来说？想象一下课文中的蝴蝶、小兔、小猴、小狐狸都没有语言描写，你们扮演他们会对青蛙说些什么？孩子们认真思考，揣摩人物语言，各个小组课堂上绘声绘色的表演，引得孩子们哈哈大笑，最后小组之间的相互评价评出最佳角色扮演者。在实践中通过学生体验，提高思维水平，并学会与他人交流合作，一举多得。

五、课外阅读，增加学生阅读的思维流量

语文课呼唤思辨性阅读，就是要改变每天低效重复的阅读现状，提高课堂思维流量，引导学生做爱动脑有思考的阅读者。当然，不仅课内阅读是这样的，我们的课外阅读也要有这样的要求，例如，二年级课外必读书目《夏洛的网》，这是一本关于生命意义的书，如果学生不能深入走进这本书，那读书只是看热闹，看故事情节。教师可先针对树木内容提出重点问题，让学生带着问题有意识地读，通读后可鼓励学生根据自己喜欢的故事情节画出漂亮的图画，做出思维导图手抄报，有了目标的定位，利用丰富多彩的形式引导学生阅读，并在阅读后举办读书交流会，进行思维碰撞，在阅读中培养学生的分析问题能力，解决问题能力，培养了学生的创新思维。

（李凯悦）

第三节 设计思路

本单元定位于"思辨性阅读与表达"学习活动群的学习。该任务群对第三学段的要求是"阅读哲人故事……感受其中的智慧,学会其中的思维方法""关注学生思考的过程和思维的方式"。这就意味着,学生要在阅读与表达中,进行思维方式的改进与运用,从而保证思维能力的同步发展,最终提升语文核心素养。

本单元的阅读训练要素是"了解人物的思维过程,加深对课文内容的理解",在把握课文内容的基础上,深入了解人物解决问题的思维过程,提高对文章的整体把握能力和根据实际情况思考问题、解决问题的意识,感受思维与行动的关系。

本单元的习作训练要素是"根据情境编故事,把事情发展变化的过程写具体",习作主题是"神奇的探险之旅"。此前学生已有了"发挥想象写故事"等经验,还可以借助《海底两万里》的阅读经验来编故事。习作还能与"语文园地"中的"词句段运用"一起学习。可以照应到习作要求中"最好能写出心情的变化"这点。在探险过程中,往往会遇到困难,要解决困难,就需要有正确的思维方式和思维实践,这正是单元读与写的重要结合点。

根据单元整体解读,结合课程标准中"思辨性阅读与表达"学习活动群对第三学段的目标要求,本单元学习目标确定为:

知道(K):

1.学会单元生字新词,通读课文,了解课文内容。

2.故事中的人物和生活中的人物都有思维的能力。

3.思维能力有高低,善于思考的人也更善于解决问题。

理解(U):

1.理解难懂的词句。

2.思维方式决定一个人对事物的判断和认识,故事中的人物怎么思考,决定了故事情节的发展。

能够（D）：

1.推断故事中人物的思维过程。

2.撰写一个探险故事。

子任务一：共读《海底两万里》明确核心任务（2课时）

（一）了解《海底两万里》

1.查阅《海底两万里》相关资料，了解作者与背景。

2.交流收获。

2.尝试用自己的话简单介绍这本书。

（二）阅读《海底两万里》

在书本上用人物档案或圈点批注等多种方式分析其中一个自己感兴趣的故事，重在分析人物的思维过程，梳理不同思维方式对结果的影响。

（三）明确核心任务

1.了解本单元"习作"要求，小组分享从《海底两万里》中获得的启示。

2.布置核心任务，探讨具备怎样的条件才是一个精彩的探险故事。

3.讨论并完善完成核心任务的步骤。

第一步：深入研读《海底两万里》。

第二步：分析单元课文中人物的思考方式和行动逻辑。

第三步：创编自己的探险故事。

（四）研读《海底两万里》

1.以习作要求为基础，从背景、人物、航海路线、历险过程等方面梳理《海底两万里》这个探险故事。

2.列举三个《海底两万里》中主要人物在海底旅行时遇到了哪些困难，并分析他们的应对措施。

3.初步设想自己的探险故事。

【任务说明：自主阅读《海底两万里》，通过梳理故事情节，从人物、装备、险情、应对等角度分析探险故事。运用思维导图或表格分析探险故事。】

子任务二：探秘——他们是怎样思考的（5课时）

（一）阅读课文，探究人物的思维过程

梳理课文人物的思维过程，通过找到课文中有关人物语言描写、动作描写的相关语句，并对其进行重点分析，将提炼出的关键信息作为依据，来推测人物思维过程。最后，借助文字或表格将人物的思维过程展现清楚。

表4-2-3 课文中人物思维过程梳理表

课文/故事	人物	思维过程（思维导图或文字表述）（他们是怎样思考的）	对人物思维的评价	受到的启发
《自相矛盾》				
《郑人买履》（补充内容）				
《田忌赛马》				
《跳水》				
《海底两万里》中自选故事				

（二）分享交流，深入理解人物的思维过程

1.《自相矛盾》的讨论重点。

（1）想一想，"其人弗能应也"的根本原因是什么

（2）联系生活实际，怎么才能避免自相矛盾？

2.《田忌赛马》的讨论重点。

（1）把齐威王和田忌赛马的对阵表画出来。

（2）如果你是孙膑，你要怎么说服田忌改变马的出场顺序？

3.《跳水》的讨论重点。

（1）用自己的话把故事的起因、经过、结果讲明白。

（2）课文多次描写水手们的"笑"，说说几次"笑"对故事情节的推动作用。

（3）在危急时刻，船长是怎么做的？他为什么要这样做？

（三）研读课文，交流对自己构思探险故事的启发

1.说一说：用自己的话说说三篇课文的主要内容。

2.讲一讲：三篇课文主人公的思维过程。

3.评一评：对人物的思维过程进行评价。

4.想一想：思考从中获得的对自己构思探险故事的启示。

【任务说明：通过表格梳理三篇课文的思维过程，对人物的思维进行评价并思考从中获得的启示。交流讨论自己构思的探险故事中，人物遇到困难和挑战时，其行动背后有怎样不同的思维过程，结果有什么不同。】

子任务三：创作一个探险故事（2课时）

（一）讨论观点——探险就是成长

1.交流分享自己知道的与探险有关的人和事。

2.出示《现代汉语词典》，了解探险的定义。

3.交流分享自己探险的目的以及想要探险的原因。

（二）综合《海底两万里》与本单元所学，进一步理解探险故事的特点

1.单元课文与《海底两万里》的相似点和不同点。

2.讨论：在现实生活中，如果想把探险故事写的精彩，我们可以从哪些方面进行构思？

（三）构思并创作自己的探险故事

1.设计探险方案。

2.确定探险小队人员组成。

3.选择探险的地点、目的及所需装备。

4.捕捉探险过程中的心理。

（四）根据成功标准，修改故事，设计成书

1.复习导入，重温探险时刻。

2.对照探险故事创作成功标准表，查找问题。

3.生生互评，全班交流。

4.出示例文，修改习作。

5.设计成书，准备出版。

（五）召开"探险故事"出版发布会

1.在小组内分享自己的"探险故事"书。

2.每组选代表在班级内分享。

3.全班展评。

【任务说明：用1—2周的时间进行自主编写，创作探险故事，发布专属自己的探险故事，在班内分享。】

（李凯悦　刘　哲　赵慧娟）

第四节　学历案设计

一、基本信息

1.主题：五年级下册第五单元学历案——创作一个探险故事。

2.课时：10

3.对象：五年级一班学生

4.人数：43

二、学习内容分析

五年级下册第五单元的导语是"思维的火花跨越时空，照亮昨天、今天和明天"。思维是指"在表象、概念的基础上进行分析、综合、判断、推理等认知活动的过程"。本单元以"思维"为主题，包括《自相矛盾》《田忌赛马》《跳水》三篇课文，以及"神奇的探险之旅"习作任务。《自相矛盾》讲述了楚国有个卖矛和盾的人，他在夸耀自己矛和盾时理由前后抵悟，不能自圆其说。《田忌赛马》讲述了战国时期齐国大将田忌经常与齐威王及贵族们赛马中，田忌合理安排不同等级马的出场顺序，从而在与齐威王的对阵中获胜。《跳水》讲述了一艘环游世界的帆船航行在大海上，水手们在甲板上拿猴子取乐，猴子又去戏弄船长的儿子，孩子为了追回被猴子抢走的帽子爬上桅杆顶端，船长急中生智，逼儿子跳水。

本单元的阅读训练要素是"了解人物的思维过程，加深对课文内容的理解"，在把握课文内容的基础上，进一步了解文中人物解决问题的思维过程，从而提高对文章的整体把握能力和根据实际情况思考问题、解决问题的意识，感受思维与行动的关系。

本单元的习作训练要素是"根据情境编故事，把事情发展变化的过程写具体"，习作主题是"神奇的探险之旅"。此前学生已有了"发挥想象写故事"等经验，还可以借助《海底两万里》的阅读经验来编故事。从如何确定探险故事主人公，到场景、装备、险情的构想，到情节的构思，都做了提示和引导，使学生合理想象。习作还能与"语文园地"中的"词句段运用"一起学习。可以照应到习作要求中"最好能写出心情的变化"这点。在探险过程中，往往会遇到困难，要解决困难，就需要有正确的思维方式和思维实践，这正是单元读与写的重要结合点。

三、学习目标

本单元定位于"思辨性阅读与表达"学习活动群的学习。该任务群对第三学段的要求是"阅读哲人故事……感受其中的智慧，学会其中的思维方法""关注学生思考的过程和思维的方式"。根据单元整体解读，结合课程标准中"思辨性阅读与表达"学习活动群对第三学段的目标要求，本单元学习目标确定为：

知道（K）：

1.学会单元生字新词，通读课文，了解课文内容。

2.故事中的人物和生活中的人物都有思维的能力。

3.思维能力有高低，善于思考的人也更善于解决问题。

理解（U）：

1.理解难懂的词句。

2.思维方式决定一个人对事物的判断和认识，故事中的人物怎么思考，决定了故事情节的发展。

能够（D）：

1.推断故事中人物的思维过程。

2.撰写一个探险故事。

结合单元整体解读，从学生实际出发，学习情境创设为"假如自己有机会去探险，准备去一个什么样的地方，设想会遇到哪些情况，是怎样通过思考和行动战胜困难的，让我们一起在探险中成长吧"。基于这样的学习情境，本单元的核心任务设为：在探险中成长，创作一个探险故事。

四、任务导引

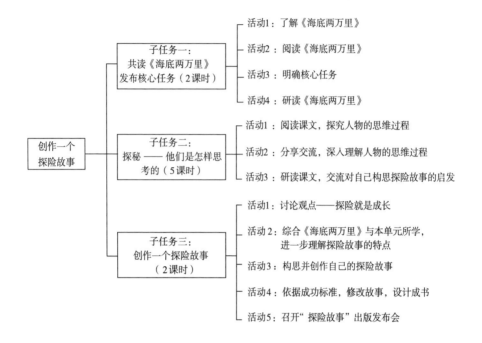

图4-2-1 任务导引

五、评价任务

1.通过抽查生字词的书写以及课文的朗读，达成"知道"层面的目标1。

2.通过任务一：共读《海底两万里》明确核心任务，进而激发创编探险故事的兴趣。达成"知道"层面的目标2、3。

3.通过任务二：探秘——他们是怎样思考的。思考故事中人物行动背后有怎样不同的思维过程，结果有什么不同。达成和"理解"层面的目标1、2。

4.通过任务三：创作一个探险故事，检验在遇到困难，解决困难时，是否有正确的思维方式和思维实践，达成"能够"层面的目标1、2。

5.通过单元作业检测，评价单元目标达成度，以此修正、调整后续的学习。

六、学习过程

子任务一：共读《海底两万里》明确核心任务

★第一课时

学习目标：

1.通过快速阅读，初步了解作者及探险内容。

2.从理性的角度分析人物的思维方法，把握小说中尼摩船长形象，加深对文本的理解。

学习重点：

明确单元核心任务，从理性的角度分析人物的思维方法，把握小说中尼摩船长形象。

学习难点：

初步感知人物形象，从理性的角度分析人物的思维方法，加深对文本的理解。

评价任务：

1.通过活动查阅资料与交流探讨，达成学习目标1。

2.通过自主学习与完成人物档案，达成学习目标2。

学习活动：

活动一：了解《海底两万里》。

1.通过查资料，你对这本书的作者有哪些了解？

2.学生分享交流。

3.你能用自己的话简单介绍这本书吗？

4.《海底两万里》情节生动，引人入胜。对此，让你印象最深的情节是什么？

5.学生交流。

6.通过快速阅读法，再读让你印象最深的情节，初步感知人物形象与探险故事的写作风格。

小结：哪怕在科学技术发展的今天，一次海底旅行对于人类来说同样困难重重，可是科幻大师凡尔纳在科学的范围内，做出了种种奇妙无比的构想，解锁了一个个困境。

过渡：他的许多的科学幻想在20世纪几乎全都成了现实，那么，同学们想不想知道他的哪些科学预言已经实现了呢?

活动二：阅读《海底两万里》。

1.对于一部小说来说，最吸引读者的往往是人物，那么我们有哪些方法可以快速地找出整本书中的人物呢?

（1）看目录，找人物。

①在目录中，圈画出与人物有关的篇章。

②把目录中出现的人物记录在练习本上。

（2）看章节，识人物。

①做一回侦探，快速阅读屏幕上出示的文本内容节选。

②提取文本中相关信息，充实尼摩船长的人物档案。

③以小组为单位交流填写好的人物档案。

表4-2-4　人物档案

《海底两万里》人物档案	
姓名	
职业	
外貌	
性格特征	
主要经历	

看片段，析人物。

①出示文本片段，选择片段中自己感兴趣的人物并重点朗读。

②圈画关键词句，分析人物性格特点。

③猜测其根据人物特点可能会产生的行为结果。

（3）做批注，明思维。

①圈点勾画能体现人物思维过程的相关语句，并在旁边做好批注。

②交流探讨，明确人物的思维方式不同，往往会做出不同的行为结果。

2.作业布置。

（1）课下运用本节课所学的阅读方法，继续阅读这本书。

（2）选择几个关键时间点，结合小说内容，用自己的话简单介绍探险故事。

板书设计：

看目录，找人物。

看章节，识人物。

看片段，析人物。

做批注，明思维。

★ 第二课时

学习目标：

1.了解本单元学习内容，明确单元核心任务。

2.通过快速阅读，初步了解主要人物及探险内容。

3.从理性的角度分析人物的思维方法，把握小说中的人物形象，初步设想自己的探险故事。

学习重点：

明确单元核心任务，从理性的角度分析人物的思维方法，把握小说中尼摩船长的形象。

初步感知人物形象，从理性的角度分析人物的思维方法，初步设想自己的探险故事。

评价任务：

1.通过自主学习与交流讨论，达成目标1。

2.通过小组合作与完善表格，达成目标2。

3.通过梳理关键语句，分析人物思维过程，达成目标3。

学习活动：

活动一：明确核心任务。

1.同学们，阅读是吸收，写作是倾吐，单元习作在一定程度上反映了本单元课文的核心，让我们齐读单元习作页，了解本单元"习作"要求。

2.出示单元导语页，了解单元语文要素，明确单元学习目标，学生讨论明确完成核心任务的学习过程。

表4-2-5 人物形象分析

人物	人物简介	性格特点	主要事件	受到的启发
尼摩船长				
阿龙纳斯				

3.小组交流：读完《海底两万里》，你了解了哪些信息？谈谈你获得的启发。

4.布置核心任务，学生讨论明确要想写好一个精彩的探险故事，需要具备哪些条件。

5.讨论并完善完成核心任务的步骤。

第一步：在本单元课文学习前，深入研读《海底两万里》，厘清小说中人物、历险过程、应对措施等，从中领会主人公的思维方式。

第二步：在单元课文学习中，深入分析人物的思考方式和行为逻辑，为单元学习结束后的创编一个探险故事做准备。

第三步：在本单元学习结束后，创编自己的探险故事，并对本单元学习进行总结反思。

活动二：研读《海底两万里》。

1.以习作要求为基础，从人物、场景、装备、险情等方面梳理《海底两万里》这个探险故事。

表4-2-6 《海底两万里》故事梳理

主要人物	遇到的困难	应对措施

2.列举三个《海底两万里》中主要人物在海底旅行时遇到了哪些困难，画出关键语句，并分析他们的应对措施。

3.初步设想自己的探险故事。

通过阅读《海底两万里》探险小说，以及对本单元课文内容的初步了解，你对这次的冒险一定很感兴趣。如果要冒险，你愿意跟谁去？这是要去哪里？要带什么装备？会遇有怎样的凶险？你又是如何应对的？

子任务二：探秘——他们是怎样思考的
《自相矛盾》

学习目标：

1.能正确流利地朗读课文，理解句子意思。

2.通过自主探究，能把"其人弗能应也"的原因说清楚。

3.能用自己的话讲讲《自相矛盾》这个故事，厘清人物思维过程。

学习重点：

通过用自己的话讲讲《自相矛盾》这个故事，厘清人物思维过程。

学习难点：

通过自主探究，能把"其人弗能应也"的原因说清楚。

评价任务：

1.通过借助注释和插图，达成学习目标1。

2.通过解读人物语言，完成思维导图，达成学习目标2。

3.通过归纳思维导图与角色扮演，达成学习目标3。

学习活动：

活动一：阅读课文，探究人物的思维过程。

1.猜图识字，导入新课。

（1）猜图识字。

同学们，看着这两张图片，你猜它们是哪两个字？

（2）书写生字。

"矛"和"盾"这两个字，经过历史的积淀，慢慢演变成我们现在看到的样子，伸出手来，和老师一起写。

（3）齐读课题。

2.初读课文，运用方法。

（1）自读古文，读准读通。

（2）学习第一句，运用方法理解意思。

①抓住"鬻",注意读音和书写,借助注释理解意思。

②抓住"誉",借助联系上下文猜测意思是"夸奖""夸耀",还可以结合读书经验、结合生活经验来猜测。

③运用组词、注释的方法理解"坚""陷"。

④将第一句话的意思进行完整的表述。

小结:一句话能理解不算本事,更厉害的是理解的背后告诉我们理解的方法。

(3)学习第二句,运用方法理解意思。

①理解句意。

②通过联系上下文理解句意。

(4)感悟朗读前两句。

①通过情境创设,朗读楚人夸盾和矛的话。

②楚人是怎么夸自己盾的?

③楚人又是怎么夸赞矛的?

④如果是你,你想怎么夸夸你的矛和盾?

⑤你认为他在集市上吆喝的目的是什么?

小结:是啊,这就是正常人的思维,他不断地吆喝只是想把矛和盾卖出去。

(5)学习第三句,感受路人的嘲讽。

①此时,有一个过路人看到了,他问道——以子之矛陷子之盾,何如?

②借助句意,把握停顿。

③重点指导朗读:以子之矛陷子之盾,何如?

④此言一出,惊醒梦中人。很多同学对这句话有自己的想法,教师随机挑选几位同学的发言,一起来回顾一下。

音频1:这个人很懂说话的艺术,没有直接说出楚人的问题。

音频2:这个路人不急着指出楚人的错,而是顺着楚人的错往下说。并且没有说什么道理,而是通过问句,启发楚人去思考。

音频3:一般人听到楚人这样吆喝,会直接告诉他错在哪里。而路人则从对方错误的角度出发,将错就错,用反问的方式让对方去思考,去琢磨,去发现错误。

⑤学生交流:听完这几位同学的发言,你还有什么启发?

小结：不得不说，这句话真的是妙极了！这组对话，也直接推进了故事的发展，要给韩非子这段对话描写点一个大大的赞。你们太了不起了，从一句话、一个点想开，你们思维的触角伸到了各个方向。

思考：哲学常说，我们要学会一分为二地看问题，请你试着完成下面的思维导图4-2-2，看看你是否具有哲学思维。

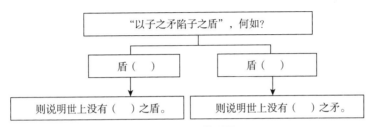

图4-2-2 思维导图

活动二：分享交流，深入理解人物的思维过程。

1.学习第四句，探究楚人的思维。

（1）学习"应"的读音。

（2）理解"楚人弗能应也"的意思。

（3）借助导图，探究楚人"弗能应也"的原因。

（4）这四种可能出现的现象可以分别得出什么结论？

（5）学生读相关结论的句子：楚人为何"弗能应也"？

（6）发现楚人"自相矛盾"。

2.交流想法，发现蕴含的道理。

（1）学生交流：故事读到这，你如何看待楚人的行为？

（2）交流后明确：说话做事不要太绝对，要留有余地；说话做事要想全面，不能顾前不顾后，造成前后矛盾。

小结：不知不觉中，你们就把故事背后藏着的秘密给发掘出来了。它可能是一个道理或者是一个启发，而我们更加惊叹的是两千多年前，韩非子就用言简意赅的方式讲述出来了。

（1）启思：楚人为何"弗能应也"？面对质疑，他经历了怎样的心路历程？

（2）小组合作，讨论交流，推测楚人的思维过程。

（3）汇报交流，完善思维导图4-2-3。

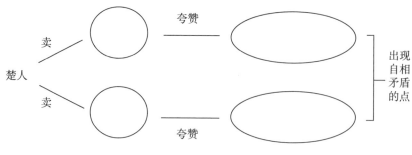

图4-2-3 思维导图

（4）归纳思维导图，讨论楚人思维中的问题。

3.学习最后一句，体会"夫不可陷之盾与无不陷之矛，不可同世而立"

（1）想一想：结合课下注释，思考"同世而立"的意思。

（2）讲一讲：你能根据以下四幅图画，试着用自己的话讲讲这个故事吗？

图4-2-4 矛与盾

（3）演一演：如果你是过路人，你准备怎样帮他把盾和矛卖出去？

4.迁移现实，发散思维。

（1）故事提醒。

自相矛盾就是这样一个很可笑、很荒谬的故事，但是在两千年后的今天，也能看到这样的故事。你能像文中那样用提问的方式来点醒这个年轻人吗？

（2）迁移生活。

联系生活实际，会发生自相矛盾的事情吗？可以是看到的、听到的，也可以是发生在你自己身上的。

小结：大家都特别会发现，发现身边矛盾的事儿，甚至还忍不住笑出声来，这说明你们在长智慧。不得不说，我们从韩非子的《自相矛盾》中反观自己、联系到自己，就是最大的收获。

（3）联系实际。

①既然矛盾是错误的、可笑的，它就没有价值了吗？瞧，我这里有一个矛盾，就来自于你们的生活。小学生使用手机好还是不好？

②学生小组交流并展示。

小结：你瞧，面对这样的一个矛盾的时候，你们都有自己的答案。其实一个事物的存在，一定有好的一面，也有不好的一面。只要我们一分为二地看待它，全面地观察它，分析它，那就很容易能走出矛盾的困惑。向古人学智慧，不知不觉地解决现实中的问题，思维也上升了一个层面，看来矛盾还是有价值的。

5.故事大王，感悟思维。

接下来，请大家试着用自己的方式讲故事，让更多人知道这个故事、了解这个故事、并从中受益。带上刚才学到的对故事的理解，讲出一个高品质的故事。

表4-2-7 评判标准

我是故事大王	
项目	效果
1.抓住起因、经过、结果，把故事讲清楚。 2.添加人物的神态、动作、语言、心理，把情节讲生动	有"言"值 ☆☆☆
3.插入人物思维的过程，把思维讲透彻。 4.融入故事蕴含的道理，把感悟讲深入	高品质 ☆☆☆

（1）学生个别展示。

（2）学生小组分角色表演。

6.拓展资源，思维运用。

（1）发散的思维往往会让我们打破思想牢笼，获得进步与成长，本节课，过路人巧妙的一问顿时令众人醍醐灌顶，更令卖矛者难以自圆其说。那这种灵活的思维方式，你是否学到了？

（2）来，考考你，屏幕出示《郑人买履》，读读这个小故事，看看你又能获得怎样的启发？你想说些什么？

（3）学生以小组为单位交流探讨。

小结：同学们，听着你们讲的故事，我的思维触角又蠢蠢欲动了。这个故事是想说多可笑吗？更多的是让我们发现别人的不足，是为了更好地觉察自己的内心，光照自己的内心。课后，希望大家能够阅读韩非子中你喜欢的其他故事，将思维的触角继续延伸下去。同时也让我们学习更多古人留下的智慧，让思维能够点亮今天和明天。

7.布置作业。

基础性作业：可以用自己的话讲讲这个故事。

拓展性作业：你知道韩非子为什么要写《自相矛盾》这个故事吗？课后推荐大家读一读《韩非子·难一》，从中寻找答案。

板书设计：

（李凯悦）

《田忌赛马》

★第一课时

学习目标：

1.自主认识字词，能准确、流畅地朗读课文，读懂课文内容。

2.能梳理课文层次，概括故事的起因、经过和结果。

学习重点：

概括故事的起因、经过和结果。

学习难点：

用自己的话讲讲田忌赛马的故事。

评价任务：

1.通过朗读与自主学习，达成学习目标1。

2.通过小组合作与汇报交流，达成学习目标2。

学习活动：

活动一：阅读课文，探究人物的思维过程。

1.创设情境，激情导入。

（1）解读"赛"。

①认识黑板上这个字吗？你能用"赛"字组个词语吗？

②在我们的学习或日常生活中，你见过或参加过哪些比赛项目？

（2）田忌简介。

（3）通过题目你获取到哪些信息？让我们一起去文中找找吧！

（4）简介出处。

（5）简介作者。

2.初读课文，解决字词。

（1）自读课文，要求如下：

①出声朗读课文，读准字音，读通句子。

②遇到自己喜欢的语句，多读几遍。

（2）自学字词，在文中圈画出来，然后解决生字词。

（3）检查学习效果，相机指导。

3.朗读课文，感知人物。

（1）默读课文，在文中找出有关齐威王的相关语句，从中可以看出他是一个怎样的人？

（2）默读课文，在文中找出有关孙膑的相关语句，从中可以看出他是一个怎样的人？

（3）小组交流，师生互评，教师相机引导并小结。

4.细读课文，了解思维过程。

（1）默读课文，试着了解故事的起因、经过和结局，并完善表4-2-8。

表4-2-8 《田忌赛马》故事梳理

起因	
经过	
结果	

（2）小组交流，组长记录小组意见。

（3）小组代表发言，全班交流，教师小结。

（4）学生自由朗读全文。

（5）总结。

起因（1—2自然段）：孙膑观赛，发现策略。

经过（3—10自然段）：孙膑献策，准备赛马。

结果（11—16自然段）：调换顺序，以智取胜。

5.聚焦比赛前对话。

（1）PPT出示孙膑的语言。

①"胸有成竹"是什么意思？

②从哪些词语可以看出他胸有成竹？

③你能读出这种胸有成竹的感觉吗？

（2）比赛当天孙膑到底和田忌具体说了什么？为什么会这样自信？（出示3—7自然段）

①分角色朗读对话。

②关注标点，感受人物不同心理。

③角色扮演：如果你是孙膑，在赛前，你会怎么对田忌说呢？配上动作与表情演一演。

将军，我有一个主意，可以帮你赢得赛马。我看了几场比赛后发现_____，而且都能分成_____。经过分析发现_____，就能在比赛中获胜。

6.讲思维故事，赞人物智慧。

（1）对照星级评价表，用自己的话讲讲这个故事，进行自我评价和同桌互评。

表4-2-9 "金点子"故事大王评价表

评价标准	自我评价	同桌互评
1.仪态自然，声音响亮	☆ ☆ ☆	☆ ☆ ☆
2.理清人物关系，故事情节完整	☆ ☆ ☆	☆ ☆ ☆
3.条理清晰	☆ ☆ ☆	☆ ☆ ☆

（2）推选组内最佳者讲故事。

（3）评选"金点子"故事大王.

7.布置作业。

请同学们继续搜集历史上其他用智慧以弱胜强的故事。

板书设计：

起因：孙膑观赛，发现策略。

经过：孙膑献策，准备赛马。

结果：调换顺序，以智取胜。

★ **第二课时**

学习目标：

1.能通过对阵表，了解孙膑的思维过程，感受孙膑的足智多谋。

2.增强具体情况分析问题和解决问题的能力，能应用在学习、生活中。

学习重点：

借助对阵表，推测孙膑制定策略的思维过程。

学习难点：

增强具体情况分析问题和解决问题的能力，能应用在学习、生活中。

评价任务：

1.通过完善对阵表，达成学习目标1。

2.通过圈划关键语句与分析人物形象，达成学习目标2。

活动二：分享交流，深入理解人物的思维过程。

1.复习检查，导入新课。

（1）分自然段合作读课文。

（2）从"以智取胜"的角度研读课文，找出其中的原因。

2.细读课文，了解思维过程。

（1）田忌之所以能取得胜利，原因很明显，就是孙膑的计策。这个计策具体是怎么实施的？"开火车"读10—14自然段，根据这部分内容，完成课后赛马对阵表4-2-10。

表4-2-10 赛马对阵表

	第一场	第二场	第三场
齐威王			
田忌			

（2）探究赛马取胜的原因：

①为什么马还是原来的马，孙膑只是对马的出场顺序做了一些调整，就能使田忌赢呢？请再读课文，找一找课文中哪些句子所含的信息对孙膑实施计策有帮助。

②出示第2自然段："田忌经常同齐威王……"

③学生齐读。

④你认为孙膑选择这样调整马的出场顺序的原因是什么？

⑤小组交流讨论。

（3）关注"看了几场"，感受孙膑善于观察的品质。

①思考：在不换马的情况下，除了孙膑的方法，你还能想到哪些对阵方法？请小组合作，在学习单上列举田忌所有可能采取的出马顺序，说说发现。

②小组交流汇报，说说自己的发现。

③孙膑帮田忌赢得赛马胜利，孙膑又是怎么做到不用换人就能获胜的？

④默读课文。补全齐威王与田忌的第二场比赛。

⑤指名说出齐威王与田忌赛马的对阵表。

（4）对战结果怎么样？

（5）思考：怎么还是那匹马，只是换了个出场顺序，就反败为胜了？

（6）这么好的办法，是谁帮助田忌想出来的？

（7）别人都是上对上，中对中，下对下，孙膑就是不按常理出牌，而是以一种与众不同的方式，反败为胜。孙膑怎么会想到这么好的办法？

2.精读课文，学习"孙膑献计"。

（1）仔细读一读，孙膑是如何想到这么好的点子的？在文章中找到相关的句子，并用笔画出来。

（2）从文章的什么方面看出来孙膑是一个善于观察和思考的人？

（3）如果你是齐威王，你会怎么想？如果你是齐威王，你会怎么做？怎样调换？

（4）你认为孙膑是一个怎样的人？

活动三：研读课文，交流对自己构思探险故事的启发。

1.总结全文，畅谈启发。

（1）今天我们要学的是《田忌赛马》，讲的是齐国的将军田忌和齐威王进行赛马，结果在预赛中失利，最后变成了胜利者。《田忌赛马》给了你怎样的灵感？

小结：我们在现实生活中，也要勇于打破常规，敢于创新，用灵活的思维来面对生活中的难题，不人云亦云，在一次次挑战中获得突破和成长。

（2）历史上使用策略取胜的故事有很多，根据课前你查阅的信息，小组内进行交流。

（3）按照故事的起因、经过和结果厘清你的探险故事。

表4-2-11 《田忌赛马》故事梳理

起因	
经过	
结果	

2.布置作业

（1）在历史上，以弱胜强的例子有很多，可以自己继续查阅相关资料。

（2）继续写作：让学生大胆地想象田忌与孙膑在二次赛马之后再次相遇，他们相遇时的情形是什么？会有什么样的故事？

板书设计：

善于观察；善于思考；知己知彼。

（赵慧娟）

《跳水》

★ 第一课时

学习目标：

1.自主认识字词，借助图理解和船构造的相关词语"桅杆、船舱、横木、甲板"。

2.默读课文，把故事的前因后果厘清楚，然后再用这些线索来叙述故事的内容。

3.分别找出描写猴子和孩子的语句，揣测他们的心理，体会孩子不知不觉陷入险境的原因。

学习重点：

厘清文章脉络，了解故事的起因、经过、结果，并以此为线索讲述故事内容。

学习难点：

揣测孩子和猴子的心理，体会孩子不知不觉陷入险境的原因。

评价任务：

1.通过朗读与自主学习，达成学习目标1。

2.通过同桌合作，达成学习目标2。

3.通过小组合作与汇报交流，达成目标3。

学习活动：

活动：阅读课文，探究人物的思维过程。

1.初读课文，解决字词。

（1）自读课文，要求如下：

①大声朗读课文，能准确、流利地读出句子。

②遇到自己喜欢的语句，多读几遍。

（2）自主学习生字，先用铅笔圈出文章中的生字，再用适当的方法解答生字。

（3）检查学习效果，相机指导。

2.抓住人物，梳理情节。

（1）快速浏览课文，故事中人物的出场顺序是什么？

（2）这些人物之间有着怎样的联系？按照故事发展的顺序，试着填一填？

（因为）水手们拿猴子取乐→（所以）猴子_____。

（因为）猴子_____→（所以）孩子_____。

（_____）孩子_____→（_____）船长_____。

（3）同桌合作，完善故事的起因、经过、结果。

表4-2-12 《跳水》故事梳理

起因	
经过	
结果	

（4）小结：在一篇小说中，人物之间的联系，就叫情节。所以，我们可以用"因为……所以"这样表示因果关系的关联词把前后人物做的事情联系起来，通过这样的方式梳理小说的起因、经过、结果。

3.分析形象，寻找推手。

自由朗读课文2—4自然段，找出孩子走上横木的主要原因。

问题：是谁让孩子爬上横木的？边读边画他是如何让孩子一步步爬上去的？

（1）找猴子动作，感受猴子放肆。

①找出描写猴子的语句，用直线画下来，读一读，将你的发现或感受写下来。

②默读课文。把猴子的相关内容补充完整。

表4-2-13 猴子的形象

描写方法	相关语句	猴子的想法
动作描写		

小结：从猴子越来越放肆的行为，我们可以看出，它就是在逗孩子生气。果然孩子一步步走上了最高的横木。那么是不是只有猴子才是孩子爬上横木的原因呢？

（2）抓相关描写，体会孩子内心。

①默读课文第2—4自然段，找出描写孩子表现的语句，用虚线画下来，指名读。

②完善补齐孩子的相关内容。

表4-2-14　孩子的形象

孩子的相关描写方法	孩子的想法	孩子心情变化

小结：孩子的想法，孩子的行为，都被猴子一步一步牵引着。他没有意识到自己的处境有多危险，他唯一的想法就是把帽子抢回来！于是，就出现了如此恐怖的一幕。

是啊，此时此刻，水手们全都吓呆了。而船长的出现，让当时的形势有了转机。船长到底是怎么想的？又是怎么做的呢？下节课我们继续学习。

4.回归整体，借助评价表复述故事。

（1）对照星级评价表，用自己的话讲讲这个故事，进行自我评价和同桌互评。

表4-2-15　评价标准

评价标准	评价
能按事情发展的顺序将故事讲完整	☆ ☆ ☆
能厘清起因、经过、结果	☆ ☆ ☆
能结合猴子和孩子的表现将孩子心情变化及原因说清楚	☆ ☆ ☆
能用上词语表的词语，如："放肆""哭笑不得""心惊胆战"	☆ ☆ ☆

（2）推选组内最佳者讲故事。

5.布置作业。

请同学们继续用自己的话说说《跳水》的故事。

板书设计：

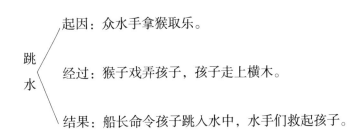

跳
水

起因：众水手拿猴取乐。

经过：猴子戏弄孩子，孩子走上横木。

结果：船长命令孩子跳入水中，水手们救起孩子。

★ 第二课时

学习目标：

1.体会水手们的"笑"对情节发展的推动作用，明白事物之间的联系和发展的关系。

2.辨析船长的办法好在哪里，解读船长的思维过程，从而深入认识船长的人物形象。

学习重点：

解读船长的思维过程，从而深入认识船长的人物形象。

学习难点：

体会水手们的"笑"对情节发展的推动作用，明白事物之间的联系和发展的关系。

评价任务：

1.通过完善表格，达成学习目标1。

2.通过圈划关键语句与分析人物形象，达成学习目标2。

学习活动：

活动一：分享交流，深入理解人物的思维过程。

1.复习检查，导入新课。

（1）检查，指名学生说一说这个惊心动魄的故事。

（2）水手和孩子的跳水有没有关联？他们应不应该为孩子的跳水负责呢？这节课继续探求其中的原因。

2.研读水手之"笑"，推动故事情节发展的作用。

①默读第2至第4自然段，找出文中水手拿猴子取乐的语句。用波浪线画下来，并将发现或感受写下来。

②借助表格4-2-16，结合具体语句，梳理故事过程。

表4-2-16 《跳水》故事梳理

水手的笑	猴子的表现	孩子的表现

小结：如果没有水手一次又一次的大笑，可能孩子不会冒险抓猴子夺回帽

子。所以说水手的一次次笑不断推动情节的发展。

③小组合作学习，水手每一次笑的原因是什么呢？水手们会想什么呢？

表4-2-17 水手笑的原因

笑	每一次笑的原因	水手会想些什么
哈哈大笑		
又大笑起来		
笑得更欢了		

3.借助文章内容，体会处境之险。

（1）同桌交流：读第四然段，找出描写孩子处境的句子并完善表格4-2-18。

表4-2-18 孩子的处境

孩子的处境	感受
只要一失足，直摔到甲板上就没有命了	
即使他走到横本那头拿到了帽子，也难以回转身来	
孩子听到叫声往下一望，两条腿不由地发起抖来	

（2）用词语来描述小孩的危险或状况的急迫。

（3）观察图4-2-5与图4-2-6，思考：如果你在船上，此刻看到这样的场景，打算怎么救横木上的孩子？

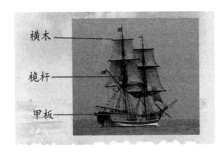

图4-2-5船的构造

图4-2-6船上的小男孩

（4）四人小组讨论交流。

4.解读船长形象，辨析思维之妙。

（1）默读第5自然段，画出描写船长动作和语言的句子，把自己的感受批注在旁边。

（2）小组合作探究并完善表格4-2-19。

表4-2-19 船长形象分析

船长的描写	相关语句	船长的想法

（3）比较之前小组交流的方法与船长的方法，验证假设，并说说船长的办法好在哪里。

表4-2-20 船长方法的好处分析

我的假设	可行性条件	考虑的因素	船长方法的好处

小结：在这万分紧急的关头，船长能考虑当时的环境、时机、孩子的心理状态等众多因素做出这样的决定。

（4）在这个决定背后，你读出了他是一个什么样的船长？

（5）此时此刻，你们想对船长说些什么呢？

小结：希望在今后的学习生活中，你们能运用上良好的思维品质去解决问题。

5.小组探究，敏捷思维救了谁？

表4-2-21 船长救了谁

船长机智地救下了谁	原因
救了自己儿子	
救了水手	
救了船长自己	

活动二：研读课文，交流对自己构思探险故事的启发。

1.总结全文，畅谈启发。

（1）今天这节课我们学习了《跳水》，这件事使你受到了什么启发呢？

（2）你还了解哪些危急时刻急中生智的故事，结合课前查询的相关资料，和同学交流。

（3）按照故事的起因、经过和结果厘清你的探险故事。

2.布置作业。

（1）学了课文后，你印象最深的地方是什么，请你和同学或者家里人分享交流你的感受。

（2）你想对文中的船长说什么？想对文中的孩子说什么？请用笔写下来。

板书设计：

环境因素

思
维 ｛ 时机因素 ｝ 急中生智
之 ｛ 心理因素 ｝ 沉着冷静
妙

（刘 哲）

子任务三：创作一个探险故事
《神奇的探险之旅》

★第一课时

学习目标：

1.通过交流探讨，树立探险就是成长的观点，理解探险故事的含义。

2.借助习作要求与提示，能按事情发展顺序构思并创作属于自己的探险故事。

3.能展开丰富的想象，抓住人物的动作、心理等描写方法把遇到的困境与应对措施写具体。

学习重点：

借助习作要求与提示，能按事情发展顺序构思并创作属于自己的探险故事。

学习难点：

能展开丰富的想象，抓住人物的动作、神态等把遇到的困境与应对措施写具体。

评价任务:

1.通过小组合作与比较阅读,达成学习目标1。

2.通过自主学习,完成表格,达成学习目标2。

3.通过归纳思维导图与讨论交流,达成学习目标3。

学习活动:

活动一:讨论观点——探险就是成长。

1.了解探险。

(1)同学们,大家已经读过保尔《海底两万里》这本科幻冒险小说了,今天,我们集体阅读其中的一个片段,请大家一边看,一边思考:尼摩船长陷入了什么困境?他是怎么样解决困境的?

(2)学生讨论并代表发言。

(3)探险是刺激的、冒险的,这其中不怕危险、勇往直前的精神更是深深震撼了我们,你还知道哪些和探险有关的人和事?

(4)学生交流。

(5)明确:无论是尼摩船长的探险故事,还是哥伦布、麦哲伦等航海家在航海探险的过程中,开辟出了一条又一条的新航线,让当时的人们更好地认识了这个世界的事情,都深深震撼了我们每个人的心灵。

(6)我看到大家的脸上都充满了对探险的期待,那到底什么是探险呢?你心中的探险是怎样的?

(7)学生交流。

(8)交流后明确:在《现代汉语词典》中,"探险"一词被解释为:到从未有人到过或几乎没有人到过的、危险的地方去调查和研究。有一定的挑战性和危险性,但是人类深入认识世界,探寻未知领域的一种方式。

(9)那探险的目的是什么呢?你为什么想去探险?

(10)学生交流。(探寻奥秘、发掘宝藏、拯救生命、保护环境……)

小结:如果你有机会去经历一次像贝尔、哥伦布,或者尼摩船长一样的探险,你愿意吗?听完大家的交流,我感受到大家对探险的强烈期待。正如大家所说,探险不仅能增长我们的见识,还能锻炼我们的胆量,能帮助我们更深入地探索世界,在探险中收获成长!

活动二:综合《海底两万里》与本单元所学,进一步理解探险故事的特点。

1.综合比较，深入理解探险故事特点。

（1）思考：经过前面的交流，我们充分感受到《海底两万里》的这本小说的神奇与刺激，我们对想要探险的渴望也愈发迫切。在本单元，我们还学习了《自相矛盾》《跳水》《田忌赛马》三篇课文，从探险故事的角度看，你认为它们具有怎样的相似点和不同点？完成表4-2-22。

表4-2-22　不同故事特点分析

综合比较，深入理解探险故事的特点	
相似点	
不同点	

（2）小组交流探讨。

小结：

（1）相似点：

①情况危急。文本里的主人公都遇到了不同类型的紧急情况，需要他们尽快做出正确的应对措施。

②面对险情，思维灵活。无论是《海底两万里》中勇往直前的尼摩船长，还是本单元学习中我们认识的敢于质疑卖矛者的过路人、为救孩子出其不意的船长，还是敢于打破思维常规的孙膑，他们在遇到险情时，始终积极勇敢地面对问题，并且都具有灵活的思维方式，解决问题的思维过程清晰明了。

③细节描写，身临其境。在文本中，作者展开丰富的想象，通过对遇险时环境描写的刻画，营造了情况危急的氛围感，同时注重对人物动作、神态、心理描写的深度挖掘，把遇到的困境写具体，读来身临其境，十分精彩。

（2）不同点：

《海底两万里》充满了神奇的探险色彩，奇特刺激，充满冒险精神；本单元的三篇课文则是基于现实生活中遇到的情况，通过打破常规的思维过程来解决现实问题，具有很强的现实意义。

明确：神奇的事物和情节并不是写好探险故事的必需条件。

2.小组合作，厘清写好探险故事要点、

（1）结合习作要求与提示，思考：在现实生活中，如果想把探险故事写得精彩，我们可以从哪些方面进行构思？

（2）小组交流讨论。

活动三：构思并创作自己的探险故事。

1.设计探险方案。

（1）茫茫宇宙有很多神秘的地方等待我们探险，你想去哪儿探险呢？

（2）学生交流自己想去的探险地。

（3）别忘了，探险是一项具有危险性的活动，在我们活动之前应该做好充分的准备，你能为你的这次探险之旅设计一个探险方案吗？

表4-2-23 "_____之旅"探险方案

探险地点		探险目的	
人员组成		所需装备	
可能出现的险情		解决方法	

（4）学生代表交流展示。

2.确定探险小队人员组成。

（1）冒险可不是一件容易的事情，没有专业知识和经验的人，一旦遇到危险，很难全身而退。如果大家都是专业的冒险者，只有一个孩子，恐怕连个说话的人都没有，说不定还会有成年人帮我们挡住一切危险，我们的"冒险"目标就落空了。

（2）出示探险人物表格4-2-24。

表4-2-24 探险人物

经验丰富的探险爱好者 知识渊博的生物学家 见多识广的向导	好奇心强、性格活泼的同学 胆子大但行事鲁莽的表哥 心细而胆小的妹妹

（3）观察表格，你发现两组人物各有什么特点？

（4）讨论：假如选择两列人物中的任何一人加入你的探险队，你会选择谁？为什么？

（5）学生代表交流。

3.选择探险的地点、目的及所需装备。

（1）我们决定了探险队的队员，现在要考虑去哪里？是沙漠、热带雨林、海中荒岛、幽深的山洞，还是南极的冰河……

（2）思考：

①去这里探险的目的是什么？

②根据探险的目的和探险的地点都需要准备哪些物品？

③可能出现怎样的险情？解决方法是什么？

（3）小组交流讨论。

小结：在旅途中，你也许会迷失在沙漠里，在森林里遇到野兽，在极地冰川上遇到岩石和雪崩，或者是在冒险的时候生病和受伤。除此之外，还会遇到各种各样的危险，比如没有水，没有食物，暴雨，没有光线，蚊子叮咬。就像我们在沟通中提到的，要想克服这些问题，你也许需要一个团队，向你的同伴寻求帮助；使用工具，用手边的工具克服困难；应用所学的知识去战胜危险；面对危险时，要有勇气，有智慧。

4.捕捉探险过程中的心理。

在探险的不同阶段，心情是不同的，不同的心情下又会有不同的表现，通过对自己情绪的描述，能让读者感同身受，身临其境。

表4-2-25 探险过程心理分析

情形	心情	表现
遇到危险前		
遇到危险时		
危险过去后		

5.导图引领，撰写探险故事。

（1）按照思考顺序，编辑写作提纲。

设计方案→选择人物→选择场景→选择装备→遇到危险→化险为夷

（2）出示思维导图4-2-7。

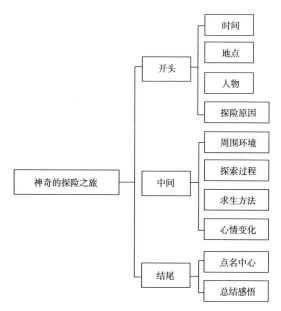

图4-2-7 探险之旅思维导图

（3）以写作大纲或思维导图为基础，以小组为单位进行交流。

（4）根据自己的写作提纲或思维导图，动笔写作。

6.作业布置。

继续完善习作。

板书设计：

设计方案→选择人物→选择场景→选择装备→遇到危险→化险为夷

★ 第二课时

学习目标：

1.能按照习作要求，对习作进行修改，养成修改习作的好习惯。

2.通过发布会，使每个学生感受到分享习作的快乐。

学习重点：

能准确地运用修改符号按要求修改习作。

学习难点：

感受到分享习作的魅力。

评价任务：

1.通过自主修改和小组合作修改习作，达成学习目标1。

2.通过进行"探险故事"书发布会，达成学习目标2。

学习活动：

活动一：根据成功标准，修改故事，设计成书。

1.复习导入，重温探险时刻。

上一节，我们编写了一篇令人兴奋的冒险故事。还记得这次练习的题目吗？

2.对照探险故事创作成功标准表，查找问题。

表4-2-26　探险故事创作成功标准

评价项目	评价等级		
	☆☆☆	☆☆	☆
人物	主角突出，人物能充分发挥作用	主角及其他人物基本能发挥作用	主角及其他人物发挥作用不明显
场景	场景描写精准，非常有地域特点	场景描写基本符合地域特点	场景描写不具体，没有地域特点
装备	装备能充分发挥作用，还有现场取材	装备充分发挥作用，没有现场取材	装备作用发挥不明显，没有现场取材
险情	险情步步惊心，描写具体	险情惊心，但描写一般	险情不够惊心，描写简单
求生方法	办法巧妙，体现了智慧	办法一般，有一定的智慧	办法简单，没有思维含量
段落划分	层次清楚	层次基本清楚	层次混乱
语言表达	通顺、准确、简洁	基本通顺、准确、简洁	"通顺、准确、简洁"等多处不合格
标点符号、错别字	标点使用正确，无错别字	标点使用基本正确基本无错别字	标点、错别字使用错误较多

（1）写好的习作，先自己读一读，再对照评价表进行自评，运用修改符号对习作进行修改。

（2）同桌互相评价，并进行修改。

（3）全班交流评改。

3.修改习作，生生互学。

（1）这里有一篇习作，需要大家提出修改意见，帮他修改一下。

例文1：

我们"探险小分队三人组"背负行囊，走进了美丽、神秘又危机四伏的西双版纳原始森林。刚进入原始森林，便看见美丽的花草，处处充满了生机。我被一朵奇丽的花吸引了，可就在我欣赏这朵小花时，一条大蟒蛇站出来，它离我很近。我十分害怕地昏了过去。不知过了多久，我醒来了。原来，我的伙伴用麻醉枪射中了大蟒蛇，救了我。原来，这一切美丽的表象下，处处隐藏着危机。

重新背上背包，我们继续往前走。穿过一片茂密的树林，我们看见一条大瀑布，这里的水真清澈呀！我和伙伴们脱下衣服，跳入水中。玩得正欢时，我忽然发现背包不见了。这让我们都惊出一身冷汗，没有了那些装备，可怎么在原始森林中探险？我们赶紧去找背包，原来是一只猴子顺手"牵"走了我们的背包。我们正要抢回背包，可是猴子很机警，立刻就跑了，我们只能跟着猴子进入了沼泽地。我们陷入了沼泽之中，不能动弹。怎么办呢？正在我们绝望的时候，猴子救了我们。

①这篇习作有哪些问题？

②应当怎样修改？

小结：修改的时候要看看自己的习作想象是否合理，是否把遇到的困境、求生的办法写具体了，如果能把心情的变化写出来就更好了。

（2）再来欣赏一下这位学生写的习作。

例文2：

沙漠之旅

暑假，30多岁的魏叔叔、20岁的表哥和11岁的我一起去沙漠探险。

魏叔叔是一位经验丰富的探险爱好者，是表哥大学时的老师。表哥是旅游学院刚毕业的的高材生。我是一名五年级的小学生，对外面的世界充满好奇。

我们来沙莫已经三天了，挨过了蒸笼似的中午，度过了寒冬似的夜晚，陪伴我们的只有一只高大矫健的骆驼，它是我们唯一的依靠了。

魏叔叔摇了摇水壶,还剩下大半壶水,他用涩涩的嗓音说："同伴们,现在滴水贵如油啊!从今天起,千万别浪费了一滴水,不到万不得已时不要喝水!"大家都点头表示赞同。

表哥的包里还有几块干面包,他立刻拿来与大家分享。可因为干渴,面包根本无法下咽。为了保存一些淡水,大家只好喝晚上利用温差收集的露味,甚至尿液。

半壶水支撑着我们走了一程又一程。

可是,大家都不知道,危险正等待着我们。可怕的沙尘暴来了!

狂风肆虐,沙尘漫天卷地般向我们涌去。只觉得天昏地暗,一片沙子的世界。沙漠露出了狰狞的面目,咆哮着,疯狂地跳着"死神之舞"!

大家连滚带爬跑向骆驼,可就在这个时候,魏叔叔摔倒了!那壶生命之水,唯一的淡水,洒了……水立即被沙子吞噬了。

大约二十分钟后,沙漠恢复了平静。可大家都徘徊在死亡的边缘。这沙漠没个尽头,不喝水怎么行呢?

表哥和我的目光齐刷刷地投向魏叔叔,又投向骆驼。"不!"魏叔叔喊道。

魏叔叔咽了口唾沫,用颤抖的手抚摸着骆驼的毛,他落泪了:"骆驼是我们的伙伴,怎么能杀死自己的同伴呢? 这绝对不行!

大家也都流泪了。这时,魏叔叔抹了抹眼睛说:"我们一个伙伴也不能失去,要一起走出这片沙漠去!"听了他那坚定的话,大家都不说什么了。

走了一段路,我忽然眼睛一亮,:"那是什么!"

大家停住脚步,向前望去,原来是几只马鹿。魏叔叔惊喜地喊道:"我们有救了!"

魏叔叔就带领大家顺着马鹿的踪迹寻找,终于发现一个小湖泊。大家欣喜若狂,奔过去痛饮了一番,又把我们盛水的用具都灌满。

表哥拍了拍骆驼的背,开心地说:"朋友呀朋友,我们一起走出沙漠!"

大家踏着坚定的步伐走在沙漠上,驼铃在轻松的步伐中响得更加清脆。这仿佛在告诉人们:胜利就应该属于这样的探险队!

读完这篇习作,你认为哪些地方写得好,值得你学习?

小结:小作者展开了丰富合理的想象,写"我"和魏叔叔、表哥一起去沙漠探险的故事。故事一波三折，情节生动有趣。一次次遇到困难，又一次次解决困难，故事内容具体。同时，通过对人物的语言、动作、心理等描写，使故事人物栩栩如生。

（3）再次修改自己的习作。

（4）小组讨论交流，互相提出修改建议再次修改习作。

小结：如果有兴趣，可以续编你的探险故事，写成探险日记。也可以用日记体的形式把探险故事一天一天地写下去，让你的探险故事读起来更加有意思。

4.设计成书。

（1）可以为自己的习作画插图或者思维导图，来帮助读者更好地理解文章内容。

（2）进行封面、推荐语、封底等设计。

为图书拟一个书名，写在封面上最突出的地方，然后写上你的姓名；给封面做设计图画，设计色彩等；可以选择设计素面型的封底，可以设计图画型的封底，还可以用文字型的封底等；还可以仿照出版的书给书定价和画上条形码等。

活动二：召开"探险故事"出版发布会。

1.在小组内分享自己的"探险故事"书。

2.每组选代表在班级内分享。

3.全班展评。

每人一个赞赞贴，在班级内选择最喜欢的一本书为它贴上赞赞贴，得贴最多的一本书就被评为班级最受欢迎的"探险故事"书。

小结：惊险刺激的探险故事，不仅是冒险，更重要的是蜕变。在今后的成长岁月里，我们不一定能亲历探险，但乘着想象的翅膀飞翔，带着探险的精神前行，有着敏锐的思维能力，起点是现在的自己，终点是更好的自己！

4.作业布置。

继续完善你的"探险故事"书，并分享给你的家长。

板书设计:

设计成书:

插图

思维导图

封面

推荐语

封底

（李凯悦）

七、作业与检测

（一）基础性作业

1.故事内容须知道。

请你用自己的话来讲一讲这三个故事，要求内容完整，语句通顺。

《自相矛盾》_____

《田忌赛马》_____

《跳水》_____

2.合适方法理解词。

学习文言文的过程中，有的字很难理解，你是如何解词释义的呢？请你选择下列加粗字的正确解释。

吾盾之**坚**（　　　）　　　　　　　　　①坚固　②坚强

弗能应（　　　）　　　　　　　　　　①回应　②应答

楚人有**鬻**盾与矛者（　　　）　　　　　①卖　②买

物莫能**陷**也（　　　）　　　　　　　　①陷阱　②刺破

又**誉**其矛曰（　　　）　　　　　　　　①夸耀　②荣誉

（二）发展性作业

1.请你写一写你在生活中有没有遇到难题？你又是如何解决呢？把你的思维过程用思维导图的方式写出来。

2.在孩子跳下水，水手们在甲板上等待时，觉得每一秒都很漫长；而有些时光却是转瞬即逝，比如匆匆的小学生活，初入学时的情景仿佛还在昨天，转眼间却已经要毕业了，你有没有这样的经历？请选择一个场景写一写，你觉得时间过得快，过得慢的句子。

时间过得快：_____

时间过得慢：_____

3.说一说：

你觉得船长是个怎样的人？如果当时你也在现场，你有哪些方法来救孩子？

4.演一演：

假如你是楚国商人，你该怎么来推销你的矛和盾？

（三）拓展性作业

推荐阅读：《韩非子·难一》，理解人物的思维过程，品悟人物思维品质。

单元检测：

思维游戏公司正在招聘设计师，需要你过五关斩六将，才能应聘成功，加油吧，你一定能行。

（一）第一关：基础训练关

1.读拼音，写词语，我在行。

老虎和狮子之间的máo dùn（　　）整个动物界都知道。它们俩谁看谁都biè niu（　　）。一天它们在路上遇到了，老虎miáo（　　）了狮子一眼，狮子就瞪着老虎。它们mó quán cā zhǎng（　　　），然后打了起来。老虎用爪子gōu（　　）住狮子，挑dòu（　　）它，最后老虎yíng（　　）了，它fàng sì（　　）地笑了。

2.字义理解。

（1）下列词语中加粗字的意思不同的一项是（　　）

A.冀**复**得兔　重**复**　　　　B.**守**株待兔　**守**候

C.吾盾之**坚**　**坚**固　　　　D.依然如**故**　缘**故**

（2）下列词语中的"陷"与"于物无不陷也"中的"陷"意思相同的一项是（　　）

A.陷入泥滩　　B.弥补缺陷　　C.两眼深陷　　D.无不陷之矛

（3）下列句子中加点的"之"字，与"为中华之崛起而读书"中的"之"意思不同的一项是（　　）

A.楚人有鬻盾与矛者，誉之曰："吾盾之坚，物莫能陷也。"

B.以子之矛陷子之盾，何如？

C.恻隐之心，人皆有之。

D.夫不可陷之盾与无不陷之矛，不可同世而立。

3.下列句子的朗读节奏划分不正确的一项是（　　）

A.吾矛之利，于物/无不陷也。　　　　B.以/子之矛/陷/子之盾，何如？

C.其人/弗能应也。　　　D.夫/不可陷/之盾与无不/陷之矛。

4.把下列词语补充完整，并按要求另写词语。

摩（　　）擦（　　）　（　　）（　　）成竹　　跃跃（　　）（　　）

风（　　）浪（　　）　　龇（　　）咧（　　）　　兴致（　　）（　　）

5.按要求完成句子练习。

（1）扑通一声，孩子扎进了海里。（改为比喻句）

_____

（2）孙膑胸有成竹地说："将军请放心，按照我的主意办，一定能让您赢。"（改为转述句）

_____

6.请用修改符号修改下面这段话。

那时，我们是快乐的。每一个清晨或春天，我们亲近大自然，倾听万物的色彩，与身边的鸟儿、夜莺、小溪交流。我们度过的每一个地方，都留下了自己的笑声。多年以后，我们还在怀念这段快乐。

（二）第二关：综合展示关

1.积累运用。

（1）小铭的哥哥已经到了弱冠之年，这就是说，他哥哥的年龄是_____。

（2）王嫣今年十三岁，我们可以说王嫣现在正是_____。她的姐姐刚满十五岁，我们可以说她的姐姐刚_____。（填写年龄的别称）

（3）俗话说，三十_____，四十_____。

（4）下面对联隐含的年龄是（　　　）

上联：花甲重开，又加三七岁月

下联：古稀双庆，更多一度春秋

A.121　　B.131　　C.141　　D.151

2.一个自助餐厅因顾客浪费严重导致效益不好。便有了一个规定：凡是浪费食物者罚款十元。结果生意一落千丈。请你想一个解决办法。

_____

（三）第三关：内容检测关

1.根据课文内容填空。

（1）《田忌赛马》是一个经典的利用_____取得胜利的故事。田忌听从_____的建议合理安排_____，最终三局_____胜，取得了胜利。

（2）《跳水》的作者是_____。当孩子站在桅杆顶端的横木上面临危险时，船长的做法是_____，因为_____。

船长的做法给我们的启示是：_____。

（3）"自相矛盾"常用来比喻_____。《自相矛盾》这个故事告诉我们_____。

（四）第四关：思维挑战关

主要人物：楚人　　　　主要人物：_____　　　　主要人物：_____

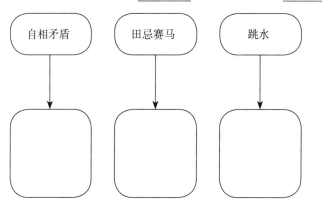

夸大矛和盾的作用，导致言语前后不一致，留下笑柄。

（五）第五关：阅读检阅关

1.阅读材料，完成练习。

人生小幼①

南北朝　颜之推

人生小幼，精神专利②，长成已③后，思虑散逸，固须早教，勿失机也。吾七岁时，诵《灵光殿赋》④，至于今日，十年一理，犹不遗忘；二十之外，所诵经书，一月废置，便至荒芜矣。然人有坎⑤，失于盛年，犹当晚学，不可自弃。

【注】①节选自《颜氏家训勉学篇》，题目为编者自拟。②专利:专注集中。③已:同"以"。表示时间、方位等界限。④《灵光殿赋》:东汉辞赋家王延寿创作的《鲁灵光殿赋》全文并序近1400字。⑤坎：困顿，不得志。

（1）为下列句中加点字选择正确的解释。

①固须早教，勿失机也（　　　）

A.坚固的　　B.一定　　C.坚决地　　D.同"故"，因此

②十年一理，犹不遗忘（　　　）

A.温习，复习　B.道理，义理　C.治理，管理　D.理睬、理会

（2）七岁时学习和二十岁以后学习，会有什么不同？请用原文作答。作者写自己的亲身经历是为了说明什么？

七岁时：_____

二十岁以后：_____

说明：_____

（3）下面对作者的观点概括最准确、全面的一项是（　　　）

A.要在年轻时抓紧一切时间学习。B.少年时是学习的最佳时机。

C.年少时学习被耽误了，年老时也无法补救了。

D.学习的正确态度是：年少勿失良机，年老不可放弃。

2.阅读剧本，完成练习。

最大的财富

时间：一天下午。

地点：年轻人的家门口。

人物：年轻人、老石匠。

布景：一个年轻人坐在小木屋的门口怨天怨地

年轻人：（   ）如果我有一大笔财富，那该多好啊！

（一个老石匠从他门前路过，听见他的抱怨，就停住了脚步。）

老石匠：年轻人，你有什么好抱怨的呢？要知道，你自己就拥有一笔巨大的财富啊！

年轻人：（   ）什么？我有一笔财富？它在哪儿呀？

老石匠（看着年轻人）：在你自己的身上。你不是有一双眼睛吗？如果你想得到财富，那你可以拿你的眼睛去换，哪怕只用其中一只去换都够了。

年轻人：（   ）你说什么呀！不管是什么样的财富，我都不会用自己的眼睛去换。

老石匠：那好！把你的两只手砍下来吧。你可以用它们去换许许多多的金子。

年轻人：不，不！我绝不愿意为了得到金子而失去自己的手。

老石匠：（   ）现在，年轻人，你该明白了吧：你是多么富有啊！那你还抱怨什么呢？要知道，对于一个人来说，＿＿＿＿＿＿＿＿＿＿。

（1）请在剧本中的括号里填上合适的词语，用来表现人物的神态、语气等。

（2）根据你的理解，在横线上把老石匠的话补充完整。

（3）年轻人和老石匠对财富的认识有什么不同？

＿＿＿＿＿＿＿＿＿＿＿＿＿＿＿＿＿＿＿＿＿＿＿＿＿＿＿＿＿＿＿＿＿

（4）想一想，年轻人听了老石匠的话后，会怎么想？

＿＿＿＿＿＿＿＿＿＿＿＿＿＿＿＿＿＿＿＿＿＿＿＿＿＿＿＿＿＿＿＿＿

（六）第六关：实践体验关

你真棒，成功地闯过了以上关卡，成为游戏设计师开发属于自己的探险游戏吧！

＿＿＿＿＿＿＿＿＿＿＿＿＿＿＿探险游戏开发公司

游戏设计师：

第一步，确定游戏名称。

第二步，成立探险队伍。

玩家	队友1	队友2
姓名：	姓名：	姓名：
性别：	性别：	性别：
技能：	技能：	技能：

第三步，创设探险环境。

场景：_____

提供装备：_____

危险情境：_____

第四步，丰富玩家体验。

表4-2-27　玩家体验

变化	玩家	队友1	队友2
战斗值（心情）			
技能展示			

恭喜你，你的探险游戏已开发成功！

（七）第七关：综合习作关。

练写一个小片段，写的时候要展开丰富的想象，把遇到的困难、求生的方法写具体，如果能把心情变化写出来就更好了。

_____

_____

_____

八、学后反思

表4-2-28　单元知识梳理

篇目	作者	出处	主要人物	主要事件	遇到的困境	解决的方法	悟出道理
《自相矛盾》							
《田忌赛马》							
《跳水》							
《神奇的探险之旅》							

1.根据所学完成单元知识表格梳理。

2.你有没有过探险梦？如果给你一次机会去探险，你会怎么做？你希望和谁一起去探险？打算带上哪些装备呢？在探险过程中可能会遇到一些困难，你想怎样解决，请你设计一条合理的路线图吧。

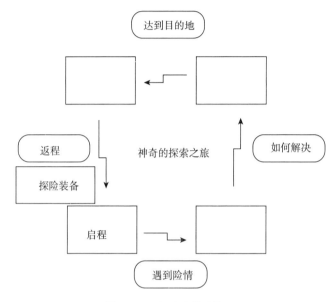

图4-2-8　探险之旅路线图

3.请你根据路线图开始你的创作吧，注意在描写时要合理想象并运用之前学过的方法把人物当时的心情变化写出来。

_____

_____

4.通过本单元的学习你在知识、能力、思想等方面有哪些收获？

5.自己在本单元的学习中遇到了哪些问题？是否得以解决？现在是否还存在什么困惑需要老师或者同学帮助解决的？

6.你在本单元还积累了哪些学习经验愿意与别人分享？

九、学习资源

补充资源1：《海底两万里》（整本书）

补充资源2：《郑人买履》

补充资源3：《韩非子·难一》

第五篇 "实用性阅读与交流"学习任务群

　　"实用性阅读与交流"学习任务群属于发展型层面。"实用性阅读与交流"旨在"引导学生在语文实践活动中，通过倾听、阅读、观察，获取、整合有价值的信息，根据具体交际情境和交流对象，清楚得体表达，有效传递信息，满足家庭生活、学校生活、社会生活交流沟通需要"。

　　这一任务群的关键在于"实用"，指向学生当下或未来生活交流沟通的需要，素养目标是能获取、整合有价值的信息，并恰当、有效地传递信息；学习路径与方法是在语文实践活动中倾听、阅读、观察，并根据具体交际情境练习清楚、得体的表达。实用性阅读与交流的教学实施要以满足生活需要为中心，以解决实际问题为情境。因此，结合语文课程的总目标，比对"实用性阅读与交流"学习任务群的目标指向，课题组根据教材单元内容，基于单元人文主题、语文要素、课文内容，在学生的生活环境中发现教材的链接点和生长点，整合教材内容、资源、情境、方法，紧扣学生的生活实际，设计单元核心任务，依托核心任务整合单元学习情境、学习内容、学习方法和学习资源组织任务链，安排进阶式的语文实践活动。由于新课程标准特别强调了跨媒介时代下学习活动应利用数字资源和信息化平台，提升学生的语言理解能力和运用能力，增强学生语言表达的准确性和规范性。所以课题组结合教材内容和学生情况，设计不同类型的学习活动，活动的形式力求贴近学生的喜好，体现整合信息、传递信息、满足交际的要求，如朗读、复述、游戏、表演、解说是整合信息与传递信息的重要方式，情景对话、现场报道是基于交际的真实的表达。学习活动之间，层层递进，让学生有看得见的提高。同时，为了保障学习过程的步步落实，还设计了一系列基于学习过程的表现性评价量规，在评价中引导学生注意阅读与交流的目的、对象、情境以及交流效果，注意内容明确、条理清晰、语言简洁明了，注意应用文的基本格式和行文规范，并将学习评价嵌入到教学过程中，便于教师观察学生任务完成过程中的表现，不断激发学生持续参与的热情，真正实现"教—学—评"一体化。

第一章　四年级上册第三单元

第一节　教材分析

新课程标准将"实用性阅读与交流"细分为"实用性文本阅读""实用性口语交流""实用性写作表达"三个模块。这个学习任务群中，无论是阅读，还是交流，学习内容都离不开实用性文本。从文本内容的角度看，实用性文本可分为"生活交往类"（如二年级上册《一封信》、三年级上册《不懂就要问》）"知识读物类"（如三年级下册《花钟》、四年级上册《蟋蟀的住宅》）"报告传媒类"（如四年级下册《千年梦圆在今朝》）"英雄劳模科学家故事类"（如四年级上册《为中华之崛起而读书》）"中华优秀传统文化类"（如三年级下册《一幅名扬中外的画》）等。实用性阅读是实用性交流的基础与前提，实用性交流是实用性阅读的延伸与拓展。两者融通叠加，综合提升学生的语文素养。

一、教材概况

四年级上册第三单元围绕"处处留心皆学问"这一主题，编排了三篇精读课文，分别是《古诗三首》、叶圣陶的《爬山虎的脚》和法布尔的《蟋蟀的住宅》，习作"写观察日记"和语文园地三。所选诗文均是基于作者连续细致观察的表达。

本单元的阅读要素是"体会文章准确生动的表达，感受作者连续细致的观察"。统编教材从二年级上册开始就关注培养学生的语言积累与表达。具体编排见表5-1-1：

表5-1-1 所在单元及阅读要素

所在单元	阅读要素
二上第四单元	学习课文的语言表达，积累语言
二上第五单元	感受和体会课文语言表达的多样性，学习表达
三上第一单元	阅读时，关注有新鲜感的词语和句子
三上第七单元	感受课文生动的语言，积累喜欢的语句
三下第一单元	一边读一边想象画面，体会优美生动的语句
四上第三单元	体会文章准确生动的表达，感受作者连续细致的观察

　　小学第一学段侧重于感受和体会语言表达的多样性；第二学段开始，强调阅读时要关注有新鲜感的词语和句子，借助图像化手段，体会优美生动的表达。

　　本单元的写作要素是"进行连续观察，学写观察日记"。旨在将课文中习得的观察和记录方法应用到生活中，培养学生进行连续观察，写观察日记的能力。"观察"这一话题在之前的习作中早有接触，具体编排见表5-1-2：

表5-1-2 习作话题及训练要求

所在单元	习作话题	训练要求
三年级上册第五单元	我们眼中的缤纷世界（写最近观察时印象最深刻一种事物或处场景）	仔细观察，把观察所得写下来
三年级下册第一单元	我的植物朋友（借助观察记录卡写一种植物）	试着把观察到的事物写清楚
三年级下册第四单元	我做了一项小实验（把小实验的经过写清楚，还可以写当时的心情和发现）	观察事物的变化，把实验过程写清楚
四年级上册第三单元	写观察日记（试着进行连续观察，用观察日记记录自己的收获）	进行连续观察，学写观察日记

　　从三年级上册第五单元"仔细观察，把观察所得写下来"，到三下第四单元"观察事物的变化，把实验过程写清楚"，在"观察"的基础上，更强调了"发现"。再到四年级上册第三单元要求学生"进行连续观察，学写观察日记"，观察经历了"要细致—要调动感官—要看到事物的变化—要学会连续观察"这样一个螺旋上升过程；表达经历了"写下来—写清楚—写出变化—写下过程—写下发现、想法和心情"这样一个递进的过程。而这体现了统编教材的写作训练呈螺旋式上升的特点。

　　可见，学生在前期的学习体验中，已经有了"体会文章生动表达"和"感受细致观察"的基础，本单元的语文要素观察上增加了"连续"，表达上增加了"准确"，体现了读写训练的阶梯性，连续细致的观察为准确生动的表达提供了基础。

二、教材特点

本单元的课文各有侧重，层层深入，一步步引导学生学习按事物的发展变化进行连续细致的观察，最终指向表达，通过写观察日记来完成单元学习之旅。

《古诗三首》写的是诗人从多个角度所看到的景物，《暮江吟》中，诗人连续观察了日落前、日落后、夜间三个不同时间的景物。《题西林壁》中，诗人从正面、侧面、远处、近处、高处、低处看庐山，学会多角度观察、思考。《雪梅》中，诗人通过对比观察，写出了雪、梅各有长短。这三首古诗落实了不同的观察方法，养成留心观察周围事物的习惯，从不同角度发现事物的特点，享受观察发现的乐趣。

《爬山虎的脚》描写了爬山虎脚的特点和变化，按从整体到部分再到细节的顺序，细致描写了爬山虎叶子和脚的特点，以及它是怎样用"脚"攀爬的，展现了作者连续细致的观察。《蟋蟀的住宅》描写蟋蟀住宅的特点和修建过程，展现了作者连续细致观察的结果。这两篇精读课文都是观察笔记的典范，抓住重点观察的对象，体会作者是从哪些方面细致观察的。画出体现作者观察细致的段落、词句，从描写的顺序或遣词造句等方面体会准确、生动的表达。从体现时间先后的词句和事物变化的描写中，感受到作者的观察是长期、连续的。这两篇课文后面分别提供了"资料袋"和"阅读链接"，"资料袋"提供了图文结合、做表格两种观察记录的方法。"阅读链接"配合单元习作主题"写观察日记"，为学生提供观察日记的范例，是对习作的铺垫。

语文园地中的"交流平台"总结借助"五感法"进行细致观察和连续观察。"词句段运用"通过体会准确词语的表达，感受连续细致观察的好处。

本单元的习作任务是"写观察日记"，适合用真实的任务驱动来进行整体设计。从学生实际出发，我们将综合实践性活动前置，学习情境创设为"观察一种动植物，创作自己的观察日记"。基于这样的学习情境，本单元的核心任务设为出版班级科普读物《我的十日观察日记》。学生提前两个周选择自己感兴趣的观察对象，可以是自己养殖的某种动植物，再进行观察，这样就有了积极情感的参与，有真真切切的心路历程，观察起来就会更细致，观察记录就会更用心。在单元课文学习之后，将课文中学到的观察方法，准确、生动的描写方法，再与自己亲身经历的两周观察记录进行对比后，学生就会更积极主动地进行迁移，由"学"到"写"，让自己的观察更加细致，记录更加准确、生动。

为了让学生经历真实的观察、记录的过程，对观察对象的选择要用心甄选，尽量做到：

1.观察起始时间以两周为宜，也就是说单元教材内容学习开始前两个周就开启单元观察任务，直到写好"观察日记"为止。

2.观察对象的变化周期不宜过长，最好两三天就能发现该事物比较明显的变化。

3.方便随时进行观察，并用图文结合或做表格的方式记录观察的过程、观察到的变化、当时的想法和心情。

综观整个单元内容，我们发现四年级上册第三单元是一个典型的读写结合的单元。从读写训练要素来看，学习内容更符合"实用性阅读与交流"学习任务群第二学段的定位。"实用性阅读与交流"学习任务群第二学段明确指出："学习阅读说明、描写大自然的短文，感受、欣赏大自然的奇妙与美好。学习用日记、观察手记等，展示自己观察自然、探索科学世界的收获。"这就意味着要将课文阅读中感受到的作连续细致的观察，迁移到自己在生活中对某一事物的连续观察中，将观察后准确生动的表达，迁移运用到自己的习作中，最终提升读写结合。

（牛秀丽）

第二节　教学策略

"实用性阅读与交流"学习任务群让语文回归生活，让学生学以致用，其意义十分重要。那么，在单元学习中，我们如何有机整合、相互勾连、指向表达运用，落实单元整组教学呢？

一、任务驱动，观察先行

任务驱动是根据学生发展所需，创设单元学习情境，细化学习任务，引导学生深入学习。在读写学习的"驱动阅读"阶段，老师不仅要告知本单元的核心任务，即出版班级科普读物《我的十日观察日记》，更要想方设法唤起学生连续细致观察的意识。在这之前，老师必须明确学生的观察基础，给学生预留足够的观察时间，并带学生复习写日记的基本格式。单元教材内容学习开始前两周就开启单元观察任务，选择自己感兴趣的某种动植物，用图文结合或做表格的方式记录观察的过程、观察到的变化、当时的想法和心情。在单元课文学习之后，再将课文中学到的观察方法，准确、生动的描写方法，与自己亲身经历的两周观察记录进行对比后，学生就会更积极主动地进行迁移，由"学"到"写"，让自己的观察更加细致，表达更加准确、生动。

二、依托文本，指向表达

统编教材十分重视读写结合，不仅要求学生通过读书学习理解，更要求学生通过读书，学习表达。教学中，我们要充分发挥精读课文的范例价值，教给学生读、写结合的方法，让学生习得表达的秘妙，才能使其逐步提升读写技能。以四年级上册第三单元为例：

（一）品悟名家名篇，研习读写方法

本单元的精读课文提供了具体的观察方法，承担着为写而教的蓄能任务。因此，我们在教学时，要通过精读课文引导学生感悟作者是怎样观察的，又是如何表达的，从而学文得法。

以《爬山虎的脚》为例，为了学习作者用分解动作把过程写清楚，我们可以先让学生看一看"爬山虎向上爬"的视频，写一写"爬山虎向上爬"的过程，然后把自己写的和课文当中写的进行比较，比一比自己没有写清楚的地方，叶圣陶爷爷是怎样写的。学生对比名家名篇，不难发现把过程写清楚的办法是分解动作。学生写爬山虎向上爬的过程往往只会概括化地写，爬的过程就是使劲地往上爬，这个概括性的动词往往把所有的过程简单化、概括化了。而叶圣陶爷爷将其分解为"触""变""拉""贴"一系列动词，给人印象深刻。最后再来读课文，填一填"爬山虎向上爬"的分解动作，配一配"爬山虎向上爬"的解说词，在读写训练中落实语文要素。

作者不仅观察得仔细，用词也非常准确，其中有一个词很特别——一脚一脚。"一脚一脚"是什么意思？为什么用"一脚一脚"而不是用"一步一步"

呢？提示学生联系上下文反复读，通过比较，更深刻理解字词的内涵，把握事物的特点。

（二）借助课后资源，搭建写作支架

四年级的学生已经具备一定的观察体验，但什么是观察记录？怎么做好观察记录？学生是非常陌生的。课本第38页的"资料袋"和第42页的"阅读链接"，就为学生提供了很好的示范。

从"资料袋"中，可以发现：

1.观察记录写作的第一手参考资料，是为写好观察日记做准备。

2.观察记录有别于观察日记，它是写作文前的初步尝试，对"写"的要求要远低于观察日记，可以降低学生的畏难情绪。

3.观察记录有"图文结合"和"做表格"两种形式，这两种观察记录虽然形式不同，但都要对观察对象进行连续细致的观察，并如实记录每次观察的时间、观察对象不同方面的变化等。学生可以根据选择自己感兴趣的记录形式，更有助于发挥学生的主观能动性。

4.对比学习这两种观察记录，学生还可以从中感受到用词的准确和生动，如"浅绿色""白偏青""从外向内""较老"等。

"阅读链接"配合单元习作主题"写观察日记"，为学生提供观察日记的范例，既带领学生复习了写日记的基本格式，又为学生在持续观察之后写好观察日记提供了脚手架。

（三）融于交流平台，解码观察方法

园地中的"交流平台"对本单元语文要素的学习方法进行了更加具体和条目化的总结。我们可以将其融于整组教学中，相互关联、渗透、提升，解码本单元的读写方法。

第三单元"交流平台"中有三处泡泡语，明确了学习课文时的落脚点和重难点。如：第一处和第三处泡泡语中"只有进行细致的观察，才能写得准确"和"观察不仅要用眼睛看，还要用耳朵听，用心想"的方法，学生在三年级上册第五单元已经有过初步的了解和学习；而第二处泡泡语中提到的"连续观察"作为新的补充，需要引起重视。根据需要，我们可以将"交流平台"作为一个可移动的学习平台，有机融入并贯穿在课本的教学过程之中。在本单元

的几篇课文中，学生都可以学到什么是"连续观察"，怎样进行"连续观察"，以及"连续观察"有什么作用。如：第一首古诗《暮江吟》中"一道残阳铺水中，半江瑟瑟半江红"是诗人黄昏时站在江边看到的景色，而"露似真珠月似弓"则是诗人夜晚见到的景色；《爬山虎的脚》中"刚长出来""不几天""后来"，以及《蟋蟀的住宅》中"不大一会儿""一连看了两个钟头""秋天初寒的时候""冬天"等表示时间的词语和短语，都提示学生只有长时间对事物或景物进行细致的观察，才能观察得更加全面，从而发现事物或景物的变化。

三、多元评价，赋能成长

有效的读写评价能够对学生起到正面的激励作用，激发学生的读写兴趣，培养学生的读写情感，提升学生的读写能力。就本单元读写训练开展的一系列活动而言，评价标准分为三个层次：从"表达清楚、写出变化"到"观察细致，写清变化"再到"表达生动，写好变化"，第一层次是针对班级后20%学生，要求在表达清楚、写出重点、写出变化的基础上，尝试写出细致变化；第二层次是本单元语文要素明确要求的，针对班级剩下的所有同学提出要求；第三层次则是对习作有更高水准要求的同学提出的标准，也让其他同学在自己的发展区尝试评改。这样的评价，促使学生内化了观察方法，也炼化了语言品质。

教师还可以随时对学生的读写过程进行评价，如学生参与读写活动的态度和积极性、有意识丰富读写的途径、积累读写活动的素材等；此外，建立多元的评价方式，可以让教师、学生自己和家长都积极参与到评价中来，在多元评价中，提升读写的质量；最后，还可以通过评选优秀作品、出版班级刊物等方式，宣传学生读写成果，使学生受到鼓励，感受读写的快乐，为下次读写训练做良好的情感铺垫。

（牛秀丽）

第三节　设计思路

将本单元定位于"实用性阅读与交流"学习任务群。该任务群对第二学段的学习目标要求，明确表述："学习阅读说明、描写大自然的短文，感受、欣赏大自然的奇妙与美好。学习用日记、观察手记等，展示自己观察自然、探索科学世界的收获。"这就意味着要将课文阅读中感受到的作者连续细致的观察，迁移到自己在生活中对某一事物的连续观察中，将观察后准确生动的表达，迁移运用到自己的习作中，最终提升读写结合。

本单元的阅读要素是"体会文章准确生动的表达，感受作者连续细致的观察"，由三年级的"留心观察"上升到"持续仔细地观察"，从"优美生动"变为"准确生动"，细致连续的观察是准确、生动地表达的前提。

本单元的习作要素是"进行连续观察，学写观察日记"，习作主题是"写观察日记"。学生三年级时接触过"留心观察"这一主题的学习，有过观察练习和小练笔，但对事物连续细致的观察缺少相关体验。我们结合课后练习中的"资料袋"和"阅读链接"寻找突破点，预留充足的观察时间，运用"图文结合"和"做表格"的形式，把自己的观察所得记录下来。复习日记的一般格式，将学习的观察方法、记录方法、准确生动的表达等，运用到自己的习作中，把观察到的事物特点和变化写清楚。

根据单元整体解读，结合课程标准中"实用性阅读与交流"学习任务群对第二学段的目标要求，本单元学习目标确定为：

知道（K）：

1.观察不仅要用眼睛看，还要用耳朵听，用手摸，用鼻子闻，用心想。

2.连续细致的观察有助全面深入地了解动植物的特点和变化。

3.图文结合和做表格是记录观察所得的有效形式。

理解（U）：

连续细致的观察能帮助我们准确生动地记录自己所得。

能够（D）：

1.在阅读时能够判断哪些是连续细致观察的结果。

2.连续细致地观察一种动植物，将自己的观察所得记录下来。

3.运用日记的一般格式，将自己的观察所得准确生动地写出来。

结合单元整体解读，从学生实际出发，学习情境创设为"观察一种动植物，创作自己的观察日记"。基于这样的学习情境，本单元的核心任务设为出版班级科普读物《我的十日观察日记》。

一、学习任务一：确定对象写观察日记

（一）单元开启，明确任务

1.阅读单元导语页，了解单元目标。

2.明确本单元核心任务：出版班级科普读物《我的十日观察日记》。

（二）联系生活，确定对象

1.交流：你在生活中观察过什么？有什么发现？

2.确定自己最感兴趣的一种动植物，关注事物的变化。

（三）借助支架，观察对象

1.阅读课后"资料袋"和交流平台，梳理连续细致观察的方法。

2.将观察人、观察对象、观察记录写在便利贴上，完成"我的观察记录卡"。

【任务说明：以生活为背景发布单元任务：出版班级趣味科普读物《我的十日观察日记》，激发观察兴趣，在目标驱动下有的放矢地开展学习，确定观察对象，借助支架，完成知识技能的迁移运用。】

二、学习任务二：跟着名家学观察练表达

（一）通读单元，初步感知

阅读三篇课文，初步了解作者观察的对象与落点，以及观察对象的变化。重点交流观察的发现，初步感受名家的观察方法。

表5-1-3 观察对象与观察发现梳理表

课文	观察对象	观察发现	观察方法
《古诗三首》			
《爬山虎的脚》			
《蟋蟀的住宅》			

（二）学习课文，习得方法

1.《古诗三首》的讨论重点：

（1）结合注释、插图、查找资料、理解诗句意思，感知诗文中所描述的景物。

（2）了解从不同角度观察的方法和连续细致观察的好处。

2.《爬山虎的脚》的讨论重点：

（1）说说你从文中哪些语句可以看出作者观察得特别细致。

（2）结合课文内容，说一说爬山虎怎样一脚一脚往上爬。

（3）找出文中你觉得写得准确、生动的句子，并进行交流。

3.《蟋蟀的住宅》的讨论重点：

（1）说说围绕"蟋蟀的住宅"课文讲了哪两个方面的内容，作者又是怎样进行观察的。

（2）用自己的话说说蟋蟀住宅的修建过程，思考为什么说蟋蟀的住宅可以算是"伟大的工程"。

（3）课文把蟋蟀人格化，把蟋蟀的巢穴比作人的住宅，说说这样写有什么效果。

（三）推荐阅读，整理档案

1.推荐阅读《我的自然笔记》（克来尔著王子凡译）《昆虫记》（法布尔）绘本故事《小蚯蚓的日记》。

2.整理、完善十日来自己的观察档案，总结自己在观察过程中的发现和感受。

3.相互评价，并进一步修改完善。

（四）小组分享，修改完善

1.在小组内分享自己的观察日记。

2.小组内相互评价。

3.根据建议，修改、完善自己的观察日记。

【任务说明：用不同的方法学习和欣赏名家名篇，通过学习课文内容，了解名家的观察方法，培养观察习惯，激发观察兴趣。同时学习并运用观察记录的方法，总结观察过程中的发现和感受。在小组内分享观察日记，相互评价，根据建议修改完善。】

三、学习任务三：出版《我的十日观察日记》

（一）总结观察日记的评价标准

共同总结观察日记的评价标准。

（二）评选最受欢迎的观察日记

1.每人提供一篇观察日记，在小组内进行初选。

2.在班级内投票选出最受欢迎的观察日记。

（三）出版《我的十日观察日记》

装订成册，形成班级《我的十日观察日记》。

【任务说明：共同总结观察日记的评价标准，在班级内投票选出最受欢迎的观察日记，形成《我的十日观察日记》书稿（包括推荐语、封面设计、插画设计等），在班级内传阅、分享。】

（牛秀丽　杨海娜）

第四节　学历案设计

一、基本信息

1.主题：四年级上册第三单元学历案——处处留心皆学问。

2.课时：9

3.对象：四年级一班学生

4.人数：43

二、学习内容分析

这一单元是一个阅读与写作相结合的单元，它围绕着"处处留心皆学问"这一主题，安排了三个文本：《古诗三首》《爬山虎的脚》《蟋蟀的住宅》，还有一个"写观察日记"和"语文园地"。《古诗三首》写的是诗人从多个角度所看到的景物，《暮江吟》中，诗人连续观察了日落前、日落后、夜间三个不同时间的景物。《题西林壁》中，诗人从正面、侧面、远处、近处、高处、低处看庐山，学会多角度观察、思考。《雪梅》中，诗人通过对比观察，写出了雪、梅各有长短。《爬山虎的脚》描写了爬山虎脚的特点和变化，按从整体到部分再到细节的顺序，细致描写了爬山虎叶子和脚的特点，以及它是怎样用"脚"攀爬的，展现了作者连续细致的观察。《蟋蟀的住宅》描写蟋蟀住宅的特点和修建过程，展现了作者连续细致观察的结果。"交流平台"总结借助"五感法"进行细致观察和连续观察。"词句段运用"通过体会准确词语的表达，感受连续细致观察的好处。

本单元的阅读要素是"体会文章准确生动的表达，感受作者连续细致的观察"，由三年级的"留心观察"上升到"持续仔细地观察"，从"优美生动"变为"准确生动"，细致连续的观察是准确、生动地表达的前提。

本单元的习作要素是"进行连续观察，学写观察日记"，习作主题是"写观察日记"。学生三年级时接触过"留心观察"这一主题的学习，有过观察练习和小练笔，但对事物连续细致的观察缺少相关体验。我们结合课后练习中的"资料袋"和"阅读链接"寻找突破点，预留充足的观察时间，运用"图文结合"和"做表格"的形式，把自己的观察所得记录下来。复习日记的一般格式，将学习的观察方法、记录方法、准确生动的表达等，运用到自己的习作中，把观察到的事物特点和变化写清楚。

本单元补充资源为《我的自然笔记》与"写观察日记"习作范文，体会观察日记的写法，围绕自己感兴趣的事物进行连续细致的观察，学会整理观察记录，学写观察日记。

三、学习目标

将本单元定位于"实用性阅读与交流"学习任务群。该任务群对第二学段的学习目标要求，明确表述："学习阅读说明、描写大自然的短文，感受、欣赏大自然的奇妙与美好。学习用日记、观察手记等，展示自己观察自然、探索科学世界的收获。"这就意味着要将课文阅读中感受到的作者连续细致的观察，迁移到自己在生活中对某一事物的连续观察中，将观察后准确生动的表达，迁移运用到自己的习作中，最终提升读写结合。根据单元整体解读，结合课程标准中"实用性阅读与交流"学习任务群对第二学段的目标要求，本单元学习目标确定为：

知道（K）：

1.观察不仅要用眼睛看，还要用耳朵听，用手摸，用鼻子闻，用心想。

2.连续细致的观察有助全面深入地了解动植物的特点和变化。

3.图文结合和做表格是记录观察所得的有效形式。

理解（U）：

连续细致的观察能帮助我们准确生动地记录自己所得。

能够（D）：

1.在阅读时能够判断哪些是连续细致观察的结果。

2.连续细致地观察一种动植物，将自己的观察所得记录下来。

3.运用日记的一般格式，将自己的观察所得准确生动地写出来。

结合单元整体解读，从学生实际出发，学习情境创设为"观察一种动植物，创作自己的观察日记"。基于这样的学习情境，本单元的核心任务设为：出版班级科普读物——《我的十日观察日记》。

四、任务导引

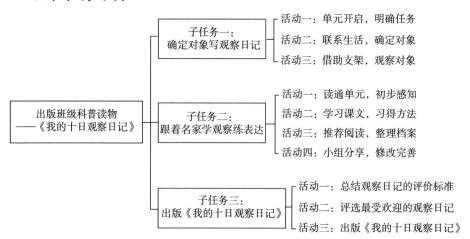

图5-1-1　任务引导

五、评价任务

1.通过任务一"确定对象写观察日记"达成"知道"层面的目标2和"能够"层面的目标2。

2.通过任务二"跟着名家学观察练表达"达成"知道"层面的目标1、3，"理解"层面的目标和"能够"层面的目标1。

3.通过任务三"出版《我的十日观察日记》"达成"能够"层面的目标3。

4.通过单元作业检测，评价单元目标达成度，以此修正、调整后续的学习。

六、学习过程

【前置性作业】

1.阅读《爬山虎的脚》课后的"资料袋",学习怎样做观察记录。

2.请你选择自己喜欢的一种动物或植物,提前两周进行连续观察,重点关注观察对象的变化,及时做好记录,完成我的观察记录卡。

表5-1-4 我的观察记录卡(动物篇)

观察对象	时间		照片纪录	外形(颜色、大小等)动作(喂食、清洁等)爱好
	月	日		
	月	日		
	月	日		
	月	日		
	月	日		

表5-1-5 我的观察记录卡(植物篇)

观察对象	时间		照片纪录	状态(形状、颜色、大小、高度、气味等)
	月	日		
	月	日		
	月	日		
	月	日		
	月	日		

子任务一:确定对象写观察日记

学习目标:

1.唤醒自己的观察经历,分享自己的观察发现。

2.确定观察对象,重点关注事物的变化。

3.通过阅读课后"资料袋"和交流平台,梳理连续细致观察的方法,借助观察卡进行观察。

学习重点:

确定自己感兴趣的一种动植物,重点关注事物的变化。

学习难点:

初步了解连续细致观察的方法。

评价任务：

1.通过交流探讨，达成学习目标1、2。

2.通过阅读课后"资料袋"和交流平台，达成学习目标3。

学习活动：

活动一：单元开启，明确任务。

1.阅读单元导语页，了解单元目标。

小结：看来呀，大自然中的一草一木，一虫一鸟。只要我们留心观察就能发现藏在其中的秘密。这一单元呢，我们就要带上自己的一双慧眼去探秘大自然，做个优秀的小观察员。准备好了吗？

2.明确本单元核心任务：出版班级科普读物《我的十日观察日记》。

活动二：联系生活，确定对象。

1.交流：你在生活中观察过什么？有什么发现？

小结：看来，运用多种感官进行观察，就能发现我们的生活、学习中，有许多有趣的事物，它们的变化往往让人感到神奇和惊喜。快快锁定你最感兴趣的一种动物或植物，让它成为你入选班级科普读物的素材吧！

2.确定自己最感兴趣的一种动植物，关注事物的变化。

活动三：借助支架，观察对象。

1.阅读课后"资料袋"和交流平台，梳理连续细致观察的方法。

小结：通过刚才的交流，我们不难发现古今中外的作家都一样，要想成为优秀的作家首先得是一个优秀的观察家。无论是动物、植物都可以观察，但是观察的时候要做到细致。而且还要进行长时间的连续观察，这样才能发现别人没有发现的秘密，这样写出来的文章才能成为经典。

过渡：你知道吗，但凡能写出经典文章的作家，他们一般都有一个习惯，随身携带一个小本本，你猜猜这个小本本是干什么用的？

2.边看视频边做记录。

3.集体交流，口头评价。

4.同桌互相交换评价。

5.选择自己最感兴趣的一种动植物，进行十日观察，将观察人、观察对象、观察记录写在便利贴上，完成"我的观察记录卡"。

表5-1-6 我的观察记录卡

观察人		观察对象	
观察纪录 （二选一）	图文结合纪录		
	设计表格纪录		

板书设计：

多种感官观察

图文结合记录

设计表格记录

（杨海娜）

子任务二：跟着名家学观察练表达
《古诗三首》

★**第一课时**

学习目标：

1.能够认识本课的生字词。

2.有感情地朗读古诗，结合注释、插图，理解诗句的意思，发挥想象，说出诗中描写的景色。

3.背诵古诗。

学习重点：

有感情地朗读古诗，结合注释、插图，理解诗句的意思，发挥想象，说出诗中描写的景色。

学习难点：

通过自主探究，能够感受诗人通过细致观察而描绘出的美丽景象。

评价任务：

1.通过查字典等方法，达成学习目标1。

2.通过借助注释和插图，达成学习目标2。

3.通过想象画面，达成学习目标3。

学习活动：

活动一：读通单元，初步感知。

1.读本单元的三篇课文，看看作家的目光都落在了谁的身上，又有什么发现呢？

表5-1-7 三个作家的观察

课文		观察对象	观察发现
《古诗三首》	《暮江吟》		
	《题西林壁》		
	《雪梅》		
《爬山虎的脚》			
《蟋蟀的住宅》			

活动二：学习《暮江吟》，习得方法。

1.初读诗文，整体感知。

（1）自由朗读古诗，注意读准字音。

（2）书写生字。

"暮"字中间的横要写得长一些；"吟"字最后不加点。

2.再读诗文，探究诗意。

（1）诗人白居易在去杭州任职的过程中，深怀愉悦的心情写下这首诗，通过课前的预习，说说题目的意思？

（2）自由朗读这首诗，采用图文结合或联系前后诗句来理解，不懂的字用"△"标出。

（3）学习一、二两句。

在学习的过程中，圈出不懂的地方，尝试着用自己的话说说对其中的理解。

（4）朗读一、二两句。

（5）学习三、四两句。

①诗人从哪些角度观察了江边的景色，并圈出来。

②诗人用了什么手法来描写露珠和月亮?

（6）朗读三、四两句。

（7）朗读整首诗。

3.配乐朗读，升华情感。

（1）配乐朗读。

诗人白居易离京奔赴杭州任职，深怀愉悦的心情，陶醉于江边的美景，夜幕时分，月亮升起，伴随着音乐来细品古诗。

（2）谈感受。

深秋傍晚之时，诗人来到江边，领略静谧、迷人的景色，说说你的感受。

4.拓展延伸，积累语言。

在自己懂得诗意的基础上写一首新诗，或画一幅画，自由选择完成。

板书设计：

《暮江吟》 长时间观察

★ **第二课时**

学习目标：

1.认识本课的生字词，选择自己喜欢的方式。

2.在读懂诗意的基础上理解诗中告诉我们的哲理：观察位置不同，观察现象不同。

3.背诵古诗。默写《题西林壁》。

学习重点：

在读懂诗意的基础上理解诗中告诉我们的哲理：观察位置不同，观察现象不同。

学习难点：

通过自主探究，能够感受诗中蕴含的哲理。

评价任务：

1.通过查字典等方法，达成学习目标1。

2.通过借助注释和插图，达成学习目标2。

3.通过反复吟诵，达成学习目标3。

活动一：学习《题西林壁》《雪梅》，习得方法。

1.初读诗文，整体感知。

（1）自由朗读古诗，注意读准字音。

（2）书写生字。

指导书写：左右结构的字，如"输"，注意要写得左窄右宽；"缘"书写时左上边撇折和横撇相接，下边弯钩在首撇上起笔，左边两撇中下撇要长。"费"书写时最下边一横要长，左边是撇，右边是竖，贝字要写得稍窄。

2.学习古诗《题西林壁》。

（1）解诗题，知作者。

①借助课下的注释，理解诗题目的意思。

②查资料，了解苏轼的生平。

3.抓字眼，明诗意。

（1）一边读边思考，从这首诗中读懂了什么。

（2）从这两句诗中，你知道苏轼是从哪几个角度来观察庐山的?

4.多诵读，悟哲理。

（1）用自己喜爱的方式朗读这首古诗。

（2）通过反复吟诵，并联系生活实际，感悟诗中的哲理。

5.小结。

《题西林壁》这首题壁诗，苏轼从不同的位置观察到高耸入云、连绵起伏的美景，从中感受"当局者迷，旁观者清"的人生哲理。

6.学习古诗《雪梅》。

（1）查资料、赏雪梅。

（2）读古诗、诵雪梅。

（3）品诗句、悟道理。

①借助注释，自己说一说诗的意思。

②抓关键诗句，悟哲理。

（4）带着理解再读本诗。

（5）谈雪梅、拓诗词。

7.总结。

在古诗的学习中习得方法：从"雪白""梅香"两个不同的角度，感悟道理——尺有所短，寸有所长。

板书设计：

《题西林壁》　　　多角度观察

《雪梅》　　　　　对比观察

（姚红梅）

《爬山虎的脚》

★ 第一课时

学习目标：

1.运用多种方法认识生字，读准一个多音字，会写"隙"等13个字，会写"牢固"等16个词语，提升自主识字学词的能力。

2.正确、流利、有感情朗读课文，通过标注关键语句，画出爬山虎的脚以及脚是怎样往上爬，并概括主要内容。

3.学习连续、细致的观察方法，尝试着用观察记录的方法观察周围事物。

学习重点：

通过标注关键语句，了解爬山虎的脚的特点，把握课文的主要内容。

学习难点：

体会作者表达得准确生动，感受爬山虎是怎样往上爬的；学习作者细致、连续观察的方法。

评价任务：

1.运用自己喜欢的方式学习本课生字和词语，达成学习目标1。

2.通过读通课文，圈画关键词句，梳理主要内容，达成学习目标2。

3.通过实践运用，学会观察周围事物，达成学习目标3。

学习活动：

活动：初读课文，梳理内容。

1.自由朗读课文，注意读准字音。

2.书写生字。

（1）写"虎"字。

（2）理解"虎"。

"虎"的本义就是指老虎，后来引申为勇猛和坚强。比如"虎将"就指勇猛的干将。

3.再读课文，梳理内容。

（1）读课文，概括每个自然段的主要内容。

表5-1-8　内容概括

观察者	观察对象	观察发现	特点	感受
叶圣陶	爬山虎的生长位（1）			
	爬山虎的叶子（2）			
	爬山虎的脚（3-5）			

（2）再读2—5自然段，习得观察方法：连续观察和细致观察。

①学习第2自然段。

A.题目是《爬山虎的脚》，为什么作者要写叶子呢？叶子跟脚有什么关系？带着问题快速读第2自然段，并说说你的看法。

B.找出关于叶子颜色、排列情况、动静之美的词句。

C.叶子方向是怎样的？为什么会这样排列？

小结：叶子的排列和方向都与脚有关，叶子和脚是相互依存的关系，只有细致、连续的观察，才会有此发现。

②学习第3自然段。

A.边读课文边思考作者是从哪些方面观察爬山虎的脚？把关键的词语圈画下来。

B.根据课文中的语句画出爬山虎的脚。

表5-1-9　爬山虎的脚

名称：爬山虎的脚	
位置：	
形状：	
颜色：	图5-1-2　爬山虎的脚

C.根据圈画的关键词句，检查自己画的爬山虎的脚，是否准确并说说理由。

D.结合自己所画的这幅图，说说爬山虎的脚的位置、形状、颜色。

小结：通过画一画、记一记、说一说等一系列方法，形成一份观察记录。让爬山虎的脚跃然纸上。

③学习第4自然段。

A.默读第4自然段，标注出和爬山虎的脚有关的动词。

B.透过标注出的这些动词，说说自己的感受。

C.作者通过细致观察，运用比喻生动形象地写出了爬山虎的脚犹如蛟龙的爪子，努力向上爬。

④学习第5自然段。

A.边读边画出爬山虎脚的不同变化。

B.对比思考：触着墙的；没触着墙的。

C.品词析句：思考"逐渐"能不能去掉？像这样表示时间的词语还有哪一些，圈画出来？

小结：爬山虎，为了生长，不断改变自己，让自己牢牢地巴在墙上，这样的过程不是一朝一夕就能发现的，由此可见这是作者细致、连续观察后才能表达得如此准确生动，这种做法值得我们学习。

4.总结全文：

①课题是《爬山虎的脚》，可文中写爬山虎的叶子干什么呢？

②从作者的观察中获得哪些启发？（细致观察——连续观察）

小结：大自然中的奥秘无穷无尽等我们去发现、去探索，我们也要养成细致、连续观察的好习惯，唯有如此才能抓住事物的特点，有序地把事物介绍清楚、表达准确生动。

板书设计：

爬山虎的脚
- 生长的位置
- 叶子的特点　　绿得新鲜　　铺得均匀　　好看得很
  - 位置　　　　形状　　　　颜色
- 脚的特点　　爬的过程　　触　巴　拉　贴
  - 变化　　　触着墙　　没触着墙

★ 第二课时

学习目标：

1.正确、流利、有感情朗读课文。

2.借助关键词句，体会作者准确生动的表达。

3.学习作者细致、连续的观察方法，并用写观察记录的方式观察身边事物。

学习重点：

抓住关键词句，感受作者描写的准确生动，学习作者细致、连续的观察方法。

学习难点：

用图文结合、做表格的方式记录观察所得。

评价任务：

1.运用自己喜欢的方式朗读课文，达成学习目标1。

2.借助关键词句，分析准确生动表达的语句，达成学习目标2。

3.通过实践运用，学会观察周围事物，达成学习目标3。

学习活动：

活动一：学习课文，习得方法。

1.品读第2自然段，感受叶子特点。

（1）默读第2自然段，说说叶圣陶爷爷笔下的爬山虎叶子有什么特点？

（2）你发现作者是怎么观察叶子的了吗？

小结：作者从叶子颜色变化、分布排列、不同状态进行了细致的、多角度的观察，就让我们如同亲眼所见那满墙的叶子。

2.学习"怎样爬"，感受"细致观察"。

（1）默读第4自然段，完成练习：

①圈画出爬山虎"爬"的动作的词，并填入表5-1-8中。

表5-1-10 爬山虎"爬"的动作分析

分解动作一	
分解动作二	
分解动作三	
分解动作四	
分解动作五	
分解动作六	

②站起来，用两只手在桌子上模仿一下爬山虎的脚怎样爬。

③思考：分解动作是否可调换位置，并说明理由。

原句：爬山虎的脚触着墙的时候，六七根细丝的头上就变成了小圆片，巴住墙。细丝原先是直的，现在弯曲了，把爬山虎的嫩茎拉一把，使它紧贴在墙上。爬山虎就是这样一脚一脚地往上爬。

调换后：爬山虎的脚巴住墙的时候，六七根细丝的头上就变成了小圆片，触着墙。细丝原先是直的，现在弯曲了，把爬山虎的嫩茎拉一把，使它紧贴在墙上。爬山虎就是这样一脚一脚地往上爬。

④把"一脚一脚"换成"一步一步"可以吗，并说明理由。

小结：爬山虎向上爬是一个过程，只有把一个过程分解成一步步的动作，才能把这个过程有序准确地写清楚、写具体。"一脚一脚"写出了爬山虎向上爬得非常艰难，在品味中我们体会到作者观察记录时用词的准确性。

3.学习观察方法，拓展延伸。

（1）作者之所以写得准确、形象，离不开观察，而且是细致观察，连续观察。摘抄你觉得课文中写得准确、形象的句子。

（2）细致、连续观察结束之后，还应该用生动准确的语言记录下来。

4.拓展记录形式。

（1）借助案例《豆芽成长记》，选择一种形式，进行观察记录。观察记录形式如下：

表5-1-11 观察记录一（图文结合）

观察对象	月 日	月 日	月 日	月 日	月 日

表5-1-12 观察记录二

观察对象	时间	芽长	颜色	状态变化

小结：正是有了这样的记录，我们就能清楚地看到绿豆的变化，了解到绿豆芽的生长过程。

5.课堂小结。

通过多种形式，了解爬山虎的脚，感受到作者有序、准确、细致的观察以及准确、生动的语言表达。

板书设计：

爬山虎的脚 {
观察：细致　连续　多感官
表达：准确　生动　有序
观察记录：图文结合　做表格
}

（于　蓉　杨海娜）

《蟋蟀的住宅》

★第一课时

学习目标：

1.通过朗读、熟字比较、找近反义词等方法，认识"抛、掘"等12个生字，会写"临、宅"等18个字，会写"慎重、选择"等18个词语。

2.结合文中相关词句，找出蟋蟀住宅的特点和修建的过程，体会蟋蟀的住宅是"伟大的工程"的原因。

3.能从课文生动准确的表达中，感受作者细致连续的观察。

学习重点：

1.能了解蟋蟀住宅的特点和修建的过程，体会蟋蟀的住宅算是"伟大的工程"的原因。

2.抓住关键词句，理解生动准确的表达是因为作者细致连续的观察，体会观察的乐趣。

学习难点：

能从课文生动准确的表达中，感受到作者细致连续的观察。

评价任务：

1.通过课前预习单，达成学习目标1。

2.通过跟法布尔一样观察，归纳住宅特点，建造住宅的过程，达成学习目标2。

3.通过学法布尔观察记录方法，达成学习目标3。

学习过程：

活动一：梳理脉络，厘清内容。

1.熟读课文，看看课文围绕蟋蟀的住宅讲了哪两方面的内容？

课文围绕蟋蟀的住宅讲了＿＿＿＿＿＿和＿＿＿＿＿＿＿两方面的内容。

2.课文哪几个自然段介绍了蟋蟀住宅的特点？哪几个自然段讲了蟋蟀修建住宅的过程？

我知道第＿＿到＿＿自然段讲的是蟋蟀住宅特点；第＿＿到＿＿自然段讲的是蟋蟀建造和修缮住宅的过程。

活动二：学习课文，习得方法。

一、跟法布尔学观察

（一）住宅特点

1.外部特点。

①默读第5自然段，边读边用横线画出蟋蟀住宅外部特点的句子，再从选址、样子等方面说说住宅的外部特点。

蟋蟀的住宅外部选址在＿＿＿＿＿＿的地方；隧道＿＿＿＿＿＿，洞口＿＿＿＿＿＿，平台＿＿＿＿＿＿。

②什么是隧道呢？隧道为什么是向上倾斜的？说说你的理由。

③"半掩"是什么意思？这丛草有什么作用？

2.内部特点。

默读课文第6自然段，圈出文中描写蟋蟀住宅内部特点的关键词语，再用自己的话说一说蟋蟀住宅的内部特点。

蟋蟀住宅的内部墙壁＿＿＿＿＿，住所＿＿＿＿＿，＿＿＿＿＿，＿＿＿＿＿，＿＿＿＿＿。

3.结合上面的分析，填写表5-1-13，综合蟋蟀住宅的特点。

表5-1-13　蟋蟀住宅的特点

蟋蟀的住宅	特征
外部	
内部	

蟋蟀的住宅有这么多的优点，怪不得法布尔先生说：_____。

（二）修建住宅

1.默读课文第7—9自然段，填写表格表5-1-14。说一说在这些不同的时间里，蟋蟀都做了哪些修建住宅的工作。

表5-1-14　蟋蟀的修建工作

时间	修建工作
十月秋天初寒的时候	
余下的是长时间的修整	
天气暖和的冬天	

2.默读课文第7自然段，画出蟋蟀建造住宅的句子。

（1）想一想，蟋蟀要完成如此巨大的工程，靠的是什么呢?

蟋蟀建造住宅所用的工具是_____和_____。这种"工具"是那样_____，那样_____，所以这座住宅真可以算是_____。

（2）填写蟋蟀的挖掘动作。

蟋蟀挖掘住宅的动作有_____、_____、_____、_____和_____。这些动作说明蟋蟀建造住宅的_____和_____，从侧面反映了蟋蟀_____和_____的品质。

图5-1-2　蟋蟀结构示意图

（3）再次默读课文，填写表格5-1-15。

表5-1-15 蟋蟀建造住宅过程

蟋蟀	过程
修建时间	
使用工具	
修建过程	
劳作方式	

所以，法布尔说：_____。

小结：真没想到一个小小的洞穴竟然有这么多的特点，巧妙的构建，精巧的设计，让法布尔先生情不自禁地赞叹道：这座住宅真可以算是伟大的工程了。

二、跟法布尔学记录

1.辨析住宅"工程图"。

根据上节课学习的蟋蟀住宅特点，猜一猜，哪幅图是蟋蟀真正的住宅，说说理由。

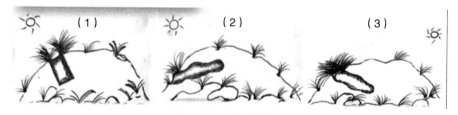

图5-1-3 蟋蟀的住宅

小结：就是因为有这样准确生动的表达，法布尔才把蟋蟀最真实的样子完整地呈现在我们面前。而准确生动的表达更源于作者前期细致的观察。

2.推测观察方式。

①勾句子，圈关键词。

通过阅读交流平台，我们知道，可以用鼻子闻，用嘴巴尝、用手摸，用尺子量等多种感官进行观察。

②体会特点，发现观察方法。

默读文章的5、6自然段，把你找到的观察方式写在表格5-1-16中。

表格5-1-16 观察方式

住宅	关键词	观察方法
内部	光滑	摸

小结：原来法布尔在观察时用眼睛看，用耳朵听，用嘴巴尝尝，还可以用工具量。这么多方式来观察蟋蟀的住宅就是细致的观察。

3.还原观察记录表。

蟋蟀建住宅是一个长期的过程，还需要法布尔连续的观察，他就需要一张观察记录表，随时来观察记录。思考：法布尔是怎么把自己的观察记录下来的？

①翻开《爬山虎的脚》一课的课后资料袋，复习"图文结合""做表格"两种观察记录的方式。

②和同学交流一下，住宅外观和内部结构的观察最好用_____方式记录，写蟋蟀建造过程和搜寻巢穴最好用_____方式记录。

③推测法布尔写蟋蟀修建住宅过程的观察记录，体会长期观察。

表5-1-17 观察记录表

时间	观察到的内容
十月秋天初寒的时候	
余下的是长时间的修整	
天气暖和的冬天	

小结：我们根据课文内容用图文结合或表格记录还原法布尔的观察记录，可以体会到图文结合记录清楚直观，表格记录更适用于长期观察，一个事物的记录往往两种记录方法结合。

板书设计：

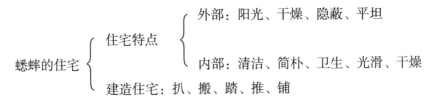

★第二课时

学习目标：

1.能从课文生动准确的表达中，感受到作者细致连续的观察。

2.能通过比较的方法，体会运用拟人手法表达的优点。

3.能从蟋蟀选址、建造住宅的内容，体会蟋蟀不肯随遇而安、吃苦耐劳的品质。

学习重点：

1.通过对比，品味表达的准确与生动，感受连续细致的观察。

2.通过比较的方法，体会运用拟人手法表达的好处。

学习难点：

能从课文生动准确的表达中，感受到作者细致连续的观察。

评价任务：

1.通过向法布尔学习表达，达成学习目标1、2。

2.通过品味准确生动的表达，达成学习目标3。

学习过程：

活动一：学习课文，习得方法。

跟法布尔学表达

1.通过对比，品味表达的准确与生动，感受连续细致的观察。

（1）领队法布尔先生把他看到的住宅的情况记录了下来，就是这篇《蟋蟀的住宅》，里面有些句子稍做了修改，对比读一读，说说发现了什么。

a.别的昆虫在临时的隐蔽所藏身。

b.别的昆虫大多在临时的隐蔽所藏身。

a.隧道顺着地势弯弯曲曲，九寸深，一指宽，这便是蟋蟀的住宅。

b.隧道顺着地势弯弯曲曲，最多九寸深，一指宽，这便是蟋蟀的住宅。

我认为_____更好。让我感受到_____，这样写也体现了语言的_____，更说明了作者观察得_____。

（2）这样准确的表达和法布尔的观察有什么关系吗？

文中准确生动的描写，与作者细致的观察是_____的，正是因为作者连续细致的观察，让我们深刻感受到蟋蟀建造和修缮住宅的_____，也体会到作者_____的精神。

（3）课文中写得准确，又能体现作者细致观察的地方还有很多，自读勾画，小组合作交流，体会感悟。

（4）有感情地朗读第2—6自然段，感受作者细致的观察。

2.通过比较阅读，体会拟人手法表达的好处，感受细致连续的观察。

（1）读读第5自然段与课后习题三英国麦加文的《昆虫》片段，进行比较，说说你喜欢哪一种表达？

蟋蟀体形微扁，头部圆形，触角长、呈线状。有翅时，翅平叠于躯（qū）体上。多数体色呈褐（hè）色或黑色，深浅不一。雄虫利用位于前翅基部的脊产生求偶鸣声。多数雌（cí）性的产卵器很显著，呈简状或针状。

——选自英国麦加文的《昆虫》，王琛柱译，有改动片段中的文字具有_____的特点；而课文却运用了_____的修辞手法，具有_____的好处。

（2）从文中找一找，还有哪些句子是运用了拟人手法的？找到后读一读，体会一下句子中的情感。

文中的拟人句有_____，还有_____。这样写的好处是_____。

（3）尝试用准确生动的表达方式来改写下面的文字。

蟋蟀多数中小型，少数大型。蟋蟀科种类体长大于3cm；体色变化较大，多为黄褐色至黑褐色，或为绿色、黄色等;体色均一者较少，多数为杂色。

——选自《百度百科》

_____

_____

活动二：推荐阅读，体会方法。

阅读法布尔的《昆虫记》，进一步体会作者连续、细致的观察，以及准确生动的描写。

板书设计：

观察　　连续细致

表达　　准确生动

（王卫华）

《写观察日记》

学习目标：

1.借助课文，习得观察方法，学会对事物进行连续细致观察。

2.借鉴例文，总结写作小锦囊，用观察日记记录观察中的变化，并能表达自己观察时的感受。

3.能根据要求修改完善观察日记，通过推敲用词、连用动词等，使语言表达准确、生动。

学习重点：

对事物进行连续观察，发现观察对象的变化，整理记录，并能表达自己观察时的感受，形成日记。

学习难点：

聚焦细节刻画，锤炼语言，精准表达。

评价任务：

1.通过交流探讨，达成学习目标1、2。

2.通过例句赏析，达成学习目标3。

学习活动：

活动一：感受变化，交流观察所得。

1.观看视频，说说你看到了哪些景物的变化。

2.谈话交流，分享自己的观察所得。说说：课前你观察的是哪种事物？它是什么样子的？在你的观察过程中，它发生了哪些变化？

活动二：范例引领，学写观察日记。

1.阅读习作例文一，你觉得这篇"观察日记"有哪些妙处？

9月9日　星期四　晴

绿豆浸泡了一天之后，我闻到一阵淡淡的酸味，妈妈告诉我说那是绿发出来的味道。仔细一看，我发现绿豆开始膨胀。绿豆的外壳已经从先前的绿色变为浅绿色了。小小的豆子喝饱了，肚子就变得鼓鼓的，好像一个个胖胖的小娃娃。一些绿豆宝宝的衣服已经不合身了，撑破绿衣露出了白白嫩嫩的肚皮。

绿豆呀绿豆，我明天再来探访你，期待你快快发芽哟!

9月11日　星期六　晴

经过两天的漫长等待，我发现前几天还在睡觉的小绿豆，今天就有乳白色的小芽儿露了出来，大概有一厘米那么长，它们尖尖的，细细的。真像一群拖着尾巴的"小蝌蚪"。书上说种子先生根，再发芽。我恍然大悟，原来这些小尾巴是绿豆的根呀!"

提示:

（1）小作者观察时确实用眼睛看颜色、形态，鼻子闻气味，把绿豆想象成"小娃娃""小蝌蚪"，将一种事物比作另外一种事物，这样可以更生动形象地展现所写事物的样貌。

（2）圈画出"浸泡了一天之后，先前，经过两天的漫长等待，前几天"这几个词语，从中你明白了什么?

习作小锦囊: ①_____

②_____

2.阅读习作例文二，从比安基的这篇观察日记中，你发现了什么?

6月30日　星期日　多云

窝做好了。雌燕子老待在窝里不出门，大概是产下第一个蛋了。雄燕子不时给雌燕子街一些小虫来，还不停地唱歌，欢天喜地地、叽叽喳喳地说着贺词。

第一批贺客——那一群燕子又飞来了。它们一只一只地向打窝旁飞过去向窝里张望着，在窝前扑棱着翅膀。这时女主人的小脸正探出门外，说不定它们在吻着这位幸福的女主人呢!客人们叽叽喳喳热闹了一阵子，就散了。

猫时常爬上屋顶，从梁上往屋檐下张望。它是不是在焦急地等待窝里的小燕子出世呢?

提示:写观察日记时，我们可以将观察的对象拟人来写，这样事物就有了生命，有了情感，有了动作……读起来就更生动形象了。也可以将自己的想法和心情穿插其中，可以更充分地展现观察的过程。

习作小锦囊：①_____

②_____

活动三：小试身手，练写观察日记。

1.明确写观察日记的习作要求：

（1）日记格式要正确；

（2）突出事物的变化；

（3）恰当用修辞手法；

（4）融入感受和心情。

2.请你根据本次习作的要求，动笔把观察记录卡转换成观察日记。

活动四：聚焦细节，改写观察日记。

1.阅读这两个句子，思考：加点的"最多""半掩"，说明什么？

隧道顺着地势弯弯曲曲，最多九寸深，一指宽，这便是蟋蟀的宅；出口的地方总有一丛草半掩着，就像一座门。蟋蟀出来吃周围的嫩草绝不去碰这一丛草。

2.比较阅读，思考：这两段话有什么共同点？

爬山虎的脚触着墙的时候，六七根细丝的头上就变成小圆片，巴住墙。细丝原先是直的，现在弯曲了，把山虎的嫩茎拉一把，使它紧贴在墙上。

它用前足扒土，还用钳子搬掉较大的土块。它用强有力的后足踏地。后腿上有两排锯，用它们将泥土推到后面，倾斜地铺开。

习作小锦囊：①_____

②_____

3.进一步修改自己的观察日记。

板书设计：

多种感官齐观察

比较不同写变化

巧用修辞变生动

融入情感更真切

准确用词细推敲

连用动词抓细节

（牛秀丽）

子任务三：出版《我的十日观察日记》

学习目标：

1.通过集思广益的交流，总结优秀"观察日记"的评价标准。

2.与同学分享、交流习作，感受分享习作表达的快乐。

3.根据评选标准，在班级内投票选出最受欢迎的观察日记，装订成册。

学习重点：

明确优秀"观察日记"的评价标准。

学习难点：

形成《我的十日观察日记》书稿，包括推荐语、封面设计、插画设计等。

评价任务：

1.通过交流探讨，达成学习目标1、2。

2.通过自主投票和互相合作，达成学习目标3。

学习活动：

活动一：总结观察日记的评价标准。

1.请你根据这一单元的所学内容写下你认为优秀的"观察日记"的必备条件。

制定标准的过程：

（1）每个人写出自己认为的优秀"观察日记"的四个要素。

（2）小组内互相表达自己的看法，每个小组确定四个要素。

5-1-18 优秀"观察日记"评价标准统计表

序号	我的建议	小组建议
1		
2		
3		
4		

2.班级交流，确定优秀"观察日记"的评选标准。

5-1-19 优秀"观察日记"评选标准

评价项目及标准		评价结果
日记格式正确，用观察日记记录自己的收获， 写清楚观察对象的变化。		☆ ☆ ☆
观察的过程写具体，当时的想法和心情写生动形象。		☆ ☆ ☆
语句通顺，用词准确恰当，标点正确，分段恰当。		☆ ☆ ☆
书写正确、工整、美观。		☆ ☆ ☆
总评标准	优秀:10-12☆；良好7-9☆； 合格6☆	总评	

3.对照评选标准，自主修改本次习作。

活动二：评选最受欢迎的观察日记。

1.每人提供一篇观察日记，小组根据评选标准进行初选、评价。

2.根据小组同学的建议，对自己写作中出现的问题，进行二次修改、完善。

3.小组推荐1～2篇优秀观察日记，参加班级选拔赛。

4.抽签决定上场顺序，根据评选标准在班级内投票选出最受欢迎的观察日记。

5.统计投票成绩，宣布最终评选结果。

活动三：出版《我的十日观察日记》。

1.入选的优秀观察日记打印成电子稿，统一文档格式，发送到老师的QQ邮箱。

2.分组合作：撰写整本书推荐语、设计封面、插画、目录等，进行分享展评，选择使用。

3.汇编成册，形成班级科普读物《我的十日观察日记》。

4.在班级内分享、传阅。

板书设计：

日记格式正确

写出变化过程

运用修辞手法

融入想法心情

七、作业与检测

单元检测：

（一）基础性作业

1.检测字词。

①读准词语，选一选。

投降（xiáng jiàng） 瑟瑟（sè she） 骚人（sāo shāo） 逊色（xùn sùn）
搜查（shōu sōu） 蜗牛（wō wā） 谨慎（shèn zhèn） 步骤（zhòu zòu）

②看清字形，选一选。

（暮 幕）色 蜜（蜂 峰）（输 偷）赢 枯（委 萎）地（泽 择）
（均 钧）匀（豪 毫）米 叶（炳 柄）触（脚 角）空（隙 细）

③想想意思，选一选。

A.顺着（宽敞 宽阔）的马路往前走就来到一处农家院，那里的房间（宽敞 宽阔）明亮、整洁、干净。

B.小草看上去很（柔弱 坚强），其实它们很（柔弱 坚强），不怕风吹雨打不怕火烧脚踩。

2.调动你的古诗积累，填入下列句中。

①祖国山水美如画。庐山风景优美，山峰一座连着一座，高低各有不同，我不禁想到了两句诗"＿＿＿＿＿＿，＿＿＿＿＿＿"。

②尺有所短，寸有所长。这让我想起了《雪梅》中的两句诗"＿＿＿＿＿＿，＿＿＿＿＿＿"。

（二）发展性作业

＿＿＿＿＿＿＿＿＿＿

　　蜂的巢穴的形状和一个圆筒子差不多。它的口稍微有点儿大，底部又稍小一些。大的有一寸多长，半寸多宽，蜂巢有一个非常别致的表面，它是经过了非常仔细地粉饰而形成的。在这个表面上，有一列线状的凸起围绕在它的四周，就好像金线带子上的线一样。每一条线，就是建筑物上的一层。这些线的形状，是由于用泥土盖起每一层已经造好的巢穴而显露出来的。数一数它们，就可以知道，黄蜂在建巢的时候，来回旅行了一共有多少次。它们通常有十五到二十层之间。

蜂巢的口当然是朝着上面的。黄蜂的巢穴也并不是什么特殊的东西，不过就像一个罐子而已，其中预备盛储的食物便是一堆小蜘蛛。

这些巢穴，建造好了以后，黄蜂便往里面塞满了蜘蛛。等它们自己产下卵以后，便把它们全部封闭好，把整个巢穴的四周，再堆上一层泥土，以便使它能够更加坚固一些，从而可以起到保护的作用。黄蜂能带回多少泥土，就往上面堆积多少泥土。只要能够堆积得上去就可以了，再没有更多的修补、装潢（huáng）的动作了。这一层包裹物质，一下子把建筑物的美观统统都掩盖住了。这最后一道工序完成以后，蜂巢的最后形状就形成了。

（选自法布尔《昆虫记》有删改）

1.蜂的巢穴是用（　　　　）建造起来的？

A.草叶　　　　B.金线　　　　C.泥土　　　　D.沙石

2..从第1自然段画线句子可以看出，黄蜂（　　　　）的特点？

A.聪明　　　　B.勇敢　　　　C.勤劳　　　　D.机灵

3.文中提到的黄蜂筑巢工序不包括的是（　　　　）。

A.盛储食物　　　　B.封闭巢穴　　　　C.堆积泥土　　　　D.修补装潢

5.给这篇短文取一个题目，最恰当的是（　　　　）。

A.蜂巢的位置　　　　B.蜂巢的材料　　　　C.蜂巢的建造　　　　D.蜂巢的装饰

（三）拓展性作业

推荐阅读：《我的自然笔记》（克来尔著　王子凡译）

八、学后反思

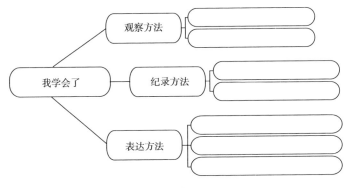

图5-1-4　学后反思图

九、学习资源

1.补充整本书资源：《我的自然笔记》《昆虫记》（法布尔）。

2.绘本故事：《小蚯蚓的日记》。

3.补充习作范文。

《"新手"种瓜记》

12月30日　星期六　大雪

窗外，寒风刺骨，鹅毛大雪。我托着腮，无聊地盯着窗外的雪景，"干点什么好呢？""有了！"我眼睛一亮，从沙发一跃而起，直奔柜子而去，一顿倒腾，终于一个小盒子从柜子里露出了头，上面写着"西瓜种子"四个大字。对，我要种西瓜！

我严格按照说明书上的指示，一步步操作，第一步：翻土泡水。首先我将硬土块放在小花盆里，泡水松土，将硬土块泡成松软的"棉花土块"时就可以种了。第二步：种种子。之后，再用小铲子将泥上挖出一厘米左右的小坑，把种子放进去，把土埋上，大功告成！

我在西瓜的上方浇了一点水就趴在阳台上，等着小西瓜的变化。

12月31日　星期日　晴

过了一天，西瓜仍旧躲在土里睡大觉，没什么动静。我有些失望："难道是我水浇得太多，把它淹死了？"

1月5日　星期五　多云

到了第五天，我惊喜地发现西瓜籽宝宝破土而出，小西瓜苗终于长了出来！刚长出来的西瓜苗，又粗又短，好像上面长着两片叶子，还没打开，像一个害羞的小婴儿，戴着一顶可爱的小帽子，可爱极了。小叶子上面还有细细的绒毛。看着这嫩嫩的小苗，像金子一般珍贵，我恨不得要把这个好消息告诉全世界。

1月10日　星期三　雨夹雪

一转眼，又过五天，西瓜苗长高了，叶子也绽开了，头上顶的帽子也掉了，长成了一个亭亭玉立的小姑娘了。又过了十天，它的第三、四片叶子长出来了，这两片叶子很像枫叶，但是绿色的，很漂亮。它越长越长，越长越粗，叶子已经有十来片了。

1月16日　星期二　阴

可没高兴几天，小苗就无精打采地耷拉着脑袋，慢慢都蔫掉了。我急得直跺脚，"到底是哪里不对呢？"我上网寻找答案。哦!原来西瓜最好是在春天种植，一般来说，3月中下旬是最佳播种时间。此时，温度适宜、湿度适中，有利于西瓜的生长。但等到春天，还有好长时间呢。作为一名"新手"，种瓜的惨败经历告诉我种植一定要讲究科学，在适合的季节种适合的水果才能有所收获。

但我相信：枯萎并不是结束，而是下一场生命旅程的开始。我开始期待明年，期待开花结果……

第二章　五年级上册第二单元

第一节　教材分析

在以往阅读教学中，我们有意识地渗透阅读策略，但对阅读策略的教学往往没有整体意识，处于碎片化的状态，导致学生使用阅读策略的意识薄弱，阅读量和阅读速度自然就达不到要求。统编教材在三至五年级每学年的上学期各安排了一个单元的阅读策略教学，小学阶段从三年级开始分别安排了预测、提问、提高阅读速度这三个单元，让以往内隐的阅读策略凸显出来，既关注学生"读懂了什么"，还关注他们"怎么读懂的"，其实，这就是在关注学生学习的内在过程，把这样的内在学习过程显现出来，变成学生依循的学习路径，从而帮助学生用这样的路径掌握阅读策略，并将其迁移运用，进而提高学习效率，形成阅读能力，激发阅读兴趣，增加阅读量，养成阅读习惯。

一、教材概况

统编教材的多数单元都会潜移默化地渗透阅读策略的意识，但教材中又在三至五年级的上册书中专门设置了一个"阅读策略单元"，在教学中，我们应该如何利用好阅读策略单元，有效开展教学，使学生得法于课内，得益于课外，提高阅读力呢？

那要从阅读策略单元的编排特点研究起，解读教材内容，读懂教材的意图。三年级至五年级的教材中，分别安排了预测、提问、提高阅读速度三个策略单元。

预测策略，是指读者在阅读过程中能够根据相关信息去推测文本内容的发展，并能在阅读过程中验证和修正自己的推测。预测是一个不断往复的过程，看到题目可以预测，读到某一段落可以推想，见到插图还可以猜想，预测的过程中，不管是猜对了还是猜错了都没关系，关键是在一次次地假设与验证中，在对文本的再次加工和理解中，发展思维，提高阅读能力。三年级上册第四单元就是预测单元，包括一篇精读课文《总也倒不了的老屋》、两篇略读课文《胡萝卜先生的长胡子》《小狗学叫》、口语交际《名字里的故事》和习作"续写故事"，以及语文园地四。其阅读要素为：一边读，一边预测，顺着故事情节去猜想；学习预测的一些基本方法。

提问策略，不仅是指读者在阅读中能够提出自己不懂的问题（如：不理解的词语，不懂的段落等），还可以提出自己的观点。老师的问题可以起到抛砖引玉的作用，更重要的是激发学生提出自己感兴趣的问题、疑点等，从而建构学生对文本的深入理解，尝试解决问题，发展思维，提高阅读能力。四年级上册第二单元就是提问单元，包括《一个豆荚里的五粒豆》《夜间飞行的秘密》《呼风唤雨的世纪》三篇精读课文和一篇略读课文《蝴蝶的家》，以及习作"小小'动物园'"和语文园地二。阅读要素为：阅读时，尝试从不同角度去思考，提出自己的问题。

提高阅读速度策略，是要求读者在规定的时间内或短时间内，快速理解文本中的要点信息，要注意抓大放小，不抠细节，在基本能读懂的基础上提高阅读的速度，特别需要强调的就是，提高阅读速度，要以准确性为前提，不是一味追求速度。五年级上册第二单元就是"提高阅读速度"单元，包括《搭

石》《将相和》《什么比猎豹的速度更快》《冀中的地道战》四篇精读课文和习作
"'漫画'老师",以及语文园地二。阅读要素为：学习提高阅读速度的方法；
结合具体事例写出人物的特点。

表5-2-1 三至五年级上册阅读策略单元

阅读策略	所在单元	单元导语及要素	单元内容
预测	三年级上册第四单元	导语：猜测与推想，使我们的阅读之旅充满了乐趣。要素：1.一边读，一边预测，顺着故事情节去猜想；2.学习预测的一些基本方法；3.尝试续编故事	《总也倒不了的老屋》《*胡萝卜先生的长胡子》《*小狗学叫》口语交际：名字里的故事习作："续写故事"语文园地四
提问	四年级上册第二单元	导语：为学患无疑，有疑则进。——[宋]陆九渊要素：1.阅读时，尝试从不同角度去思考，提出自己的问题；2.写一个人，注意把印象最深的地方写出来	《一个豆荚里的五粒豆》《夜间飞行的秘密》《呼风唤雨的世纪》《*蝴蝶的家》习作："小小'动物园'"语文园地二
提高阅读速度	五年级上册第二单元	导语：阅读要有一定的速度要素：1.学习提高阅读速度的方法；2.结合具体事例写出人物的特点	《搭石》《将相和》《什么比猎豹的速度更快》《冀中的地道战》习作："'漫画'老师"语文园地二

二、教材特点

（一）多样性文体

教材在编排时，安排了多样性的文体。

表5-2-2 单元体裁的多样性

单元	体裁
预测	（童话）故事
提问	童话+说明文+散文
提高阅读速度	散文+历史故事+说明文

　　三年级预测单元的三篇课文都是生动有趣的故事，能激发学生的阅读兴趣
和预测兴趣，都是具有反复情节的，这样的文本，能让我们在指导的过程中，

找到策略教学的切入点，也使学生找到预测的切入点，大胆推测，勇于表达，从而让学生在第一次触到富有新鲜感的策略单元时，就激发起学习的兴趣，体验到预测给阅读带来的快乐，爱上阅读；四年级"提问"策略单元有童话、说明文、散文，这样的安排能使学生面对不同文体的文章时都能够主动提问，理解内容；五年级的"提高阅读速度"单元，体裁类型多样，更有利于提高阅读速度的训练，更好地向课外延伸。学生们经历了不同文体的阅读验证，策略才更容易掌握与运用。

（二）进阶的路径

以五年级提高阅读速度策略单元为例，四篇课文前面均有阅读提示：《搭石》提出阅读时要集中注意力，遇到不懂的词语不要停下来，不回读，这是阅读速度的起点和基础；《将相和》提出尽量连词成句地读，不要一个字一个字地读，从而提高阅读速度；《什么比猎豹的速度更快》让学生借助文章的段落结构特点，抓关键词句，快速提取文章信息；《冀中的地道战》让学生从题目开始就带着问题和期待做积极的阅读者，从而快速捕捉自己需要的信息。这四篇课文先后落实了四种不同的阅读方法，这样的提示，让老师教有方向，让学生学有目标。

课后习题的设计也呈现了从渗透到巩固、提高阅读策略的过程。每篇课文的课后第一题，都设有情境对话，通过学习小伙伴的交流，与课文前的阅读提示相照应，将阅读方法具体化，并引导学生交流自己在阅读过程中的感受和收获，相互启发借鉴。如《搭石》中："你读这篇课文用了几分钟？了解了哪些内容？"指的是学生把握课文内容、读懂课文的时间。学习小伙伴交流的内容也是对"遇到不懂的词语不要停下来，不回读"阅读方法的具体化说明。《将相和》的情境对话是在训练学生"拉大视距、扩展视域"，是对如何做到"不一个字一个字读"提供的具体训练方法。再如《什么比猎豹的速度更快》中，学习伙伴的速读感受，是除关注每段的关键句之外，对课文表达特点关注的补充。这时，受学习小伙伴的启发，有的孩子就会发现，对有些文章的阅读，不但要把握结构上的布局，而且要注意文章要点出现的规律，掌握了这个规律，有的地方就可以跳过不看，同样可以起到把握主要内容的作用。

总之，文前的阅读提示、课文的旁批，还有课后题，都为我们指引了学习阅读策略的路径。

（三）关联的内容

综观整个单元的内容，我们发现：策略单元从单元导语到文前提示、课文以及助学系统，是一个关联紧密的整体，体现了"学—练—用"为一体的学习模式。

以五年级"提高阅读速度"策略单元为例，第一课《搭石》告诉学生默读的时候要集中注意力，遇到不懂的词语不要停下来，不要回读。《将相和》一文中，用扩大视域的方法尽量连词成句地读，不要一个字一个字地读。《什么比猎豹的速度更快》告诉学生借助关键词句，用较快的速度默读课文。《冀中的地道战》让学生带着问题，用较快的速度默读课文。四篇课文先后落实了不同的提高阅读速度的方法，是有梯度的，层层递进，层层深入。前两种方法侧重"动作"，后两种侧重"思维"，只是侧重点不同，并不是截然分开的。比如在学习《将相和》时，就可以让学生在"集中注意力""不回读"的基础之上，训练学生"扩大视域，连词成句"的读的能力。阅读策略的学习，集中于策略单元，运用、巩固、提高却要在今后的阅读实践中去落实，这样才能真正提高学生的阅读速度。

（牛秀丽）

第二节 教学策略

阅读策略的教学不是为了让学生熟记阅读策略有哪些，而是需要在实际的阅读中熟练应用，所以，在教学中，我们应以实践为主，让学生在学习、探究、运用策略中形成阅读技能。

一、培养学生运用策略的方法

（一）驱动阅读，让学生明确所学策略

驱动阅读是根据学生发展所需，创学习情境，设阅读任务，引导学生深入阅读。在策略单元学习的"驱动阅读"阶段，老师不仅仅要告知学习任务，更要想方设法唤起学生自主运用策略开启阅读的意识。但在这之前，作为老师，必须明确学生的阅读基础，当他们不具有相应的阅读策略，我们就要选择恰当

的时机，利用教材的单元导语、文本的批注等示范引领，明示策略，让每个学生知晓本次所学是哪种阅读策略，为什么学以及在读中怎样用。

（二）初次阅读，让学生尝试运用策略

阅读策略单元的教学，往往不需要学生提前预习，课上，教师要舍得时间给学生初次接触文本，让他们自主地进行阅读，教师则要做到关键环节、关键点的点石成金，从而引导学生发现、探究阅读策略，让他们成为阅读过程的主人。

阅读后，鼓励他们分享尝试使用阅读策略的想法，分享中，教师择机指导，通过追问、示范，如："这个想法很有趣，快来告诉大家你是怎么想的？""读到此处，他是这样想的，大家又是怎样想的？"……鼓励引导学生充分地思考尝试阅读策略的过程。

交流时，教师就要随机完善，提炼学生读中获取的不成熟的阅读经验，形成具体的一个个的小策略。

（三）再次阅读，让学生独立运用策略

所有阅读策略的学习，终是指向学生自主阅读，因而，当学生经历了初次阅读，尝试、体验运用策略之后，我们就需要通过课内的二次阅读、课外的迁移阅读，甚至是整本书的推荐阅读，鼓励学生独立使用所学策略，进行实践性阅读。课内的二次阅读中，就需要我们老师关注学生的策略使用行为，给出正确引导，让学生在比较、分析、总结中，激发自觉运用阅读策略的动机，体验策略阅读带来的快乐之旅。

二、具体教学策略

（一）细化方法内涵，设计教学思路

以五上第二单元为例，本单元四篇课文设计呈现出由扶到放的学习过程。教学中要把"提高阅读速度的方法"具体化，使学生可感、可学、可用。例如，《搭石》一课可以通过屏幕逐渐擦除法，让学生感受什么叫"不能回读"。再如，《将相和》《什么比猎豹的速度更快》培养学生"要连词成句地读，不要一个字一个字地读"，可以通过"比一比谁一眼记住的词语多或记住了一句话的意思"这样的训练来"拉大视距"，实现对一个字一个字阅读习惯的改变。

这样的设计体现了在有目的、有层次的训练中，逐步培养学生的阅读速度，让学生在运用性实践中历练转化为能力。

（二）重视关联推进，灵活运用方法

仍以五上第二单元为例，提高阅读速度的方法有多种，这些方法是一个整体，会综合作用在某一次速读实践中。因此，教学每一篇课文时都要突出本课的新知识点，但是到后面课文的学习中，一定要有意识地让前几课学习的方法融入本课的速读实践中，这样才能更有效地提高默读速度。

此外，不仅把提高阅读速度的多种方法看成是一个整体，也要将本套教材的三项阅读策略看成一个整体，重视在实践中随机整合运用。再如《冀中的地道战》一课，当学生运用不同的学习方案解答自己想知道的问题的过程中，就随机使用了"预测""提问""带着问题，快速默读课文"等方法。在学生交流重点使用的速读方法时，这些方法的参与，同样助推了阅读速度的提升，在这样真实的阅读方法的交流中，学生领悟到策略的真正含义——针对不同情境对方法进行灵活使用。

（三）打破常规思路，落实语文要素

仍以五上第二单元为例，本单元教材编排的四篇课文分属散文、历史故事、说明性文章等不同文体。在教学中一些老师容易按照传统的思路来"教课文"。

本单元要建立"用教材教"的思想，要将"提高阅读速度的意识"贯穿在整个学习过程中，利用课文学习来落实单元语文要素。要把四篇精读课文看作是提高阅读速度的不同情境，让学生在速读实践中体会到读散文不仅要提取关键信息，还要领悟情感表达；读历史故事不仅了解故事内容，还要品味人物形象；读说明文重在提取信息……由此学生就会发现，快速阅读仅仅是一种阅读方式，有时也需要与精读的咀嚼品味相结合，学习速读并不是可以取代精读，一统天下。

（牛秀丽）

第三节　设计思路

将本单元定位于"实用性阅读与交流"学习任务群。该任务群对第三学段"阅读与鉴赏"的学习目标要求，明确表述："默读要有一定的速度，默读一般读物每分钟不少于300字。要拓展阅读面，课外阅读总量不少于100万字。"这就意味着，学生要在学习提高阅读速度方法的基础上，进行阅读策略的综合运用，从而保证阅读质和量的同步发展，最终提升语文核心素养。

本单元的阅读要素是"学习提高阅读速度的方法"，在学习提高阅读速度方法的基础上，进行阅读策略的综合运用，提升语文素养。

本单元的习作要素是"结合具体事例写出人物的特点"，习作主题是"漫画老师"。学生之前接触过"写人"类型的习作，但"写人"的写作训练和本单元的阅读要素的关联不明显。我们可以结合课文的文本特点和课后习题的训练点来寻找突破点，《将相和》这篇课文就是通过故事来写人物的，因此在学习《将相和》时还要发掘它的习作启发价值。学生从三个小故事中总结出蔺相如的特点之后，反观三个故事，理解蔺相如的人物特点正是通过这三个故事体现出来的。同时，还要关联已有的习作经验进行综合运用。

根据单元整体解读，结合课程标准中"实用性阅读与交流"学习任务群对第三学段的目标要求，本单元学习目标确定为：

知道（K）：

1.学会单元生字新词，通读课文，了解课文内容。

2.阅读时集中注意力、连词成句地读、不回读、带着问题读、跳读都可以帮助我们提升阅读速度。

3.边读边思考能帮助我们及时捕捉阅读中的关键信息。

4.通过一个人在具体事情上的表现，可以看出其性格特点。

理解（U）：

1.阅读策略的运用是为了更好地理解阅读内容。

2.人物的典型特点需要通过具体事例呈现。

能够（D）：

1.综合运用提升阅读速度的方法，一分钟至少阅读300字的内容。

2.在提高阅读速度的同时，准确提取阅读信息、理解阅读内容。

3.用具体的事例写出一个人的特点。

结合单元整体解读，从学生实际出发，学习情境创设为"举办一场高效能阅读大赛，评选"'阅读能手'"。基于这样的学习情境，本单元的核心任务设为：提高阅读速度，争做"阅读能手"。

一、学习任务一：梳理提高阅读速度的方法（1课时）

（一）回顾并梳理常用方法，进行阅读

交流：阅读时，一般常用哪些方法？

（二）选择与运用方法阅读

讨论：快速阅读时，你会选择怎样的阅读方法？

（三）明确核心任务

1.阅读单元导语页，了解单元目标。

2.发布核心任务，阅读交流平台，结合已有经验整理提高阅读速度的方法。

3.讨论明确完成核心任务的学习过程。

第一步：梳理提高阅读速度的方法。

第二步：为阅读大赛做准备，借助方法进行阅读自我调控。

第三步：组织班级高效能阅读大赛，进行本单元学习反思。

（四）借助语文园地和已有经验，整体提高阅读速度的方法

1.阅读交流平台，梳理本单元学习中提高阅读速度的方法。

2.完成"词句段运用"，了解阅读时及时概括语句意思，也可以提高阅读速度。

（五）进行方法的选择和练习运用

根据自己的阅读实际和需求，恰当选择适合的阅读方法进行阅读，在阅读练习中提高阅读速度，养成良好的阅读习惯。

【任务说明：首先和学生回顾并梳理在进行阅读的时候，我们一般会常用哪些方法？进行阅读，如果需要快速阅读一些内容，我们会选择怎样的阅读方

法？以此来调查学情，接下来阅读单元导语页，了解单元目标，并发布核心任务。接着阅读交流平台的内容，梳理本单元学习中提高阅读速度的方法。根据自己的阅读实际和需求，恰当选择适合的阅读方法进行阅读，在阅读练习中提高阅读速度，养成良好的阅读习惯。】

二、学习任务二：借助方法进行阅读自我调控（10课时）

（一）初读课文，寻提速方法

阅读四篇课文，记录阅读每篇课文所用时间，对易错生字词进行相关指导，对课文主要内容进行简要概括。重点进行阅读时间和阅读感受的记录，学会提高阅读速度的方法，理解文章主要内容。

表5-2-3　阅读速度与内容梳理表

课文	阅读时间	阅读方法	主要内容
《搭石》			
《将相和》			
《什么比猎豹的速度更快》			
《冀中的地道战》			

（二）研读课文，习提速方法

1.《搭石》的讨论重点。

（1）你读这篇课文用了几分钟？了解了哪些内容？

（2）这道风景中你最喜欢哪幅画面？你从中体会到乡亲们怎样的情感？

2.《将相和》的讨论重点。

（1）你能用自己的话概括课文的主要内容吗？

（2）蔺相如、廉颇给你留下了怎样的印象？结合具体事例说一说。

（3）结合《将相和》构思并创作《"漫画"老师》。

3.《什么比猎豹的速度更快》的讨论重点。

（1）根据课文内容，你能按运动速度的快慢给课文事物排序吗？

（2）借助关键句能提高阅读速度，你能找到体现事物速度的关键句，对比它们的快慢吗？

4.《冀中的地道战》的讨论重点。

（1）带着问题，你读这篇课文用了几分钟？地道战是什么样子的？试着把它画出来。

（2）地道战取得成功会，分享阅读收获。

（三）分享交流，悟文本主旨

1.通过反复朗读，感受乡亲们无私奉献、互帮互助的美好情感。

2.通过角色表演，感受蔺相如和廉颇的形象特点。

3.通过小组探究，厘清说明性文章的写作特点。

4.通过小组讨论，感受我国人民在对敌斗争中展现出来的无穷智慧与顽强斗志。

（四）根据评选要求，修改备赛习作

1.结合《将相和》的阅读学习，在讨论交流对蔺相如和廉颇形象的认识和评价基础上，完成"漫画老师"的创作。

2.补充与漫画人物相关的习作资源。

3.根据单元习作要求，修改习作。

4.修改完善后，根据"阅读能手"评选的要求，为自己的文章设定阅读时间和理解题，作为比赛文本资源使用。

【任务说明：通过表格梳理本单元四篇课文阅读每一篇所需要的时间，课文主要内容的概括，在阅读过程中学会的提高阅读速度的方法。结合《将相和》的阅读学习，在讨论交流对蔺相如和廉颇形象的认识和评价基础上，完成"漫画老师"的创作。】

三、学习任务三：组织班级高效能阅读大赛（1课时）

（一）自主出题，进行小组初赛

每人提供1～2篇阅读文本（其中一篇是自己撰写的文章），自主出题，在小组进行组内初赛。

（二）推选代表，参加班级大赛

1.每组推选一名同学参加班级阅读大赛，同时推选大赛主持人和计分员。

2.采取抽题制，选手在指定阅读时间内回答相应阅读题目。

3.正确率高的选手获得对应积分，最终获胜。

（三）颁发奖项，进行单元学习反思

1.评选和颁发"阅读能手"奖。

2.整理提高阅读速度的方法。

【任务说明：用1～2周的时间准备2篇阅读文本（其中一篇是自己撰写的文章），自主出题，在小组进行组内初赛。根据比赛结果每组推选一名同学参加班级阅读大赛。】

（赵慧娟　刘　哲　李凯悦）

第四节　学历案设计

一、基本信息

1.主题：五年级上册第二单元学历案——阅读要有一定的速度。

2.课时：12

3.对象：五年级一班学生

4.人数：43

二、学习内容分析

本单元是一个阅读策略单元，以"阅读要有一定的速度"为主题，编排了《搭石》《将相和》《什么比猎豹的速度更快》《冀中的地道战》四篇课文，以及"漫画老师"习作任务和语文园地。《搭石》引导学生集中注意力，学习跳过障碍不回读的阅读方法；《将相和》学习扩大视域，引导学生尽可能连词成句地读；《什么比猎豹的速度更快》引导学生结合文章段落特点，抓住关键语句迅速地把握课文内容；《冀中的地道战》主要引导学生尝试综合运用学过的方法，带着问题读，提高阅读速度。"词句段运用"还提示学生在阅读时要及时概括语句的意思以提高阅读速度。整个单元安排有层次、有梯度。

本单元的阅读要素是"学习提高阅读速度的方法"，在学习提高阅读速度方法的基础上，进行阅读策略的综合运用，提升语文素养。

本单元的习作要素是"结合具体事例写出人物的特点"，习作主题是"漫画老师"。学生之前接触过"写人"类型的习作，但"写人"的写作训练和本单元的阅读要素的关联不明显。我们可以结合课文的文本特点和课后习题的训练点来寻找突破点,《将相和》这篇课文就是通过故事来写人物的,因此在学习《将相和》时还要发掘它的习作启发价值。学生从三个小故事中总结出蔺相如的特点之后,反观三个故事,理解蔺相如的人物特点正是通过这三个故事体现出来的。同时,还要关联已有的习作经验进行综合运用。

本单元补充资源为《妙想科学》与"漫画老师"习作范文,学生阅读速度的提高不是一蹴而就的,需要在大量的阅读实践中不断学习,提高阅读速度的方法不仅要在本单元的学习中落实,更要在课内外阅读的补充资源中实践,为学生提供写作支架,有法可依。

三、学习目标

本单元定位于"实用性阅读与交流"学习任务群。该任务群对第三学段"阅读与鉴赏"的学习目标要求,明确表述:"默读要有一定的速度,默读一般读物每分钟不少于300字。要拓展阅读面,课外阅读总量不少于100万字。"这就意味着,学生要在学习提高阅读速度方法的基础上,进行阅读策略的综合运用,从而保证阅读质和量的同步发展,最终提升语文核心素养。根据单元整体解读,结合课程标准中"实用性阅读与交流"学习任务群对第三学段的目标要求,本单元学习目标确定为:

知道(K):

1.学会单元生字新词,通读课文,了解课文内容。

2.阅读时集中注意力、连词成句地读、不回读、带着问题读、跳读都可以帮助我们提升阅读速度。

3.边读边思考能帮助我们及时捕捉阅读中的关键信息。

4.通过一个人在具体事情上的表现,可以看出其性格特点。

理解(U):

1.阅读策略的运用是为了更好地理解阅读内容。

2.人物的典型特点需要通过具体事例呈现。

能够(D):

1.综合运用提升阅读速度的方法,一分钟至少阅读300字的内容。

2.在提高阅读速度的同时,准确提取阅读信息、理解阅读内容。

3.用具体的事例写出一个人的特点。

结合单元整体解读，从学生实际出发，学习情境创设为"举办一场高效能阅读大赛，评选"'阅读能手'"。基于这样的学习情境，本单元的核心任务设为：提高阅读速度，争做"阅读能手"。

四、任务导引

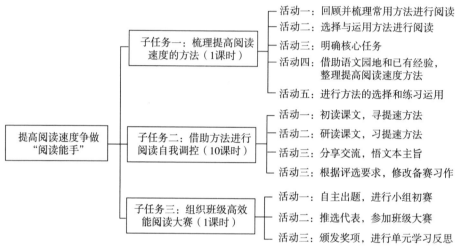

图5-2-1　任务引导图

五、评价任务

1.通过任务一"梳理提高阅读速度的方法"达成"知道"层面的目标2、3和"能够"层面的目标1、2。

2.通过任务二"初读课文，寻提速方法"达成"知道"层面的目标1。

3.通过任务三"组织班级高效能阅读大赛"达成"理解"层面的目标2和"能够"层面的目标3。

4.通过单元作业检测，评价单元目标达成度，以此修正、调整后续的学习。

六、学习过程

子任务一：回顾并梳理常用方法进行阅读

★第一课时

学习目标：

1.了解本单元学习内容，明确单元核心任务。

2.通过"交流平台"自主学习与小组讨论，初步了解提升阅读速度的方法。

3.通过阅读实践，能合理选择提高阅读速度的方法并练习运用。

学习重点：

通过"交流平台"自主学习与小组讨论，初步了解提升阅读速度的方法，明确单元核心任务。

学习难点：

能合理选择提高阅读速度的方法并练习运用。

评价任务：

1.通过回顾并梳理阅读方法，关注阅读速度，阅读单元导语页，达成学习目标1。

2.通过"交流平台"自主学习与小组讨论，达成学习目标2。

3.通过进行方法的选择和练习运用实践，达成学习目标3。

学习活动：

活动一：回顾并梳理常用方法进行阅读。

1.同学们，阅读是我们生活中的一部分，你在读书时都会用什么方法来进行阅读呢？

2.学生交流。

小结：通过大家的讨论，我们了解到查背景资料、运用工具书都是你在阅读时会常用到的好方法，看来大家对阅读都颇有心得。

活动二：选择与运用方法进行阅读。

1.同学们，每天阅读已经成了大家的一种习惯，你们有没有关注过自己的阅读速度和阅读效果呢？

2.学生结合自己的阅读情况交流。

3.到了五年级，阅读也给我们提出新要求："默读每分钟不少于300个字。"快速阅读时，你会选择怎样的阅读方法？

4.学生结合自己的阅读经验讨论。

小结：提高阅读速度是有方法的，运用恰当的阅读方法，可以大大提高我们的阅读速度。本单元有四篇课文，分别是——让我们开启"提高阅读速度争做阅读能手"的活动，通过学习这些不同题材的课文获取提高阅读速度的多种方法。

活动三：明确核心任务。

1.同学们，单元导语页是一个单元知识的眼睛，让我们齐读单元导语，了解单元语文要素，明确本单元学习目标。

2.学生讨论明确完成核心任务的学习过程。

3.小结：第一步：在单元课文学习前，先阅读交流平台，初步了解提高阅读速度的方法。

第二步：在单元课文学习中，深入探究并梳理总结提高阅读速度的方法，为单元学习结束后的高效能阅读大赛做准备。第三步：在本单元学习结束后，组织班级高效能阅读大赛，评选阅读能手，并对本单元学习进行总结反思。

活动四：借助语文园地和已有经验，整理好提高阅读速度的方法。

1.自主学习：对于如何提高阅读速度，本单元交流平台给了我们不少的提示，请大家结合已有经验快速浏览交流平台的内容，圈点勾画，整理你找到的提高阅读速度的方法。

2.学生交流。

3.自主学习：完成"词句段运用"。

4.学生交流。

活动五：进行方法的选择和练习运用。

1.出示多段文本节选，学生根据自己的阅读实际与文本内容，恰当选择适合的阅读方法进行阅读，并记录自己阅读时间。

2.学生交流自己选用的阅读方法并说明理由。

3.小结：面对"文本消失"，集中注意力可以让我们快速捕捉文本内容；面对"平行阅读"，不停下，不回读可以有效提高阅读速度。针对文本的特点进行方法的选择，并在阅读练习中提高阅读速度，有助于我们养成良好的阅读习惯。

在本单元的课文学习中，我们将深入探究提高阅读速度的方法，并在阅读实践中不断练习运用，期待大家在高效能阅读比赛中的精彩表现！

板书设计：

集中注意力读

不回读

提高阅读速度的方法：⟩ 连词成句地读

带着问题读

及时概括语句意思

子任务二：借助方法进行阅读自我调控

《搭石》

★ 第一课时

学习目标：

1.专心阅读，能在不重复阅读的情况下，理解文章大意。

2.边读边思考，及时捕捉阅读中的关键信息。

3.圈画关键词句，感悟乡亲们无私奉献的精神。

学习重点：

专心阅读，能在不重复阅读的情况下，理解文章大意。

学习难点：

能集中注意力，不回读。

评价任务：

1.通过自主学习与交流讨论，达成目标1、2。

2.通过梳理关键语句，完成表格，达成目标3。

学习活动：

活动一：初读课文，寻提速方法。

1.读篇章页，引入新课。

（1）看到了什么？编者为什么要编这样一个单元？

（2）本单元我们重点学习提高阅读速度的方法（补充：出示语文要素），到了五年级，阅读也给我们提出新要求："默读一般读物，每分钟不少于300个字。"

（3）提高阅读速度是有方法的，本单元有四篇课文，通过学习这些不同题材的课文，获取提高阅读速度的多种方法。第三单元我们要进行《中国民间故事》整本书阅读，到时候就要比一比谁的阅读速度快，理解的内容多。下面进入第一篇课文的学习，齐读课题！

2.读一读：寻提速方法。

（1）谁来读读阅读提示？（出示提示内容）

（2）接下来我们就按提示要求快速默读课文，读完看一眼时钟，在任务单记下时间，并举手示意，然后一起交流你了解了哪些内容，开始。

（3）交流：用了多少时间？了解了哪些内容？什么原因影响了你的速度？

看看阅读提示中的这些要求，你做到了吗？

集中注意力是提高阅读速度最基本的习惯。

不停下、不回读，是提高阅读速度的好方法。

活动二：研读课文，习提速方法。

1.我们带上这样的好习惯，用上这样的方法，再读《搭石》。

2.借助隐身阅读，集中注意力。

看屏幕，默读第1自然段，边读边思考：这一段主要写了什么？（课件隐身出示第1段）

谁来分享你是怎么做到的？（你看，像他这样集中注意力，就能提高阅读速度，说说你了解了哪些内容？）

你看，集中注意力，速度提高了，内容也读懂了，这就是有效阅读。

3.Z字形阅读，不停下，不回读。

（Z字线条上方出示第2段文字）默读开始！还能跟上吗？这样读，有什么好处？

借助表格提示，说说这段话写了什么事？（出示表格）（摆搭石）

4.就用刚才学到的方法继续默读第3—5自然段，读完记下时间，然后借助关键词完成表格内容，计时开始！

5.交流用时及分享发现。

6.小结：其实，这三幅画面都是在写乡亲们怎样（提示圈画板书中的"走"字）走搭石。看来大家在提高速度的同时，也在大脑中像过电影一样梳理了课文的主要内容，形成了一幅幅画面。

板书设计：

搭石

一行人走搭石　　　集中注意力

礼让走搭石　　　　不停下

背老人过搭石　　　不回读

★第二课时

学习目标：

在提高阅读速度的同时，准确提取阅读信息、理解阅读内容。

学习重难点：

运用阅读策略，更好地理解阅读内容。

评价任务：

通过分享交流，达成本课时目标。

学习活动：

活动：分享交流，悟文本主旨。

1.这道风景中你最喜欢哪幅画面？你从中体会到乡亲们怎样的情感？再次默读课文。

2.汇报交流：

（1）"上了点年岁的人，……负责和为他人着想的精神。

（2）每当上工、下工，……给人画一般的美感。

（3）理解"协调有序"。

（4）指导有感情朗读。

（5）一行人走搭石，给你怎样的感受？（和谐）

（6）"清波漾漾，人影绰绰"这两个词也有难度，你停下来回读了吗？怎么理解这两个词？（出示：清波漾漾，人影绰绰变色）

人影倒映在水中，让我们感受到水光、人影两相和的美！来，再读读这两个词。你的朗读把我带到了画前，谁能把大家带到画里？这既是一幅画，又是一首诗。你还喜欢哪个画面？

（7）如果有两个人面对面同时走到溪边，……才相背而行。

为什么喜欢？

好一个谦让，你读懂了文字中含着的美。（谦让）继续交流！

（8）背老人走搭石的画面。

PPT展示原文：假如遇上老人来走搭石……理所当然的事。

假如你就是背老人过搭石的年轻人，到了对岸，需要老人感谢你吗？为什么？

多好的年轻人啊，听了你的回答，我就在想当这位老人年轻的时候，他一定也曾经——俯下身子背老人过河，（因为）人们把这看成理所当然的事。

当这位年轻人老了的时候，也一定会有——

此情此景，你感受到了什么？

是呀，敬老爱老已经内化在每个乡亲的血液中（敬老）代代相传，积淀成淳朴的民风。难怪刘章爷爷说，"搭石，构成了家乡的一道风景。"

3.勾连背景，探写作缘由。

（1）（出示插图）说到家乡风景，自古以来文人墨客有写小桥流水，有写古道、渡口，相比之下搭石是那么不起眼，为什么刘章爷爷要写它呢？其实这里面还藏着小故事呢。请用这节课学到的方法，快速默读屏幕上的文字，思考这个问题，并在任务单上记下时间。

（出示）1分钟内读完的请举手！这段文字一共297个字，说明你们达到了每分钟300字的默读速度！我注意到这位同学用了46秒，比第二次默读3—5自然段还快了9秒钟，这两次默读字数差不多，说明他的阅读速度怎么样？（更快了）

"我到人们抢着挤公共汽车的时候，见人们无序地匆匆横穿马路的时候，心里便想到家乡潺潺的小溪，想到山里人走搭石的情景……"

当他看到人们抢着挤公共汽车，无序地匆匆横穿马路时，不由得想到山里人走搭石的情景，读——

（2）还有哪一幕也深深刺痛了作者？

"当我见马路有砖头、树枝……"

宁可绕着走，也不肯弯腰拾起，让他不由得想到——

作者为什么要写《搭石》？（赞搭石）

作者赞美的仅仅是搭石吗？（比搭石更美的是走搭石的人！他们和谐、谦让、敬老，时时处处为别人着想）

（3）难怪作者说（出示：最后一段）

4.回顾总结，强化策略。

（1）回顾板书，明晰策略。

通过本节课的学习，我们逐渐养成集中注意力的好习惯，能够运用不停下、不回读的方法进行有效阅读，在接下来的游书海活动中，我们还将解锁更多提高阅读速度的方法。

（2）布置作业，延伸策略。

课下，请同学们用今天学到的方法默读《古井》，记录时间和收获。

板书设计：

搭石

一行人走搭石　　集中注意力　　和谐

礼让走搭石　　　不停下　　　　谦让

背老人过搭石　　不回读　　　　敬老

（赵慧娟）

《将相和》

★第一课时

学习目标：

1.能用较快的速度默读课文，掌握连词成句地读的阅读方法，提高阅读速度。

2.通过对完璧归赵、渑池会面、负荆请罪等三个小故事的阅读，能够用自己的语言进行表达。

3.能结合实例说明自己对廉颇和蔺相如的印象，感受人物品质。

学习重点：

能用较快的速度默读课文，掌握连词成句地读的阅读方法，提高阅读速度。

学习难点：

能结合实例说明自己对廉颇和蔺相如的印象，感受人物品质。

评价任务：

1.通过自主学习与交流讨论，达成目标1、2。

2.通过小组合作交流研讨，达成目标3。

学习活动：

活动一：初读课文，寻提速方法。

1.方法回顾：通过本单元第一篇课文《搭石》的学习，你掌握了哪些能够提高阅读速度的方法？

2.学生交流。

3.明确：在《搭石》的学习，我们了解了集中注意力、跳过障碍不回读的阅读方法。

4.解读课题："将""相"分别指谁？他们之间是怎样从"不和"到"和"的呢？

5.学生交流。

6.请大家快速阅读课文，用上阅读方法，试着用小标题概括每个小故事的内容，记录阅读时间，并试着用自己的话讲述三个故事。

7.学生交流。

8.同学们，相信吗？老师刚刚在读这篇课文时所用阅读时间比你们的都要短，想知道我的阅读提速好方法吗？别急，上完这节课，你不知不觉中就学会了。

9.阅读训练有方法：老师准备了一些字数不同的卡片，看看你一眼能看到多少内容，看看谁能真正做到一目十行。

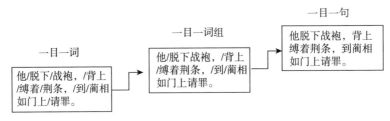

活动二：研读课文，习提速方法。

1.自主学习：同学们，请大家采用浏览的阅读方式较快速度默读课文，做到连词成句读，不要一个字一个字地读。读完后告诉我你最喜欢文中的哪个人物？喜欢他什么？说说你的理由。

2.学生结合故事情节进行交流。

3.小组交流：请你细读课文，分别划出三个故事中能够体现蔺相如品质的句子，圈点勾画，试着在旁边做上批注，并以小组为单位进行交流。

（1）出示：蔺相如看这情形，知道秦王没有拿城换璧的诚意……让我指给您看。

体会"小"，将"小"去掉后对比句子含义，感受蔺相如的勇敢机智。

（2）出示：他怒发冲冠……我的脑袋就和璧一起撞碎在这柱子上。"

结合前后语境，抓住语言描写，想象语气，感受蔺相如面对强权的不畏惧、勇敢的品质。

（3）交流：好好的渑池会面，为何变成了互相对抗的局面呢？蔺相如又是如何巧妙化解危机的？

通过抓住相关动作描写与语言描写，感受蔺相如的维护国家尊严、不畏强权。

（4）出示：

①蔺相如说："秦王我都不怕，……我之所以避着廉将军，为的是我们赵国啊！"

②"我廉颇立下了那么多战功……一定要让他下不来台！"

对比阅读，想象画面，尝试表演，感受蔺相如的顾全大局。

小结：蔺相如，他对外不畏强暴、气势逼人，对内他甘愿退让、与人为善，正是他始终以国家利益为重，不去计较个人得失，才最终感动了廉颇。从中，我们看到了一个机智勇敢、不畏强权、顾全大局的蔺相如！

板书设计：

将相和

	完璧归赵	机智勇敢
连词成句读	渑池会面	不畏强权
	负荆请罪	顾全大局

★ 第二课时

学习目标：

1.通过反复朗读和角色扮演，抓住人物的语言、动作、神态、心理描写，了解人物的典型特点需要通过具体事例呈现。

2.能把握人物性格特征，用一到两个具体事例来描述自己的教师。

学习重点：

1.抓住人物的语言、动作、神态、心理描写，了解人物的典型特点需要通过具体事例呈现。

2.能把握人物性格特征，用一到两个具体事例来描述自己的教师。

学习难点：

能把握人物性格特征，用一到两个具体事例来描述自己的教师。

评价任务：

1.通过小组合作与角色扮演，达成目标1。

2.通过小练笔，达成目标2。

学习活动：

活动一：分享交流，悟文本主旨。

1.出示"负荆请罪"故事片段。

2.角色扮演：小组合作，一生旁白，其余三生分别扮演蔺相如、廉颇、车夫，反复朗读，想象人物心境，表演时注意语气、表情，并配上适宜的动作。

3.角色扮演，让我们距离人物更近，你认为在这个故事中，蔺相如的心理是怎样的？廉颇的心理又发生了怎样的变化？

4.小组交流。

小结：蔺相如自始至终把国家利益放在首位，识大体、顾大局，面对廉颇的刁难选择忍让。而廉颇，由于蔺相如在前两个故事中屡次立功，职位超过了他，便引起了他的不满，但他听了车夫的话，也进行了反省，最终选择负荆请罪，从中也能看出他知错就改、敢作敢当的品质，将、相由"不和"到"和"，表现了他们二人以国家利益为重的情怀。

5.小练笔：通过《将相和》的阅读学习，我们对蔺相如和廉颇的形象有了深刻的认识，文中结合三个具体事例，通过生动的语言、动作、神态描写，将人物形象跃然纸上，请结合本节课所学，试着完成"漫画老师"的创作。

活动二：根据评选要求，修改备赛习作。

1.本单元学习后，我们要进行"阅读能手"的评选活动，本次小练笔便是对大家的一项考核

2.老师指出习作问题：

（1）没有突出老师的主要特点，形象不够鲜活。

（2）选择的事例与所选特点匹配度不强。

（3）缺少生动的语言、动作、心理等细节描写。

3.屏幕出示《漫画老师》习作范文与相习作资源。

4.回看自己的习作，针对问题进行修改。

5.学生修改习作，教师巡视指导。

6.学生分享修改完善后的习作，对照一般性说明文评价表，自评互评。

表5-2-4 一般性说明文评价表

评价内容	星级	自评	互评
特点突出	★		
事例具体	★		
语句通顺	★		
有精彩的细节描写	★		

7.请大家为自己的文章设定阅读时间和理解题，标注在文章左上角，将作为单元学习结束后的"评选阅读能手"比赛文本资源使用。

板书设计：

特点突出

事例具体

语句通顺

有精彩的细节描写

（李凯悦）

《什么比猎豹的速度更快》

★ 第一课时

学习目标：

1.迅速地阅读文章，了解文章的内容，明白文章是以事物从慢到快的顺序进行编排的。

2.掌握借助关键词句，提高阅读速度的方法。

学习重难点：

能借助关键词句，提高阅读速度的方法，了解课文的主要内容。

评价任务：

1.通过自主学习，达成目标1。

2.通过交流讨论抓关键词句，达成目标2。

学习活动：

活动一：初读课文，寻提速方法。

1.提出要求，自己默读。

这是一篇科普文，这节课就借着这篇课文，继续驾驶阅读的快艇，畅游书海，获取更多的阅读方法。第一次看到这个题目，你猜测一下课文会写什么内容？

快速默读课文，读完马上举手并记录自己的阅读时间。

找出文中写到的事物——"什么"。打开课本22页，计时开始。

2.交流阅读时间和方法，自我评价。

交流一下，你读完课文用了多少时间？用什么方法读的？2、3分钟内读完的加两次油，3分钟以上加一次油。

活动二：研读课文，习提速方法。

1.快速阅读不仅要读得快，还要读得懂。你读懂课文都写了什么事物？有没有补充的？

2.他们的速度有快有慢。根据课文内容，按照速度由快到慢的顺序给他们排序，并标清序号。完成课本第24页的第2题。

小结：借助这些关键词，快速地读懂了课文。

3.表达方式我探索。

（1）快速默读课文第2—8自然段，读完马上举手并记录自己的阅读时间。

（2）找出没有具体数据依然能表现速度快慢的句子。

4.交流一下，这次你读完课文又用了多少时间？你都找到了哪些句子呢？

小结：课文每个自然段的表达特点很相似，每一段所写的事物都比前一段写的事物速度更快。

5.第2、3自然段每一自然段都有一个"谁比谁快"的句子，接下来的五个自然段，找出这样的句子。

小结：关键句也能提高阅读速度。

板书设计：

什么比猎豹的速度更快

速度由快到慢

关键词

关键句

★ 第二课时

学习目标：

1.体会作比较、列数字等说明方法在文中的作用。

2.补充课外阅读资料，用学到的阅读方法进行阅读，提高阅读速度。

教学重点：

了解说明文，掌握说明方法的特点和作用并学会运用，激发学生对科学探索的兴趣。

教学难点：

能运用快速阅读的方法阅读其他文章，提取信息。

评价任务：

1.通过小组合作探究完成表格，达成目标1。

2.通过课外阅读练习，达成目标2。

学习活动：

活动一：分享交流，悟本文主旨。

1.圈画重点词句，理解作比较和列数字说明方法的用法。

（1）捕捉课文中的"差距""最大""冠军"等词语，感受到鸵鸟跑得有多快，体会作比较的说明方法的好处。

（2）将以下两个句子的表达效果进行比较。

①人在奋力奔跑的时候，很快。鸵鸟奔跑的速度更快。

②人在奋力奔跑的时候，最大速度能够达到24千米每小时。这个速度跟鸵鸟比起来差远了——鸵鸟奔跑的最大速度约72千米每小时。

2.讲解作比较和列数字这两种说明方法。

（1）讲解"作比较"的说明方法。

（2）理解"列数字"的说明方法。

3.小组合作探究第3—8自然段。

默读第3—8自然段，小组合作完成表5-2-5。

表5-2-5　3—8自然段内容梳理

事物	重点词语	运用的说明方法	快的程度

4.课外延伸。

（1）用学过的方法，快速默读《还有什么比象龟更老》，读完马上举手并记下阅读时间。

a.按年龄从小到大的顺序给文中事物排序。

b.用简练的语言概括语段主要意思。

c.交流一下，你阅读完短文用了多少时间？

d.怎样按年龄从小到大的顺序给文中事物进行排序？你怎么做到快速排序的？

小结：快速阅读中，留心所提到的事物，抓住关键词。抓住"一个比一个老"的语句，了解表达的特点，就能快速读，抓住了关键句。

（2）概括下面这段文字的主要意思。

地球的年龄大约有45.6亿岁，月球的年龄和地球相仿。在浩瀚的宇宙中，我们只能看到很小的一部分。科学家认为宇宙已经存在大约137亿年了。

小结：这才是快速阅读的正确打开方式，不仅阅读速度快，而且能理解概括文章内容。

板书设计：

什么比猎豹的速度更快

作比较

列数字

（刘哲）

《冀中的地道战》

★ 第一课时

学习目标：

1.能够快速地默读文章，能够专注于不重复阅读，能够扩展视野连接成句，能够帮助关键词阅读，能够有疑问阅读。

2.在快速地阅读的基础上，对文本的内容有一个全面的了解，捕捉到人物的语言和行为，感受人物品质，从而了解到了"国家利益高于所有"的原则。

学习重点：

能够快速地默读文章，能够专注于不重复阅读，能够扩展视野连接成句，能够帮助关键词阅读，能够有疑问阅读。

学习难点：

在快速地阅读的基础上，对文本的内容有一个全面的了解，捕捉到人物的语言和行为，感受人物品质，从而了解到了"国家利益高于所有"的原则。

评价任务：

1.通过自主学习完成学习单，达成目标1。

2.通过交流讨论，达成目标2。

学习活动：

活动一：初读课文，寻提速方法。

1.测测我的阅读力。

带着问题快速默读课文，读完后记录下自己所用的时间，并按提示要求完成学习单。

表5-2-6　学习单

1.本文共1200余字，我读完这篇课文用了（　　　　　　）分钟。
2.根据课文内容，判断下列说法的正误。 （1）为了粉碎敌人的"扫荡"，冀中人民创造了新的斗争方式——地道战。（　　　） （2）地道里面光线不好，比较昏暗。（　　　） （3）地道的出口开在隐蔽的地方，旁边堆满荆棘。（　　　） （4）人在地道里不能了解上面的情况。（　　　）

2.阅读体会我分享。

大体了解课文内容的基础上展开交流，说一说：

初读的时候产生了哪些问题？

对阅读有什么影响？

带着问题阅读课文有没有提高阅读速度？

在阅读过程中有没有产生新的问题，带着这些问题阅读有没有促进对课文的深入理解。

活动二：研读课文，习提速方法。

合作介绍地道战

提供学习支架，帮助学生厘清思路，小组合作介绍地道战这一"奇迹"，加深对地道作用的认识，更深切感受到冀中人民的无穷智慧和过人胆识。

（1）围绕问题"为什么要进行地道战"展开交流。

简介时代背景（出示课件）

（2）这些问题包括：地下通道是什么样子的？地下通道里的人是怎样生存的？地下通道里的人是怎样进攻敌人的？地下通道里的人是怎样防备敌人的？可以抓住重点，通过绘制思维导图来进行介绍，也可以把隧道的构造图画出来。

第4自然段。地道（地点、数量、高度）、地洞。

第5自然段。地下通道的出口有四种：一是设于隐蔽处，以荆条作遮蔽；另一处则设陷坑；有些出口旁边设置了警戒洞，迷惑洞；这条隧道的每个部分都有"子口"。

第6自然段。如何抵挡火，水，毒气？用沙子和泥土扑灭火焰；用吊板挡住有毒气体；把水引开，把它引到另一个村庄去。

第7自然段。如何联络？通信联络、有线电、无线电

拓展延伸：播放电影《地道战》片段，对地道战的背景、结构、特点及作用有更直观形象的了解。

★ 第二课时

学习目标：

1.能归纳提升阅读速度的方法，并能将句子或段落的意义，以简短的句子来概括。

2.感受中国人的聪明才智，以及保卫祖国的坚强意志，是决定坑道战胜利的重要因素。

学习重难点：

能归纳提升阅读速度的方法，并能将句子或段落的意义，以简短的句子来概括。

评价任务：

1.通过补充剧本台词，达成目标1。

2.通过交流讨论，达成目标2。

学习活动：

活动：分享交流，悟文本主旨。

1.剧本台词会补充。

快速默读课文第6、7自然段，小组合作根据课文内容把剧本台词补写完整，练习表演。

交流：学生自告奋勇。

情报员：不好了，鬼子扔火把进来啦！

村长：＿＿＿＿＿＿＿＿＿＿＿＿＿＿＿＿＿＿

地道里的百姓（咳嗽）：歹毒的小鬼子，竟然放毒气进来了！

村长：＿＿＿＿＿＿＿＿＿＿＿＿＿＿＿＿＿＿

地道里的百姓（大喊）：哎呀，小鬼子往地道里灌水啦！

村长：＿＿＿＿＿＿＿＿＿＿＿＿＿＿＿＿＿＿＿＿＿＿＿

地道里的百姓（捂住鼻子）：不好，鬼子往好几个出口里放毒气，毒气已经进来了，村长，怎么办？

村长：＿＿＿＿＿＿＿＿＿＿＿＿＿＿＿＿＿＿＿＿＿＿＿＿

地道里的百姓：没有手机呀，怎么通知别的村子我们要转移呢？

联络员：＿＿＿＿＿＿＿＿＿＿＿＿＿＿＿＿＿＿＿＿＿＿＿

地道里的百姓：我们成功转移了，鬼子扑了个空，撤退了，我们得上去告诉其他人，哎呀，我忘了，怎么告诉呢？

联络员边演边吆喝（表演"无线电"）：鬼子走了，乡亲们！下地干活喽！

小结：在快乐的合作中，你发现了地道的防备和联络分别有什么特点？（巧妙、方便）

2.成功关键我知道。

现在，你们一定明白了：冀中地道战取得成功的关键是什么？——冀中人民的智慧。

学生在学习文章的最后一段时，着重了解地道战的意义，即"在我国抗战历史上创造了令人惊叹的奇迹"。

还可以与课后习题的第二题相联系，指导同学们联系上下文，进行交流，探讨：地道战胜利的关键在哪里？在此基础上，对这节课的学习体会进行小结。

（1）设计这样巧妙的地道，是人民想出来的；这样的斗争方式，也是人民想出来的，这是成功的关键之一：人民的智慧是无穷的。

（2）敌人大扫荡的目的是要消灭冀中军民，我们就——到地道里隐蔽起来，让敌人找不到我们，这是成功的关键之二：躲避敌人的扫荡。

（3）敌人修筑了封锁沟和封锁墙，目的是阻断冀中军民的联系，我们就——利用地道，在地底下团结起来了，这就是成功的关键之三：团结起来力量大！

现在，我们知道了地道战成功的关键有三点：人民的智慧是无穷的；成功躲避敌人的扫荡；团结起来力量大。

3.总结。

这节课，我们练习了带着问题默读课文，与问题无关的，快速读，与问题有关的内容要边读边想,这样能提高默读速度!

在交流内容时,我们通过——默读圈划找答案!有条理想画面!读一句知一段!等方法来读懂一篇文章。

这些方法要灵活运用,并且要经常运用,才能有效提高我们的默读理解速度。

板书设计:

冀中的地道战

惊人的奇迹

式样丰富　出口隐蔽　结构巧妙　联络方便

（赵慧娟）

《我的"漫画"老师》

★ 第一课时

学习目标:

1.能准确地把握人物的主要特征,并能用一到两个具体的例子来描述自己的教师,表现老师的特点。

2.能评价、修改同学和自己的习作。

学习重点:

学会用一到两个具体的例子来描述老师的特点。

学习难点:

能评价、修改同学和自己的习作。

评价任务:

1.通过讨论交流,达成目标1。

2.通过自主学习和小组合作,达成目标2。

学习活动:

活动一:结合《将相和》的阅读学习,在讨论交流对蔺相如和廉颇形象的认识和评价基础上,完成"漫画老师"的创作。

1.本单元《将相和》一课，从完璧归赵、渑池相会、负荆请罪三个具体的例子来说明蔺相如的机智勇敢，不畏强暴，顾全大局，识大体的高贵品质，和廉颇勇于改正错误的精神。

2.当我们在描写特定事情的时候，应该怎样去表达角色？想一想《将相和》中两个角色的描写吧。通过人物的语言、动作、表情和心理的描写，来描绘人物的性格。

活动二：补充与漫画人物相关的习作资源。

1.漫画里的人物，都有着鲜明的个性，再加上独特的风格，以及夸张的剧情，给人留下深刻的印象。在这本书里，还列出了几个非常有个性的教师，比如"爱穿裙子""谈吐风趣""总是面带微笑""走起路来像一阵风"。想一想哪位老师最让你记忆犹新？他的显著特点是什么？

2.本次习作是要通过具体事例描写人物性格特点，要注意：（1）选择事例要恰当；（2）要用细节将人物"画"得栩栩如生。可以从《将相和》的人物语言描写、动作描写、表情描写、心理描写等方面对人物进行描写，以求达到更好的效果。（3）结构安排：若要用两个具有代表性的例子来表达性格特征，则要有详有略。

活动三：根据单元习作要求，修改自己或者同学的习作。

完成后，选出两三篇比较优秀的习作，读给大家听，大家关注所选事例是否具体并能体现人物的特点，语言是否通顺恰当等。

活动四：修改完善后，根据"阅读能手"评选的要求，为自己的文章设定阅读时间和理解题，作为比赛文本资源使用。

板书设计：

漫画老师

突出特点
选取事例
运用夸张

（刘　超）

《语文园地》

★第一课时

学习目标：

1.能够快速地默读文章，能够专注于不重复阅读，能够扩展视野连接成句，能够帮助关键词阅读，能够有疑问阅读。

2.在快速阅读的基础上理解文本内容，从人物的语言和行为中捕捉到了角色的性格特征，理解了"民族利益大于一切"的原则。

3.能够对一些句子或段落的含义进行总结和归纳，能够对一些句子或段落的含义进行简单的概括，能够将成语的含义运用到具体的场景中，能够熟记有关"惜时"的名言。

学习重点：

1.能够快速地默读文章，能够专注于不重复阅读，能够扩展视野连接成句，能够帮助关键词阅读，能够有疑问阅读。

2.在快速阅读的基础上理解文本内容，从人物的语言和行为中捕捉到了角色的性格特征，理解了"民族利益大于一切"的原则。

学习难点：

能快速地默读课文，概括文章的主要内容。

任务评价：

1.通过快速默读课文，达成目标1。

2.通过交流研讨与小组合作，达成目标2。

学习活动：

活动一：我推荐阅读上榜人物。

在任务一和任务二举行阅读大会之后，组织开展"阅读风云人物"的评选，既是对本单元语文策略要素的梳理回顾，也为习作表达提供鲜活的话题。

1.语文园地来运用。

（1）交流单元阅读心得。

学生分享交流。

小结：学生在阅读过程中要专心，尽可能地连接成句，碰到不明白的词，如果不妨碍对文本的理解，就不要去理会，而是一直看下去，边看边思考，把重点句子圈出来，这样才能更好地领会文章的主旨。只要坚持下去，他们的阅读速度就会越来越快。

（2）词句段运用。

出示：我廉颇攻无不克，战无不胜……反而爬到我头上去了。

读后思考：这个句子的主要意思是什么？（廉颇对蔺相如不服气。）

【词句段运用】自己阅读课文，并对所学内容进行分析。

A.（光的速度快到令人惊叹。）

B.（场面混乱，所有人都很恐慌。）

【词句段运用】的第二题。（板书：把成语的意思用具体的情景表现出来）

A.出示左右为难、奋不顾身这两个成语，用自己的话说说它们的意思，再联系课文中相应的句子，发现了什么？出示成语：喋喋不休、悠然自得，谈谈你的理解。在课本中找出能表现这两个成语意思的具体情景的句子，全班交流。

B.拓展练习：出示成语：苦口婆心、不可思议，并根据所学内容，找到描写这两个成语具体情境的句子。

（3）日积月累。

A.齐读"日积月累"的句子，注意"重""转"的读音读准确.

B.交流句子意思，理解珍惜时光的名言警句。

C.你还积累了哪些与珍惜时间有关的名言警句？结合实际，谈谈如何珍惜时间。

2.阅读达人我推荐。

本单元是阅读策略单元，我们通过四篇课文的实操练习，了解并掌握了提高阅读速度的方法。相信这几天"阅读大会"中测试比赛、分享交流的场面还历历在目吧。本期阅读大会中让你印象最深的阅读达人是谁，说一说你佩服他的理由，让我们一起评选出班级公认的"阅读风云人物"。

学生推荐，集体评议。

3.阅读达人来表彰。

给评选出的"阅读达人"颁发证书。

活动二："漫画"阅读人物。

写之前帮助学生设置学习支架，通过《三毛流浪记》这一经典动漫，或者是最近几年为人所熟知和喜欢的《小林漫画》，认识到漫画善于运用夸张的方式，将角色或事物的特征形象地表现出来的创作方式；回想在"阅读大会"上给你留下深刻印象的角色，并谈一谈他那令人惊叹的表演，突出的特点；编列提纲，构思文章结构；给予充分的习作时间。

1."漫画"引入明要求。

（出示漫画《三毛流浪记》）。你们一定都喜欢漫画，这是经典漫画作品《三毛流浪记》中的"三毛"，想想"三毛"形象与名字之间的联系，读过这本书的学生说说你的感受。

（出示小林漫画《等一朵花开》）共读2～3幅漫画，说说漫画的特点。漫画里的人物，都有着鲜明的个性，再加上独特的风格，以及夸张的剧情，给人留下深刻的印象。

今天也要来用文字"漫画"身边的同学，你能写出他们的特点吗？让人一看就知道你写的是谁。

2.启发联想定人物。

前期，我们班举行了"阅读大会"，其中阅读达人们一定给你留下了深刻的印象。来，我们来看一看他们当时阅读大会中的照片，你最想写谁？说说他的出色表现和让你印象深刻的特点。比如：我印象最深的是谁？他阅读大会时表现沉稳，高效，总是在我还没头绪的时候完成了阅读题，分享经验的时候条理非常清晰，方法很有效。《将相和》故事讲得有声有色，我很佩服他的阅读理解力和表达力。

活动三：选择事例，抓住特点写作。

这篇作文就是要用具体的例子来描述人物的个性特征，就像这一节《将相和》一样，用三个具体的例子来突出廉颇和蔺相如两个人的个性。回忆你印象深刻的阅读达人，有没有具体典型事例体现同学的某个特点，有的话，选出一到两个更具代表性的事件写下来。

要注意：（1）选择事例要恰当。（2）要通过细节把人物"画"具体、生动。可借鉴《将相和》中借助人物语言、动作、神态、心理等描写刻画人物形象。（3）结构安排：如果打算用两个典型的事例来表现人物特点时，要有详有略。

4.自由习作师指导。

5.分享习作互点评。

完成后，选出两三篇比较优秀的习作，隐去同学姓名读给大家听，让大家猜一猜他是谁？重点关注所选事例是否具体并能体现人物的特点，语言是否通顺恰当等。

板书设计：

阅读要有一定的速度

把成语的意思用具体的情景表现出来

子任务三：组织班级高效能阅读大赛

学习目标：

1.综合运用提升阅读速度的方法，一分钟至少阅读300字的内容。

2.在提高阅读速度的同时，准确提取阅读信息、理解阅读内容。

学习重点难点：

在提高阅读速度的同时，准确提取阅读信息、理解阅读内容。

任务评价：

通过完成习题，组织比赛达成目标1、2。

学习过程：

活动一：自主出题，进行小组初赛。

每人提供1～2篇阅读文本（其中一篇是自己撰写的文章），自主出题，在小组进行组内初赛。（学生完成习作以后，投影出示）

1.你阅读这篇文章用了几分钟？

2.作者用什么事例，表现了老师的什么特点？

3.作者运用哪些描写方法表现人物特点？

活动二：推选代表，参加班级大赛。

1.每组推选一名同学参加班级阅读大赛，同时推选大赛主持人和计分员。

2.采取抽题制，选手在指定阅读时间内回答相应阅读题目。

3.正确率高的选手获得对应积分，最终获胜。

活动三：颁发奖项，进行单元学习反思。

1.评选和颁发"阅读能手"奖。

2.整理提高阅读速度的方法。

七、作业与检测

单元作业：

（一）基础性作业

（1）检测字词

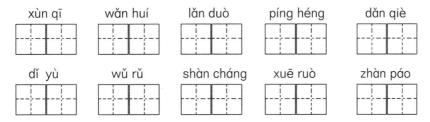

| xùn qī | wǎn huí | lǎn duò | píng héng | dǎn qiè |

| dǐ yù | wǔ rǔ | shàn cháng | xuē ruò | zhàn páo |

（2）他是个倔强（　　　）的孩子，你不要强（　　　）逼他。（给加点字注音）

（二）发展性作业

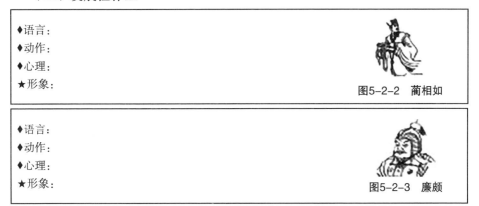

◆语言：
◆动作：
◆心理：
★形象：

图5-2-2　蔺相如

◆语言：
◆动作：
◆心理：
★形象：

图5-2-3　廉颇

　　巧手制名片：蔺相如、廉颇给你留下了怎样的印象？赶紧制作一张人物名片吧，并结合具体事例说一说。

（三）拓展性作业

记忆力大挑战：让我们跟着本单元一起练一练你的眼力和记忆力吧。

表5-2-7　记忆力大挑战

星级	看看一分钟能记住多少
☆	汛期、浩瀚、挽留、擅长、搁浅、拐弯、间隔、勉强、计划、削弱、任命
☆☆	侵略、懒惰、平衡、绰号、璧玉、诺言、卿大夫、削弱、侮辱、输赢、堡垒、陷入、岔路

续表

星级	看看一分钟能记住多少
☆☆☆	A.完璧归赵、渑池会面、负荆请罪、怒发冲冠 B.指鹿为马、一字千金、破釜沉舟、韦编三绝 C.约法三章、纸上谈兵、卧薪尝胆、毛遂自荐 D.蔺相如、秦始皇、项羽、刘邦、张良、李广

单元检测：

（一）看拼音，写词语。

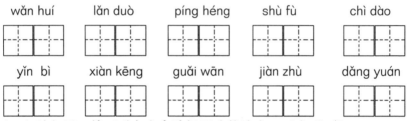

wǎn huí　　　lǎn duò　　　píng héng　　　shù fù　　　chì dào

yǐn bì　　　xiàn kēng　　　guǎi wān　　　jiàn zhù　　　dǎng yuán

（二）读句子，给下列多音字选择正确的读音，画上"√"。

（1）虽然毕业多年，但是他们两人之间（jiān jiàn）的联系从来没有间（jiān jiàn）断过。

（2）小刚得了冠（guān guàn）军后就有点冠（guān guān）冕堂皇了。

（3）兰兰画的这幅对称（chèn chēng）图形，赢得了大家的称（chèn chēng）赞。

（4）人们按照二尺左右的间（jiān jiàn）隔摆上石头，溪水从石头间（jiān jiàn）潺潺流过。

（三）选择正确的答案填在括号里。

1.下列加点字读音全部正确的一项是（　　　）

A.拐弯（guǐ）　乿口（jié）　搁东西（gē）

B.胆怯（què）　推辞（chí）　浩瀚（hàn）

C.爱卿（qīng）　廉洁（lián）　削弱（xuē）

D.丞相（xiàng）　游隼（shǔn）　强人所难（qiáng）

2.下列词语书写有误的一项是（　　　）。

A.间隔　惟独　拒决　理所当然

B.大臣　商议　故宫　理直气壮

C.典礼　胆怯　保持　负荆请罪

D.粉碎　领导　迷惑　无穷无尽

3.下列词语与意思不对应的一项是（　　　）。

A.形容人影多，姿态美。（人影绰绰）

B.从道理上说应当这样。（理所当然）

C.理由充分，因而说话做事有气势或心里无愧，无所畏惧。（有理有据）

D.指极珍贵的东西。（无价之宝）

4.下列语句中有一项与其他三项运用的说明方法不同的是（　　　）。

A.人在奋力奔跑的时候，最大速度能够达到24千米每小时。

B.一个大洞容得下一百来人，最大的能容二百多人。

C.地道有四尺多高，个儿高的人弯着腰可以通过；地道的顶离地面三四尺，不妨碍上面种庄稼。

D.在喷气式飞机飞行的高度，声音传播的速度大约是1050千米每小时，而一些高速喷气式飞机的飞行速度是声速的数倍。

（四）填空题。

1.选字组词。

臂　避　璧　壁　膀（　）　逃（　）　墙（　）　和氏（　）

炬　拒　距　矩　（　）绝　（　）离　规（　）　火（　）

纺　访　妨　仿　（　）效　（　）织　（　）问　（　）碍

2.补充词语并按要求填空。

①理（　）当然　②山洪（　）发　③（　）调有序

④理直气（　）　⑤完（　）归赵　⑥负（　）请罪

（1）请写出两个ABAC式的词语：_____、_____.

（2）请写出两个与①意思相近的词语：_____、_____.

（3）上面词语中构词方式相同的词语是：_____和_____。

3.填上合适的词语。

（　　）的音乐　　（　　）的情感　　（　　）的典礼　　（　　）的平原

（　　）的堡垒　　（　　）的石头　　（　　）的动作　　（　　）的太空

4.按要求改写句子。

（1）蔺相如说："秦王我都不怕，还会怕廉将军吗？"（改为转述句）

（2）秦王不敢进攻我们赵国。 武有廉颇，文有蔺相如。（用关联词将两句话连成一句话）

_____

（3）把成语的意思用具体的情景表现出来。

左右为难：_____

（五）阅读理解。

　　青年时期的毛泽东同志从青年时期就热爱学习。他刻苦的学习精神立远超过了一般人。毛泽东同志酷爱学习，他充分利用一切机会学习。在湖南省立第一师范学校学习的时候，他每天很早就起床，冷水浴后就到自修室去，对着窗前喜微的晨光高声朗读。等天大高了，同学们都来了，他才回到自己的座位上。一天六节课，他每天都抓紧课余时间把必须完成的作业做好，然后就到阅览室去看书或看报。晚上，学校规定的两个小时自习时间，他总是阅读从图书馆借来的书籍，边读边做笔记，从不浪费一分一秒。星期天，他除了山游泳，就是去听学术讲座，有时还到一些他敬仰的老师家里去请教问题，从不白白度过。毛泽东同志（　　）抓紧时间读书，（　　）读得特别认真。凡是他自己的书，遇到重要的、精辟的地方，他都要加圈加点，有时还在书页的空白处写上自己的看法。在一本有十万字的书上，他就用工整的小楷写了一万两千多字的批语和提纲。许多地方他都用笔加上圈点、单线、双线、三角等符号，标明书中的重点内容，可见他读书的态度是多么认真，对书理解得多么深透。毛泽东就是这样孜孜不倦地学习，寻求救国救民的真理，终于走上了革命的道路。

1.在文中括号里填上合适的关联词。

2.用"_____"画出文中的过渡句。

3.短文从哪两个方面表现了毛泽东同志孜孜不倦的学习精神？

（1）_____

（2）_____

4.文中的"从不浪费一分一秒"可用一个成语替换，这个成语是_____

5.毛泽东的学习精神对你有什么启示?

_____

_____

（六）习作展示。

我们每天都与老师相处，有教语文的老师，教数学的老师，教英语的老师……让我们把这些可爱的老师用文字"画"出来吧！你所写的老师在外貌、性格、喜好等方面有什么突出的特点，选择一两件能突出老师特点的事情来写。题目自拟，不少于450字。

八、学后反思

这个单元我们学习了四种阅读策略来提高阅读速度的小妙招。同学们以第三单元课文或者《中国民间故事》这本书为阅读材料，可以自己或者小组完成阅读任务，并做好记录，最后交流总结。

1.四种阅读策略回顾

（1）_____。

（2）_____。

（3）_____。

（4）_____。

2.阅读练习与记录

表5-2-8　学习单

田螺姑娘				
长发妹				

九、学习资源

补充资源1:《古井》

补充资源2:《还有什么比象龟更老》

补充资源3:《三毛流浪记》

补充资源4:《小林漫画》

第三章　五年级上册第五单元

第一节　教材分析

一、教材概况

习作单元的构成与普通单元不太相同，包括"精读课文、交流平台、初试身手、习作例文、习作"五个板块。它的编排有其独特之处，从三年级至五年级的教材中，共编排了六个单元的学习内容，具体内容见下表。

单元的编排主题明确，聚焦写景、写事、写人等习作类型，聚力提升学生想象、观察、说明等习作能力，呈序列、有梯度地发展学生的表达能力，提升习作素养。

表5-3-1　习作单元的语文要素及习作要求

年级教材	课文	人文主题	语文要素	习作内容	习作要求
三年级上第五单元	《搭船的鸟》《金色的草地》	生活中不缺少美，只是缺少发现美的眼睛	1.体会作者是怎样留心观察周围事物的。2.仔细观察，把观察所得写下来	我们眼中的缤纷世界	仔细观察，把观察所得写下来
三年级下第五单元	《宇宙的另一边》《我变成了一棵树》	想象力比知识更重要	1.借助关键语句概括一段话的大意。2.观察事物的变化，把实验过程写清楚	奇妙的想象	发挥想象写故事，创造自己的想象世界
四年级上第五单元	《麻雀》《爬天都峰》	我手写我心，彩笔绘生活	1.了解作者是怎样把事情写清楚的。2.写一件事，把事情写清楚	生活万花筒	写一件事，把事情写清楚
四年级下第五单元	《海上日出》《记金华的双龙洞》	妙笔写美景，巧手著奇观	1.了解课文按一定顺序写景物的方法。2.学习按游览的顺序写景物	游——	学习按浏览的顺序写景物

续表

年级教材	课文	人文主题	语文要素	习作内容	习作要求
五年级上第五单元	《太阳》《松鼠》	说明文以"说明白了"为成功	1.阅读简单的说明性文章，了解基本的说明方法。2.搜集资料，用恰当的说明方法，把某一种事物介绍清楚	介绍一种事物	搜集资料，用恰当的说明方法，把某一种事物介绍清楚
五年级下第五单元	《人物描写一组》《刷子李》	字里行间众生相，大千世界你我他	1.学习描写人物的基本方法。2.初步运用描写人物的基本方法，尝试把一个人的特点写具体	形形色色的人	初步运用描写任务的基本方法，具体地表现一个人的特点

二、教材特点

（一）横向联系，层级递进

习作单元包括精读课文、交流平台、初试身手、习作例文、习作五个板块，它们每个板块都承载着自己的教学价值，同时它们之间横线关联，搭建了"从读到写、从写促读、从学到用"的层层递进的学习网，促习作知识向习作技能的转化，从而提升习作水平。

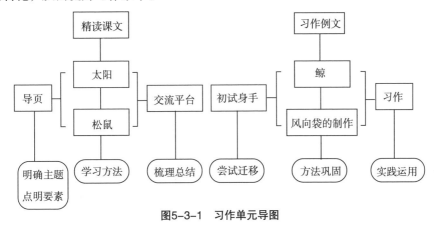

图5-3-1　习作单元导图

以五年级上册第五单元为例，习作单元每个板块承担着不同的职责。通过"精读课文"学习方法。精读课文《太阳》和《松鼠》在表达的方式上以及语言的风格上很不相同，但都在帮助学生对说明性文章有一个尽量全面的认知。

通过"交流平台"进行梳理总结，点明说明性文章的作用。通过"初试身手"尝试迁移运用。"初试身手"结合本单元主题有两次片段练习，第一次的片段练习引导学生尝试用不同的多样的说明方法来介绍自己身边的事物，第二次的片段练习引导学生大量搜集资料，把《白鹭》第2段中描写外形的文字改写成说明性的，感受说明性文章的语言与散文的大不相同，也为单元习作的修改打下基础。通过"习作例文"进行方法巩固。习作例文《鲸》《风向袋的制作》，引导学生进一步认识"怎样写清楚事物的主要特点""几种常见的说明方法"，以及"分段介绍事物的不同方面"。无论是课文的选择、课后习题的设计还是"初试身手"的安排，均紧紧围绕"用恰当的说明方法，把某一种事物介绍清楚"这一语文要素。由此可见，本单元的学习重在引导学生在语文学习中，通过阅读课文获取整合信息，根据不同的交流情景与对象，恰当地运用多种说明方法，把事物介绍清楚。

（二）纵向关联，阶梯上升

习作单元纵向来看，体现了知识与能力的循序渐进。教学中，需要前后联结，关注统编教科书整体习作能力编排序列，精准了解学生的学习起点，在此基础上，充分借助单元整体功能，将单元的学习内容进行整合，把零散的训练点联系起来，帮助学生的习作能力进行阶梯式发展。

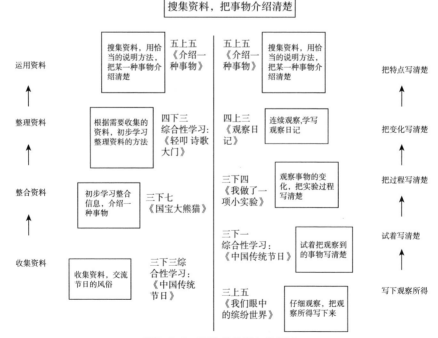

图5-3-2　习作单元纵向分析图

统编教科书五年级上册在习作单元首次提出了"说明文"的文体概念,并进行说明文的写作尝试。但其实,五年级的学生在三四年级的时候就学习了一些说明性的文章,比如《赵州桥》和《纳米技术就在我们身边》等,学生也了解一些说明方法以及它们的好处。

聚焦习作的要求"搜集资料,用恰当的说明方法,把某一种事物介绍清楚"。关于"搜集资料",学生从三年级开始不断接触,不仅学会了如何搜集资料,也初步学习了怎样去整合信息。所以在这个单元的写作中,学生首先要做的就是搜集相关的资料,充分了解自己要说明的事物,然后要已经搜集到的资料进行筛选、运用,这样才能把事物介绍清楚。

把某一事物介绍清楚的基点是"观察",有关观察的学习,学生在第二学段已经有一定的学习经验,具备一定的习作基础。围绕着"把事物写清楚",小学段相关的五篇习作目标相同,但是每一篇侧重点有所不同:在三年级上学期,只需要做到把观察到的事物不拘形式地写下来即可。到了三年级下学期,就要运用多感官观察,试着把事物写清楚、把过程写清楚。四年级的习作则要求把连续的变化的事物写清楚。五年级则侧重于运用恰当地说明方法。每个学段每个年级的写作,学生是以之前已经习得的知识与技能的前提下,进行一个新的挑战,最后在新的写作中进行能力的提升。

由此可见,本单元习作目标"搜集资料,用恰当的说明方法,把某一种事物介绍清楚"是基于学生的观察能力、整合资料的能力,进而从不同的角度,灵活运用恰当的说明方法,说明事物的主要特点,迈向"把事物介绍清楚"的更高层级。

(刘婉鸣)

第二节 教学策略

说明文是对事物的特征等加以解释的一种文体,不仅能普及相关的科学知识,探寻自然奥秘,还能帮助学生学习说明方法。在小学语文统编版教材中,有关说明文的内容并不少见。教学中,我们应当把握统编教材中说明性文章的编排特点,写引导学生感受说明文逻辑严谨的魅力,发挥说明文的文体优势,感受说明文的浓浓语文味。

一、教材重组以万变应不变

说明性文章与其他文体最大的不同在于它以解说事物、阐明事理为主要目的，语言风格朴实、用词十分精准。教师要引领学生充分感受说明文语言的逻辑性和严密性，离不开自身对本单元教材充分、深入的把握，为学生设置恰当的学习梯度。因此在说明文教学中，采用灵活多样的形式，打破系统常规，激发学生求知欲，在严谨的光辉下增添一抹灵性的风采是十分重要的。

在五年级上册第五单元"说明文以'说明白了'为成功"的教学中，对教材进行了充分的梳理与解读后，为学生重置梯架，建立最佳求知梯度。本单元的说明文特点各不相同，但涉及的说明方法大抵一致，如果按照以往的顺序把习作放到最后，肯定会重复所学，不仅会错过习作最佳时机，影响学生习作热情，还会拉低教学效益。因此，重在"整体把握"，不仅把握课文内容，了解基本的说明性文章，掌握基本的说明方法，还要根据说明文习作单元的特殊性调整教学顺序。本单元的课文以及习作例文根据表达风格的不同大致可以分为两类，比如《太阳》就属于一般性说明文，像是《松鼠》就属于文艺性说明文，《风向袋的制作》属于程序性说明文，跟《太阳》有着很大的不同。鉴于此，通过"单元加法组合"，把本单元整合为3个板块：程序性说明文、一般性说明文和文艺性说明文。教学先写作后阅读，实现板块式授课。

单元教材重组，以不变应万变，不仅让板块教学更加清晰，承担的目标和任务更有条理，还让多次习作成为可能。在各板块的教学中，学生遇到写作困难便会主动回自课文和例文，这样的循环往复，深化了读写结合，造就了更合学生实际需求的课堂。

二、先写后教不在多而在精

作为习作单元的说明文，它所承担的是提供说明性文章的基本样式。在课堂实践中，要让学生去感受语言文字背后的奥秘，将"先写后教"真切地落实到"一课一得"。先写，学生没有经过专门的指导，文字中呈现的问题是最真实的；后教，教师根据学生写作情况，聚焦单元习作目标要求，有针对性地指出大家的共性问题并着重去解决。后"教"，不在多而在精，从而让学生在"一次写"到"三次写"的过程中实现从"不会写"到"会写"，从"写不好"到"写好"的转变。

在五年级上册第五单元的教学中,为了有效落实本单元教学目标,根据新课标与本单元的特点,落实到"实用性阅读与交流"学习任务群,通过3项任务、11项活动,引导学生先搜集大量有价值的资料为第一轮写作服务。由于五年级的学生对说明文已有一定的了解,在第一轮的习作效果中能发现学生在分段写方面,已有大致框架,但层次不够清晰,角度稍显狭窄。在明确学生写作问题的基础上,开始学习《太阳》《松鼠》两篇文章:在课文学习过程中了解一般性说明文的特点,明确段与段之间内在的逻辑关系,感悟作者选材组材的匠心并能够选择恰当的语言风格。学生边学课文,边习得这生写作方法,通过教师多轮的针对性指点与学生的多次修改,实现在先"写"中明结构,在后"教"中悟表达,体会"清楚明白介绍事物"的内在意义。

先写后教,不在"多"而在"精",让整个习作单元的教学变成"写作—阅读—修改"的过程。在习作单元的教学过程中,大家彼此学习知识、积累经验、分享智慧,有效落实好本单元语文要素和教学目标,从而前后勾连、有机渗透,让教与学做到"重"而不"复"。

(刘婉鸣)

第三节 设计思路

将本单元定位于"实用性阅读与交流"学习任务群。该任务群对第三学段"阅读与鉴赏"的学习目标要求,明确表述:"阅读说明性文章,能抓住要点,了解文章的基本说明方法。"这就意味着在这个单元的学习中,学生要学习最常用的说明方法,体会不同说明方法的作用,并且能在自己的习作中合理恰当地运用,最终提升语文核心素养。根据单元整体解读,结合课程标准中"实用性阅读与交流"学习任务群对第三学段的目标要求,本单元学习目标确定为:

知道(K):

1.学会单元生字新词,通读课文,了解课文内容。

2.不同说明性文章的语言风格不同。

3.分条记录获取的信息。

理解（U）：

1.列数字、举例子等多种说明方法的作用。

2.用多种说明方法来介绍事物的好处。

能够（D）：

1.结合具体语句体会运用说明方法的好处。

2.用恰当的说明方法，分段介绍事物的不同方面，写清楚事物的主要特点。

3.评价、修改同学和自己的习作。

一、学习任务一：初步了解说明性文章的好处，发布任务（2课时）

（一）交流平台取锦囊

快速浏览交流平台的内容，找一找课本中还有哪些能将事物推介明白的锦囊妙计？

（二）初试身手做推介

1.确定自己要推介的事物。

2.搜集的相关资料。

3.根据搜集的资料，完成自己的推介稿。

（三）发布核心任务

1.了解本单元"习作"要求，从交流平台中获取锦囊妙计。

2.讨论并完善完成核心任务的步骤。

第一步：通过学习交流平台，获取介绍事物的方法有哪些，向别人介绍一种自己感兴趣的事物。

第二步：在单元课文学习中，跟着作者探寻习得写作妙招，为做优秀推介员做准备。

第三步：在本单元学习结束后，召开缤纷世界推介会，争做优秀推介员。

【任务说明：首先快速浏览交流平台的内容，找出课本中能将事物推介明白的锦囊妙计。确定自己要推介的事物并搜集的相关资料，接下来初步完成自己的推介稿。接着阅读单元导语页，了解单元目标，并发布核心任务。最后在单元课文学习中，跟着作者探寻习得写作妙招，为做优秀推介员做准备。】

二、学习任务二：探寻推介方法，习得妙招

（一）推介事物要确定

1.学习《太阳》和《松鼠》，看看作者是如何确定推介对象的。

2.按文章顺序整理作者分别从哪几个方面介绍太阳和松鼠。

（二）事物特点抓准确

1.请快速阅读课本，找一找文章介绍了有关太阳的哪些特点？圈点勾画，在文中做好标记。

2.请快速阅读课本，作者从哪些方面描写了松鼠？圈点勾画，在文中做好标记。

（三）跟着作者学方法

1.学习《太阳》了解了举例子、列数字等说明方法。

2.学习《松鼠》了解了打比方、作比较等说明方法。

（四）推介语言要谨慎

说说哪些事物更适合用平实的语言来写，哪些又更适用于活泼的语言吗？可以在事物旁边写下想法，完成推介手册。

【任务说明：通过阅读本单元两篇课文看作者是如何确定推介对象的。作者是怎样介绍太阳的特点的，从哪些方面描写松鼠的，在阅读过程中圈点勾画，在文中做好标记。结合两篇课文的学习，在讨论交流事物特点的基础上，学习各种说明方法和语言特点，完成第一节手册。】

三、学习任务三：开展缤纷世界推介会，做优秀推介员（2课时）

活动一：推介标准我知晓。

1.介绍一种事物，如何才算是"说明白了"呢？怎样才有资格参加"缤纷世界推介会"呢？

2.出示评价标准。

活动二：例文引路掌方法。

1.出示习作的题目，交流感受，总结所得。

2.鉴赏片段出示优秀的习作片段。

3.读文学法。

阅读例文《风向标的制作》，然后交流《风向标的制作》都讲了什么内容？注意看批注的内容，想想在介绍事物的制作过程的时候，还能用上哪些方法？

4.自我评价修改。

同桌两人交换作文，在读中思考，并进一步提出合理化的建议。

活动三：明确标准勤完善。

出示习作《赏评标准》，结合本节课的学习，课后可以进一步更好地修改习作，为下一节课的"缤纷世界推介会"做准备。

活动四：推介分享交流会。

通过本单元的学习，相信大家为即将举办的缤纷世界推介会做足了准备，初步以班级为单位招募推介员，进行本次"优秀推介员"的活动。

1.将参加"缤纷世界推介会"的代言事物分享给大家听。

3.参照"缤纷世界推介会"赏评标准，集体赏评是否达成代言标准。

3.互动分享。

4.再次进行修改，小组内分享交流，并推荐一份优秀习作，参加"缤纷世界推介会"。

【任务说明：用1～2周的时间按照《赏评标准》结合本单元的学习，修改自己的文章，在小组内将参加"缤纷世界推介会"的代言事物分享给大家听。再次参照"缤纷世界推介会"赏评标准，进行修改。推荐一份优秀习作，参加"缤纷世界推介会"。】

（刘　哲　李凯悦　赵慧娟　刘　超）

第四节　学历案设计

一、基本信息

主题：五年级上册第五单元"说明文以'说明白了'为成功"

课时：8课时

对象：五年级一班

人数：43人

二、学习内容分析

本单元的课文主要围绕"说明文以'说明白了'为成功"为主题编排的，主要由《太阳》和《松鼠》两篇精读课文组成，目的是让学生了解基本的说明方法，学习用恰当的说明方法突出事物的特点，把某种事物介绍清楚。

本单元围绕"阅读简单的说明性文章，了解基本的说明方法"这一要素进行编排。《太阳》语言平实，通俗易懂，通过列数字、举例子、作比较等说明方法从多个方面介绍了太阳远、大、热的特点；《松鼠》语言活泼，描述生动，作者抓住松鼠的主要特点，形象地介绍了松鼠的外形、习性；习作《介绍一种事物》通过搜集资料，用恰当的说明方法把一种事物介绍清楚，对本单元学习的综合运用，让学生感受到说明性文章与现实生活联系紧密。习作和之后的分享交流，让学生感受到练写说明性文章的好处。

这样不仅能让学生体会说明文的不同类型，了解基本的说明方法，感受不同的语言风格，还突出了语文学习的由浅入深、螺旋上升，学生在资料搜集、认识事物、语言表达等方面得到综合发展。

三、学习目标

本单元定位于"实用性阅读与交流"学习任务群。该任务群对第三学段"阅读与鉴赏"的学习目标要求，明确表述："阅读说明性文章，能抓住要点，了解文章的基本说明方法。"这就意味着本单元学生要了解基本的说明方法，体会使用说明方法的好处，并能在习作中运用，最终提升语文核心素养。根据单元整体解读，结合课程标准中"实用性阅读与交流"学习任务群对第三学段的目标要求，本单元学习目标确定为：

知道（K）：

1.学会单元生字新词，通读课文，了解课文内容。

2.不同说明性文章的语言风格不同。

3.分条记录获取的信息。

理解（U）：

1.列数字、作比较、举例子等多种说明方法的作用。

2.用多种说明方法来介绍事物的好处。

能够（D）：

1.结合具体语句体会运用说明方法的好处。

2.用恰当的说明方法，分段介绍事物的不同方面，写清楚事物的主要特点。

3.评价、修改同学和自己的习作。

结合单元整体解读，从学生实际出发，学习情境创设为"最近学校要举办一场缤纷世界推介会，招募推介员，怎样做一名优秀的推介员呢？那就让我们走进本单元的学习，去发现推介的妙招吧。"基于这样的学习情境，本单元的核心任务设为：运用恰当的说明方法，清楚明白地介绍事物。

四、任务导引

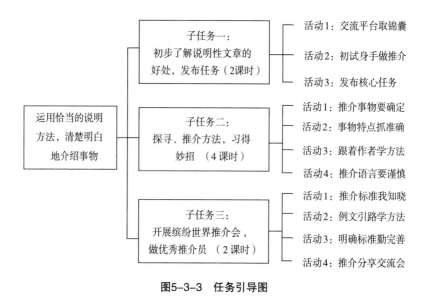

图5-3-3 任务引导图

五、评价任务

1.通过任务一"初步了解说明性文章的好处，发布任务"，达成"理解"层面的目标1和"能够"层面的目标1。

2.通过任务二"探寻、推介方法，习得妙招"达成"理解"和"能够"层面的目标2。

3.通过任务三"开展缤纷世界推介会，做优秀推介员"达成"能够"层面的目标3。

4.通过单元作业检测，评价单元目标达成度，以此修正、调整后续的学习。

六、学习过程

子任务一：初步了解说明性文章的好处，发布任务

学习目标：

1.了解一般性说明文的特点，运用恰当的方法介绍事物不同方面的特点。

2.厘清课文层次，学会分段介绍事物的特点。

3.结合课文内容了解列数字、作比较等基本的说明方法，体会运用这些说明方法的好处。

学习重点：

结合课文内容了解列数字、作比较等基本的说明方法，体会运用这些说明方法的好处

学习难点：

运用恰当的方法介绍事物不同方面的特点。

评价任务：

1.通过自主学习和交流讨论，达成目标1。

2.通过小组合作研讨交流，达成目标2、3。

学习活动：

活动一：交流平台取锦囊。

最近学校要举办一场缤纷世界推介会，招募推介员，怎样做一名优秀的推介员呢？那就走进本单元的交流平台，去发现推介的妙招吧。

说明性文章能够帮助读者。如，了解太阳体积大、温度高的特点，知道松鼠的外形特征和生活习性。

运用恰当的说明方法可以将抽象复杂的事物介绍的通俗易懂。如，太阳的温度是很难感知的，但是告诉大家它的"表面温度有五千多摄氏度"，"钢铁碰到它，也会变成气体"就容易理解了。

要抓住事物鲜明的特点进行具体说明。如，布封对松鼠尾巴的细致描述，让我们仿佛看到了松鼠小巧可爱的样子。

说明文的语言风格多样。有的平实，如《太阳》；有的活泼，如《松鼠》。无论哪种风格，描述都要准确、清楚、有条理。

活动二：初试身手做推介。

1.借助搜集的相关资料，选择了一种事物写说明文。

2.通过习作，了解美食如何烹饪、物品如何使用、动物植物有什么特点……初步探索"把事物说明白了"的方法，为"缤纷世界推介会"做好充足的准备工作。

3.找出习作问题：

（1）介绍事物没有抓住主要的特点。

（2）说明方法不能让读者有真切的感受。

（3）层次不够清晰。

4.快速浏览交流平台的内容，找一找课本中还有哪些能将事物推介明白的锦囊妙计？

5.交流。

小结：使用恰当的说明方法，让事物变得更加具体。不要泛泛而谈，抓住特点，才能将其说明白。说明文语言无论哪种风格，描述都要准确、条理清晰。

活动三：发布核心任务。

1.单元习作在一定程度上反映了本单元课文的核心，齐读单元习作页，了解本单元"习作"要求。

2.根据单元导语页，了解单元语文要素，明确单元学习目标，讨论明确完成核心任务的学习过程。

子任务二：探寻、推介方法，习得妙招（4课时）
《太阳》

★第一课时

学习目标：

1.默读课文，厘清课文层次，能说出课文从哪些方面介绍太阳的。

2.结合课文内容了解列数字、作比较等基本的说明方法，体会运用这些说明方法的好处。

学习重点：

默读课文，厘清课文层次，能说出课文从哪些方面介绍太阳的。

学习难点：

结合课文内容了解列数字、作比较等基本的说明方法，体会运用这些说明方法的好处。

评价任务：

1.通过朗读课文和完成表格，达成目标1。

2.通过交流研讨，达成目标2。

学习活动：

活动一：事物特点抓准确。

1.走进《太阳》，看看作者是如何推介的，力争把事物说明白。

2.翻开课文，在读通、读顺，读准的基础上在作业单上分条记录获取的信息。

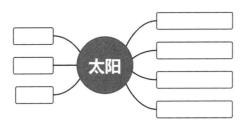

图5-3-4 太阳的特点及说明方法导图

3.交流。

小结：因此，要想把一种事物说明白了，就要抓住事物鲜明的特点，从不同方面分段进行具体说明，文章就能更有层次，更清楚地了解作者所推介的事物。

4.抓住太阳的三个特点，看看作者是怎样推介太阳的？再读课文，补充表格。

表5-3-2 太阳的特点归纳

说明对象	特点特征	说明方法
太阳	远	
	大	
	热	

活动二：跟着作者学方法。

重点研讨，深入探究。

（1）读："其实，太阳离我们约有一亿五千万千米远。到太阳上去，如果步行，日夜不停地走，差不多要走三千五百年；就是坐飞机，也要飞二十几年。"

体会列数字、举例子的好处；体会"约"不能去掉。

小结：说明文不仅要让读者了解事物的特征，还要让读者真切地感受到。

（2）读："我们看到太阳，觉得它并不大，实际上它大得很，约一百三十万个地球的体积才能抵得上一个太阳。"

比较两种说明方法的使用；视频感受一下太阳的大。

小结：说明一种事物的特点，可以运用不同的说明方法。

（3）读："太阳的温度很高，有五千多摄氏度，就是钢铁碰到它，也会变成气体。"

分析说明方法。

小结：因此，想要把说明文说明白了，还要运用恰当的说明方法，才能将代言的事物介绍清楚，也更加准确、清楚、生动形象、有条理。

学习反思：学习了作者是如何把推介的事物说明白的。自己就知道，要想把推介的事物说明白了，就要抓住事物鲜明的特点，从不同方面分段进行具体说明。文章就能更有层次，更能清楚地介绍事物。还要运用恰当的说明方法，才能将推介的事物介绍清楚，也更加准确、清楚、生动形象、有条理。

板书设计：

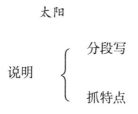

（刘　超　刘婉鸣）

《松鼠》

★ 第一课时

学习目标：

1.正确读写本课生字新词，了解"驯良、矫健、帽缨"等词语含义。

2.熟读课文，分条梳理关于松鼠的信息。

3.通过圈画第1段有关松鼠外形的关键词以及想象画面，体会松鼠活泼可爱的形象特点。

4.学习课文运用打比方等说明方法来准确说明事物的特点。

学习重点：

感受松鼠活泼可爱的形象特点，激发对松鼠的喜爱之情。

学习难点：

学习课文运用打比方等说明方法来准确说明事物的特点。

评价任务：

1.通过自主学习熟读课文，达成目标1、2。

2.通过交流研讨小组合作，达成目标3、4。

学习活动：

活动一：推介事物要确定。

1.小组交流《太阳》课后小练笔，完成下面的诊断书：

表5-3-3 诊断书

优点：
问题：

2.世界缤纷多彩，值得用心探寻。缤纷世界推介会即将举办，为了能够丰盈推介知识，在推介会上大放异彩，继续跟着作者学推介，看看作家布封是如何把松鼠介绍清楚，把它说明白的。

3.作者布封资料，了解把小动物写得像人一样，是他作品的重要特点。

4.现在读一篇代言稿，了解一下松鼠的情况，最想了解它哪些方面的信息？

5.初读课文，把课文读通顺，找到并画出能解答疑问的信息。

6.按照文章顺序来整理一下。

7.作者共介绍了松鼠的五个方面，默读课文第1段，找一找文章介绍了松鼠外形的哪些方面？找到后可以在书上做好标记，在圈画时不要跳跃。

8.通过朗读，眼前仿佛看到了一只什么样的小松鼠？

活动二：事物特点抓准确。

1.松鼠是什么颜色的？显而易见的颜色，作者却没有介绍，是作者观察得不仔细还是有其他的原因。

2.请快速阅读课本第2、第3自然段，找一找文章介绍了有关松鼠活动的部分。圈点勾画，在文中做好标记。

3.原来是一只行为敏捷、警觉好动的小松鼠。这是小松鼠活泼好动的重要的一个行为特征。

4.作者在第1段"松鼠外形"中介绍了松鼠的身体、四肢、尾巴、眼睛，松鼠的身体和它们跳来跳去有关系吗？从哪个句子可以看出来，说说理由。

5.小结：只有眼睛、身体、四肢、尾巴之间协调配合好，小松鼠才能自在、敏捷的活动。作者在第1段介绍松鼠外形时眼睛、身体、四肢、尾巴，这些都和松鼠的活动有关，而与它们的行为无关的是颜色。这一切，都是从一开始，作者就已经计划好了。可见材料的挑选和排列，不是胡乱的，而是要抓住事物最主要的特点。

学习反思：通过交流，了解了作者介绍松鼠的哪几个方面？体现了松鼠怎样的形象特点？不仅如此，通过学习还对作者的选材思路有了一定的了解，这对今后的习作有着怎样的启发呢？

小结：作者分别逐段介绍了松鼠的外形、习性、行动特征、繁殖、搭窝五个方面的特点；体现了松鼠活泼可爱、行动敏捷的特点；在今后的习作中，在选材上应该多下功夫，明确自己全文的行文思路，让文章脉络更清晰，结构更完整。

板书设计：

松鼠

每段从不同方面介绍 ⎰ 外形
⎱ 习性
⎰ 行动特征
⎱ 繁殖

★第二课时

学习目标：

1.通过对比阅读，初步感受活泼的语言对于介绍松鼠这种小动物的好处，能体会说明性文章不同语言风格的特点。

2.通过审题训练，能针对不同事物的特点选择恰当的语言风格。

3.能用较准确、生动的文字对某一种动物的特点进行说明。

学习重点：

初步感受活泼的语言对于介绍松鼠这种小动物的好处，能体会说明性文章不同语言风格的特点。

学习难点：

能用较准确、生动的文字对某一种动物的特点进行说明。

评价任务：

1.通过对比阅读自主学，达成目标1。

2.通过小组合作交流研讨，达成目标2、3。

学习活动：

活动一：跟着作者学方法。

1.通过前面的交流，能明显感受到，作者布封极擅长把小动物当成人来写。作者将小松鼠描写得如此生动活泼，那么在第2段和第3段中，有没有什么生动活泼的句子？再次阅读《松鼠》第2、3段，画出文中能体现"松鼠像一个活泼可爱的孩子"的语句，在文中做好批注。

2.展开交流。

3.句子找得很全面了，松鼠们你追我赶，特别像个小孩，热闹极了，像极了课间时候的欢乐场景。

4.课后资料袋《大百科全书》中描写松鼠的句子，与刚刚交流的句子对比阅读，这两个句子有什么不同？说说想法。

小结：第一个句子中运用了很多列数字的说明方法来介绍松鼠的体长、尾长、具体体重，而第二组句子是通过描写来介绍松鼠的外形特点。不仅如此，第二句话语言风格很活泼生动，而第一句话语言风格很平实，更严谨一些。同样一种事物，用不同的语言风格介绍，产生的效果也不一样，"说明白了"是一门学问。

5.第4、5自然段也有很多活泼的描写。对照屏幕上出示的两个句子（课后资料袋剩下的两个句子），任选其中一句和课文中相关内容进行比较，分享感受。

小结：在第4小节中，有这样一句"这样，他们……既舒适又安全"，作者在这儿又把小松鼠当成人来写，字里行间都可以看出作者对小松鼠深深的喜爱，课后习题中的句子只是直接描述。同样是介绍一种事物，可以用平实的文字，也可以用生动活泼的文字来描述。但是，一切还要以说明对象本身的性质为准，只有这样，才能将事物"说明白了"。只要学会如何选择恰当的推介方法，在缤纷世界推介会中一定能有精彩的表现。

活动二：推介语言要慎选。

1.在本单元最后的习作，出示了不少可供选择代言的事物。结合所学，说说哪些事物更适合用平实的语言来写，哪些又更适用于活泼的语言吗？可以在事物旁边写下想法，完成推介手册。

2.对于一些有距离的事物，用平实的语言更合适。

3.有时题目也暗示了很多信息。联系了学习过的《太阳》，判断语言风格，是个好方法。

4.在介绍事物的时候怎样才能用平实的语言写出生动形象、准确平实的句子？

小结：在介绍事物时，把它们灵活地结合起来，就是最佳状态。

5.通过《松鼠》这篇文章，明白了要想真正把一种事物说明白，不仅要在选材上仔细考量，还要在语言风格上下功夫，让文章的语言生动起来。但无论选择哪种语言风格，表述都要准确、清楚、有条理。

6.课后作业。

基础性作业：《松鼠》课后生字词书写两遍。

发展性作业：推荐阅读布封《自然史》。选取自己最喜欢的小动物，认真观察，搜集资料，根据本节课所学，选择恰当的推介方法来推介。

学习反思：学习课文《松鼠》，了解了作者布封的推介方法，有哪些收获？

交流：在介绍一种事物时，选材上要仔细推敲，要有关联；在语言风格方面平实的语言与活泼的语言各有好处，它们结合起来如果使用恰到好处，就是最佳状态；无论选择哪种语言风格，表述都要准确清楚有条理；可以分段介绍事物的不同方面，这样文章内容更清晰。

小结：学习别人的文章，在获得方法指导的同时，也能提高水平。今天的学习，对如何介绍一种事物有了更深的理解，完成推介手册，在缤纷世界推介会上，可以精彩表现！

板书设计：

松鼠

说明白了 { 选材组材 紧关联

表述清楚 有条理

语言风格 灵活用

（李凯悦 刘 超）

子任务三：开展缤纷世界推介会，做优秀推介员（2课时）

★第一课时

学习目标：

1.分享习作，学会抓住事物的特点，分段落介绍事物的不同方面，同时感受分享的乐趣。

2.通过习作例文的阅读，思考如何恰当运用说明方法来说清楚事物的特点。

学习重点：

学会抓住事物的特点，分段落介绍事物的不同方面。

学习难点：

思考如何恰当运用说明方法来说清楚事物的特点。

评价任务：

1.通过交流研讨，达成目标1。

2.通过小组合作，达成目标2。

学习活动：

活动一：推介标准我知晓。

1.思考：介绍一种事物，如何才算是"说明白了"呢？怎样才有资格参加"缤纷世界推介会"呢？谈感受，梳理归纳。

2.评价标准。

表5-3-4 评价内容与评价标准

评价内容	评价标准
习作题目	醒目、匠心独运。
能抓住事物的特点	要根据需要（写作目的、读者对象），确定重点，选好想写的事物的不同的方面，详略得当地进行说明。
能恰当使用说明方法	合理运用各种说明方法，使文章生动形象，使读者对所介绍事物的认识和理解更深刻。
能分段介绍事物的不同方面	段落清晰，每个段落都可以说明事物的一个方面。

活动二：例文引路掌方法。

1.鉴赏题目，交流感受，总结所得。

2.鉴赏文章。在共同鉴赏中，学习如何灵活运用恰当的说明方法。

（1）朗读例文《猫》，评析优点。

（2）鉴赏片段《酸菜鱼》和《扫地机器人》。交流感悟优秀习作的优秀之处：条理清晰，说明方法恰当，才能把事物介绍清楚。

3.再次审题。

本单元的习作要求：

（1）要写清楚事物的主要特点。

（2）用上恰当的说明方法。

（3）分段落介绍事物的不同方面。

4.读文学法。

（1）读悟习作例文——《鲸》。

阅读习作例文《鲸》，集体交流：例文《鲸》都讲了哪几个方面的内容？写到了鲸的哪些特点？读后有什么启发？

小结：分段落介绍事物的不同方面的特点，可以把要说明的事物介绍得更清楚。

阅读习作片段一，与《鲸》进行对比，说一说发现，给出修改建议。

习作片段二存在什么问题？小组讨论给出修改建议。

小结：介绍事物时合理运用恰当的说明方法，能使所说明的事物的特点更加鲜明。

（2）读悟习作例文——《风向标的制作》。

阅读例文《风向标的制作》，就《风向标的制作》这一课的内容进行了交流。请仔细看批注，思考一下在介绍事物制作的过程中还有什么可以使用的方法？

小结：这一类说明文要想写得清楚，就要注意介绍制作流程时，准备工作要介绍，制作流程要写完整，可以用上表示次序的词语，而且注意制作步骤前后顺序不能调换，更不能遗漏，还要介绍完整。介绍一种事物，不仅要有一定的说明顺序，还要能用各种说明方法分段落抓住事物不同方面把的特点写清楚，这样的说明性文章才能吸引人。

3.互评互改。自我评价修改。同桌两人交换作文，在读中思考，并进一步提出合理化的建议。

★ 第二课时

学习目标：

1.交流互评，能对他人习作提出合理的修改建议。

2.能根据自己或他人提出的建议，结合习作标准，进一步修改自己的习作。

学习重点：

交流互评，能对他人习作提出合理的修改建议。

学习难点：

能根据自己或他人提出的建议，结合习作标准，进一步修改自己的习作。

评价任务：

1.通过交流研讨，达成目标1。

2.通过小组合作、自主修改，达成目标2。

学习活动：

活动三：明确标准勤完善。

根据习作《赏评标准》，结合本节课的学习，进一步修改习作，为下一节课的"缤纷世界推介会"做准备。

表5-3-5　赏析内容与赏析标准

赏评内容	赏评标准
习作题目	题目、匠心独运
能抓住事物的特点	要根据需要（写作目的、读者对象），确定重点，选好想写的事物的不同的方面，详略得当地说明
能恰当使用说明方法	合理运用各种说明方法，使文章生动形象，使读者对所介绍事物的认识和理解更深刻
能分段介绍事物的不同方面	段落清晰，每个段落都可以说明事物的一个方面
合理安排说明顺序	在符合认识规律的前提下，根据事物的特点采取便于说清楚让人看明白的说明顺序
语言表达	语言要注意质朴、平实、简洁

活动四：推介分享交流会。

1.把自己代言的事物多读几遍，用学过的修改符号把有明显错误的地方改过来。

2.分享参加"缤纷世界推介会"的代言事物。

3.根据"缤纷世界推介会"赏评标准，集体赏评是否达成代言标准。

4.互动分享，梳理交流。

（1）从抓住事物的特点角度，将事物代言明白。

（2）从进行分段描写的角度，将事物代言明白。

（3）从恰当运用说明方法的角度，将事物代言明白。

5.结合所写的故事，再次进行修改。也可以同桌交换，互评互改。

6.分享交流，并推荐一份优秀习作，参加"缤纷世界推介会"。

作业布置：

基础性阅览室：《少年史》（选取了全球很多的科学家和设计者，为青少年量身定做的一套杂志）。

发展性习作坊：对照评价表，继续修改完善《介绍一种事物》，为后面的

"缤纷世界推介会"做准备。

拓展性小练笔：从星星、地球中选一个事物，仿照《太阳》的语言，把它写明白。

（刘 哲）

评价量规设计

"推荐能手"评选标准：

1.用举例子、列数字、作比较、打比方等多种说明方法来介绍事物的好处。

2.用恰当的说明方法，从不同方面分段介绍事物，把事物的主要特征写出来。

参赛条件：通过积分获得参赛资格（至少拿到20个积分），其中用举例子、列数字、作比较、打比方等多种说明方法来介绍事物的优点，得10个积分；用恰当的说明方法，从不同方面分段介绍事物，把事物的主要特征写出来，得10个积分。

七、作业与检测

（一）看拼音写词语。

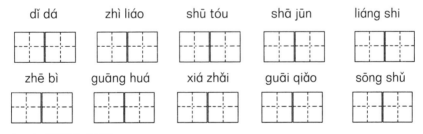

dǐ dá　　zhì liáo　　shū tóu　　shā jūn　　liáng shi

zhē bì　　guāng huá　　xiá zhǎi　　guāi qiǎo　　sōng shǔ

（二）积累与运用。

1.下列词语读音完全正确的一项是（　　）。

A.繁殖（zhí）　区别（qū）　遮挡（zhē）

B.杀害（sà）　细菌（jūn）　疗养（liáo）

C.橡树（xiàng）　玲珑（lóng）　编写（biān）

D.苔藓（xiǎn）　狭（xiá）窄　仁慈（réng）

2.下面词语书写有误的一项是（　　　）

A.清秀　梳理　扒开　　　　B.狭窄　机警　闪闪发光

C.繁植　治疗　干净　　　　D.追逐　蔬菜　勉强

3.下面的句子里"自然"和其他句子的不同是（　　　）

A.如果没有太阳，就没有风、雪、雨、露，没有草、木、鸟、兽，自然也不会有人。

B.平时不努力学习，成绩自然好不了。

C.与大自然多接触，可以拓宽我们的眼界。

D.你是他喜欢的老师，他自然听你的。

4."太阳离我们很远。"和"我们看太阳觉得它很小。"可以用（　　　）进行连接。

A.虽然……但是……　　　　B.因为……所以……

C.即使……也……　　　　　D.不仅……还……

5.下列四个句子中，句式与其他三句不相同的是（　　　）。

A.太阳在遥远的地方。

B.大家都说松鼠很可爱，很讨人喜欢。

C.鲸鱼长得很像一条鱼，这一点不能不承认，它确实是一只哺乳类动物。

D.同学们都知道李潇是个什么样的人。

6.下面句子的说明方法运用不正确的一项是（　　　）。

A.一百三十万个地球的体积才能抵得上一个太阳。（列数字　举例子）

B.太阳会发光，会发热，是个大火球。（打比方）

C.太阳的温度很高，表面温度有六千摄氏度，就是钢铁碰到它，也会变成气。（列数字举例子）

D.松鼠不像山鼠那样，一到冬天就蛰伏不动。（作比较）

7.下面说法不正确的一项是（　　　）

A.在《太阳》这篇文章中，作者通过举例子和列数字，说明了太阳的远、大和热。

B.太阳和人类息息相关，如果没有它，地球将不会变得如此美好。

C.《松鼠》这篇文章通过对松鼠的外貌和生活习性的介绍，让我们了解到松鼠是一种美丽、听话、温顺的动物。

D.说明文的语言风格各异,有些是《松鼠》这样的作品,语言朴实;有些是活泼的,比如《太阳》。

8.结合语境,端正美观地书写词语。

(1)被xùn( )养过的老shǔ( )生活在xiá( )窄、yǐn bì( )的一个笼子里,它们什么都吃,liáng( )食、shū( )菜、果rén( )等都爱不释"口"。

(2)gāng( )的熔化温度gū( )计在两千shè shì( )度以上。

(3)我在森林里的煤tàn( )上走来走去,这竟然rě nǎo( )了在树上huá( )行的金丝猴。

(三)课内阅读

我们看到太阳,觉得它并不大,实际上它大得很,一百三十万个地球才能抵得上一个太阳。因为太阳离地球太远了,所以我们看上去只有一个盘子那么大。

太阳会发光,会发热,是个大火球。太阳的温度很高,表面温度有五千五百摄氏度,就是钢铁碰到它,也会变成气体。

1.课文从_____、_____、_____、_____和_____等方面,介绍了松鼠的外形很_____。

2.读片段,回答问题。

(1)这两段文字介绍了太阳_____和_____的特点。

(2)"我们看到太阳,觉得它并不大,实际上它大得很,一百三十万个地球才能抵得上一个太阳。"该句用了_____和_____的写作方法,这样的好处是:_____。

(四)初试身手

选择你感兴趣的一个事物,用多种方法说明来突出其某一特点。

_____

（五）阅读与感悟

雪的功能

从天而降的片片雪花给人们带来欢乐，同时也给人们带来了无须额外投入的清洁能源。

专家推算，10万吨雪换算成等量制冰所需能耗，相当于1.2万吨石油。如果用来进行存雪制冷，节约的燃油为数十分可观。现在，无能耗的"雪能源"正在北半球北方市民生活中扮演越来越重要的角色。入冬以后，人们随时把降雪积存起来，集中保管在专用的雪库里。来年夏天，把它循环往复地送入各户以达到制冷的目的。据报道，在某市最近出现了一座以存雪力制冷剂的6层空调住宅楼，这一奇特方式目前尚属世界首例。虽然一个夏天的用雪量为数不小，但该市每年的降雪量很大，一个冬天郊外地面积云可厚达2米。一间雪库可积存100吨，足以满足夏天需要。

除了制冷以外，雪还可以用于空气净化。雪的晶粒结构非常复杂，即使攥成雪团，内部的微孔仍可保持足够的空间，含有甲醛等有害物质的空气从中经过，这些化学成分就会吸附在上面，把空气流量调整至适当程度，可滤除90%以上的甲醛等有害成分。

雪水，经过蒸发后会重新凝结，成为冰状水。它是一种超软水。它不含钾、钠等矿物。它具有很强的渗透力。因此，对人体有着奇妙的保健作用。对治疗红眼病、皮肤烫伤、冻伤都有效果，尤其对于轻患者，只需每三四个小时涂洗一次，可不用其他药物，45天就能痊愈。常用雪水洗澡，可以增强皮肤的抵抗力，促进血液循环，减少疾病。清纯的雪水还是一种美妙的天然饮料。研究表明，雪水中所含酶化合物比普通水多，所以当今医学界普遍认为，每天饮12杯雪水，可使血中胆固醇含量显著降低，能防治动脉硬化症。俄罗斯的医学专家还提醒人们，随着年龄的增长，体内冰结构水会日显不足，从而加速人的衰老，所以上了年纪的人喝雪水更有好处，可以延年益寿。

目前已收集到的实验数据表明，户外4米高的雪堆，盖上30厘米厚的木屑、树叶等，到8月份仍可保持2.5米高度。同样方法，如果将雪堆改为半地下方式，按照高2.5米，边长100米规模堆放，可存雪20万立方米左右，夏天可从这里源源不断地取用，在空调或粮库恒温系统中发挥作用。来自大自然生态环境的雪，回过头来又开始为保护生态做贡献。

1.以下选项关于文中说明对象的叙述正确的是（　　）。

A.雪　　B.雪的特点　　C.雪的优点　　D.雪的功能

2.本文介绍了"雪"的哪些功能？

_____

3.文章的第2段主要采用的是什么说明方法？每一种的作用是什么？

_____

4.请用一句话来围绕着"雪水"加以概括第4段划线的句子。

_____

5.请写两句带有"雪"字的古诗。

_____

八、学后反思

通过本单元的学习，我能从说明角度、表现手法、语言风格三个方面对《松鼠》与《太阳》进行了对比分析：_____

_____

_____

九、学习资源

1.《中国大百科全书》中相关内容。

2.拓展阅读《少年史》《自然史》(布封)《中国大百科全书》整本书。

第六篇 "文学阅读与创意表达"学习任务群

  "文学阅读与创意表达"学习任务群属于发展型层面。"文学阅读与创意表达"旨在引导学生在语文实践活动中，通过整体感知、联想想象，感受文学语言和形象的独特魅力，获得个性化的审美体验；了解文学作品的基本特点，欣赏和评价语言文字作品，提高审美品位；观察、感受自然与社会，表达自己独特的体验与思考，尝试创作文学作品。

  "文学阅读与创意表达"学习任务群的重点是对语言文字作品进行深入探究，以此培养学生的"审美创造"。我们可以根据课标中，在这一任务群下的三点提示来着手教学：一是，围绕不同的学习主题，构建阅读情境。在教学中，教师要认真研读课程标准中的要求，重点关注"阅读与鉴赏""表达与交流"两类语文实践活动的目标要求，根据教材内容、学生的能力水平以及学生的生活来选择适当的文本阅读内容。在主题情境中，开展文学阅读和创意表达活动，帮助学生更好地理解并欣赏文本，培养他们的语言能力，促进学生的精神成长。二是，注意整合听说读写，引导学生综合运用朗读、默读、诵读、复述、评述等方法学习作品。在整合学习中，鼓励学生通过多种形式来体验、思考、交流，培养他们的语言能力、审美观念，帮助他们发展出自信、乐于交流、富于想象的思维方式。三是，关注学习表现，展开多元评价。文学阅读具有鲜明的个性特征，学业评价应该注重考察学生阅读过程中的真实感受和独特体验。因此，在评价时，不仅仅是针对学生的书面成绩，更重要的是评估他们学习的过程，关注学生的学习状态和参与程度。各个学段都需要同时关注审美表现和审美创造，但具体内涵和要求要注意体现层次性、差异性和梯度性。

第一章　二年级下册第七单元

第一节　教材分析

部编版小学语文教材二年级下册第七单元围绕"改变"这一主题，编排了《大象的耳朵》《蜘蛛开店》《青蛙卖泥塘》《小毛虫》四篇童话故事。其中，《大象的耳朵》和《小毛虫》将科学知识融合到童话故事中，是认知层面的改变；《蜘蛛开店》和《青蛙卖泥塘》聚焦的是小毛虫、蜘蛛想法的改变。这些童话故事的主人公都是小动物或我们常见的事物，以此引导学生将生活与故事联系起来，体会其中的道理。

部编版教材课文的安排采用双线结构。不仅同一单元内，不同课文围绕语文要素设计多维度的训练，而且各个学段单元间的语文要素也互相关联。本单元的语文要素是"借助提示讲故事"。有关讲述、复述的语文要素在统编小学语文教材中呈现了递进性：一年级提出"借助图片阅读课文"；二年级上册提出"借助提示（图片、关键词句）讲故事"；二年级下册提出"借助提示（图片、关键词句、示意图、表格）讲故事"；三年级提出"详细复述（聚焦关键情节，内化语言）"；四年级提出"简要复述（厘清脉络，培养概括能力）"；五年级提出"创造性复述（发展创造性思维，培养丰富的想象）"。由此可见，讲述、复述语文要素的设计前后关联，由浅到深地分布在不同年级中。从不同阶段的语文要素中，可以看出：讲故事所借助的提示，由图片到关键词句、示意图，再到关键情节，由易到难，层层递进，学生复述的能力呈阶梯发展，促进了学生思维的提升。

讲故事既是本单元的重点，也是难点。在本单元中，"借助提示讲故事"的重点落在"借助提示梳理内容，能够有序、完整地讲"，为第二、三学段的学生复述能力打下基础。纵观小学语文教材，在二年级上册就有了"借助提示讲故事"的训练。在第一单元《小蝌蚪找妈妈》中，通过对图片排序，借助图片讲述故事；第二单元《玲玲的画》让学生用"得意""伤心""满意"三个词来讲故事；第三单元《大禹治水》中，要求学生根据给出的信息，借用关键语句讲述故事；而第八单元《风娃娃》引导学生借助图片和关键词句，简要地复述课文。从尝试讲述到简要复述，学生的语文表达和思维能力得到延伸与发展，为二年级下册本单元的讲故事训练做好了铺垫。

本单元的四篇课文，针对"借助提示讲故事"设计了多个维度的训练。《大象的耳朵》利用课后第二题"画出课文中大象的话，说说大象的想法是怎么改变的"指导学生从故事中找出有用的信息，把关键词句连起来，讲清楚大象对自我认知的两次改变。《蜘蛛开店》课后习题给出了示意图，学生根据示意图讲出故事的内容。《青蛙卖泥塘》课后第一题和第二题以语文要素为中心，指导学生根据课文内容分角色表演青蛙卖泥塘的故事。在《小毛虫》这一课中，利用课后第二题给出的相关词句和图片，让学生讲述小毛虫的三个变化过程。从借助已有的支架（图片、关键词句）到借助新支架（示意图），不同提示综合运用，为后面培养学生的创造性思维奠定基础。

（侯珊珊）

第二节　教学策略

在部编版语文教材中，童话是一种重要文体，占比较大。部编版童话课文课后习题也都以不同形式提出了"讲故事"的教学要求。因此，练习"讲故事"是童话教学的重要策略。围绕感知童话内容，为"讲故事"找准支点；巧用童话"提示"，为"讲故事"搭建支架；延伸童话空间，为"讲故事"丰满枝叶三方面展开教学，是实现"讲"好童话的最佳途径和方法。

一、感知童话内容，为"讲故事"找准支点

"讲故事"的前提之一是要了解童话故事的内容，引导学生形成整体感知，为"讲故事"找准支点，而后根据故事情节把故事"较完整地讲述"。

（一）了解故事大意，明确内容起点

学习"讲故事"，首先要感知童话故事的内容。教师先引导学生朗读课文，

通过多种形式厘清故事脉络，为讲好故事作铺垫。如，《大象的耳朵》课后习题表述如下：画出课文中大象的话，说说大象的想法是怎么改变的。课后习题为学生朗读课文、梳理故事的内容做了很好的指向。在学生阅读课文后，从文中梳理有效信息，化繁为简，简要地说一说故事的内容，为"讲故事"打下基础。

（二）感受鲜活人物，明确情感支点

童话故事里的人物角色生动鲜活，富有童真童趣。学生在感知故事内容时，要明确故事角色形象，把握人物的性格特点，更好地理解和表达故事内容，为"讲故事"提供情感支点。在教学《蜘蛛开店》时，为了让学生感受蜘蛛思维简单，办事不够灵活，可以引导学生思考：蜘蛛三次开店的过程有哪些相同和不同，通过对比，进一步感受蜘蛛的形象特点。学生把握了角色的鲜明特点，"讲故事"就能自然地表达感情。

（三）理解关键词语，明确表达重点

语文教学中，识字学词是基础。在讲述童话故事前，要扫清字词上的障碍，理解关键词语是学习"讲故事"的重要方法。在《青蛙卖泥塘》一文中，学生对"吆喝"一的理解存在难度，通过情境演示等方法，对关键词语进行深入理解，从而加深对课文的认识，帮助学生"讲好故事"。

二、巧用童话"提示"，为"讲故事"搭建支架

复述（讲好）故事，是对故事性文本进行更高水平的要求。在童话课文中，大多配有生动有趣的插图和示意图，教学中巧用这些童话"提示"，在把握主要情节与内容的基础上，把"讲故事"与"悟故事"融为一体，为生动条理地"讲故事"搭建支架。

（一）善用文本插图，让故事形象化

童话课文中一般会配有生动童趣的插图，使故事内容更形象化，也为学生理解课文内容做了形象的注解。在讲述故事时，利用插图，能帮助学生更容易融入故事情境之中，为"讲故事"提供陈述支架。如，在《蜘蛛开店》中编排了蜘蛛与河马、蜘蛛与长颈鹿、蜘蛛与蜈蚣三幅插图。三幅插图勾勒出故事中的主要角色，提示了故事的发展脉络，助力学生讲清故事。

（二）智用课后示意图，让故事条理化

课后习题的示意图，是对教材内容的简化，用图文结合的方式，把整个故事的发展过程形象化。借助示意图，将课文中的词句加以提取和运用，有助于学生厘清故事情节发展的顺序，使"讲故事"更有条理。如，"根据示意图讲一讲这个故事"是《蜘蛛开店》的第一道课后习题。教学时引导学生利用课后的示意图感知：蜘蛛开店卖什么？有哪些顾客？结果怎么样？在学习的过程中，发现故事的反复结构特征，为"讲故事"做好铺垫。

（三）借用关键词句，让故事细节化

低年级学生的语言概括能力相对薄弱，对课文的内容和情节的掌握都要靠教师引导。关键词句是对每个部分的主要情节提供线索。所以，在教学过程中，可以让学生对故事脉络有一个清晰认识的基础上，借用关键词句进行联想，补充故事细节，生动形象地"讲故事"。《小毛虫》一课没有有趣的对话，学生对小毛虫的成长规律也比较陌生，在讲故事时存在一定难度。因此，在教学时要给学生搭建支架，引导学生借助关键词句讲故事。在了解小毛虫生长的三个阶段后，找一找每部分可以用上哪些关键词句，练习借用关键词句，讲一讲故事片段，再完整地讲述故事，有效地提高语言表达的质量。

三、延伸童话空间，为"讲故事"丰满枝叶

想象是灵魂的眼睛，童话是孩子连接幻想世界和现实世界的奇妙隧道。在学习童话故事类文本时，要指导学生拓展童话的想象空间，丰满"讲故事"的枝叶，充分发挥学生的想象力与创造力。

（一）关注留白，模仿文本"讲"

童话里往往有很多留白，给学生留下了无限的想象空间。在教学过程中，教师要注意留白，鼓励学生放飞想象的翅膀，自由表达，让故事更加丰满形象。如《大象的耳朵》这篇童话，小兔子说："咦，大象啊，你的耳朵怎么耷拉下来了？"小羊也说："大象啊，你的耳朵怎么是耷拉着的呢？"小鹿、小马，还有小老鼠，见到了大象，都要说它的耳朵。但是它们是怎么对大象说的，文中却没有写出来。教学时，教师可以巧妙地利用这一留白，引导学生结合生活经验发挥想象进行表达，拓宽童话文本"讲故事"的空间。

（二）挖掘延伸，想象续编"讲"

大多数童话类故事文本的结尾是开放性的。教学时引导学生抓住结尾挖掘延伸，对故事添枝加叶进行续编"讲"。如《蜘蛛开店》课后习题提到：接下来会发生什么事？展开想象，续编故事，讲给大家听。在教学过程中，教师可以根据故事结构的重复性特点，引导学生厘清续写的思路：一种是小蜘蛛冥顽不化，仍然坚持自己原来的想法开店。另一种是蜘蛛改变经营方式，学会按需定价。在续编"讲"故事的过程中，培养学生的语言表达能力和想象能力。

（三）角色助力，创意表演"讲"

讲故事不仅仅是文字传达，还应配合动作、表情和语调的变化，增强故事的吸引力和感染力。由讲故事到演故事，学生在语言的积累与表达上逐步发展。如，在学习《青蛙卖泥塘》时，让学生"分角色演一演故事"，则是对学生讲故事能力的进一步提高。在学习了童话故事后，教师与学生选择自己最想表演的角色，配上适当的表情和肢体语言，佩戴动物头饰，模仿故事中的角色。这样，就可以在生动、趣味的情境中，培养学生的语言应用能力。

综上所述，教师立足学情，根据童话课文的编排特征以及课程标准的要求，引导学生通过"讲故事"的方式学习童话故事，由读到讲，从而提升学生的语言应用能力。

（侯珊珊）

第三节　设计思路

将本单元定位于"文学阅读与创意表达"学习任务群。这个任务群对第一学段的要求是："学习儿歌、童话，阅读图画书，体会童真童趣，感受多姿多彩的生活，初步体验文学阅读的乐趣。"本单元的语文要素是"借助提示讲故事"，根据单元整体解读，结合课程标准中"文学阅读与创意表达"学习任务群对第一学段的目标要求，本单元学习目标确定为：

知道（K）：

1.学会单元生字新词，通读课文，了解课文内容。

2."改变"是童话故事中的一个主题，也是生活中的一个主题。

3.借助合适的支架可以帮助我们梳理课文的关键信息，把握故事内容。

理解（U）：

阅读富有童趣和思维价值的童话故事，能从人物语言、行为和想法的变化中初步体会到"改变"所带来的不同结果，产生自己的判断和想法。

能够（D）：

1.运用合适的支架梳理故事内容。

2.借助合适的支架尝试讲述故事。

3.分享自己在学习生活中经历"改变"的故事。

结合单元整体解读，从学生实际出发，学习情境创设为"小朋友们，欢迎大家来到童话王国，第二届故事节就要开始啦！怎样讲好童话故事呢？让我们通过本单元的学习去发现吧！"。基于这样的学习情境，本单元的核心任务设为：发现妙招，讲好童话故事。

一、学习任务一：赴约童话，明确学习任务

（一）回顾童话故事，引发学习期待

回顾自己阅读过的童话故事，说说喜欢这些故事的原因。

（二）发布单元任务

发布班级"童话故事节"邀请函，明确本单元的学习目标和重点。

【任务说明：对于二年级的学生来说，讲好故事的前提之一是要对童话故事有一定的阅读期待。以回顾阅读过的童话故事开启，联系以往的学习经验说出喜欢童话故事的理由，发布了本单元的学习任务，提高自身的阅读兴趣，打开童话故事之门。】

二、学习任务二：共读童话，学习讲好故事

（一）初读故事，识文学字

1.初读童话，自主圈画生字。

合作读课文，解决字词。

开火车读课文，随文识字。

2.读准字词，熟悉课文内容。

3.书写提示，会写生字。

结合书写提示，自主观察，归类写好生字。

（二）精读故事，习得方法，体悟改变

1.朗读童话，小组合作，了解童话的内容，感受童话的语言魅力。

◇《大象的耳朵》探究交流重点。

（1）自主学习，搜寻故事中的多个角色，圈画各个角色的语言，体会不同角色的个性差异。

（2）聚焦大象的语言，思考"大象为什么改变想法→怎么改变的→改变后导致什么后果→又如何改变"，理解故事所要表达的意思。

◇《蜘蛛开店》探究交流重点。

（1）借助学习单来学习故事，思考"蜘蛛想卖什么→写招牌→谁来了→结果"。

（2）根据故事的发展，在学习单的空白处填上其他的顾客和蜘蛛卖的东西等信息，不断完善学习单。

表6-1-1　学习单

◇《青蛙卖泥塘》探究交流重点

（1）朗读课文，找一找哪些小动物来买泥塘，提出了什么建议。

（2）了解青蛙为卖出泥塘做了哪些事。

（3）画出对话，以小组为单位，分角色读好故事。

◇《小毛虫》探究交流重点阅读课文，抓住重点词句，了解小毛虫的生长和变化过程。

2.体悟改变，说清理由。

（1）回顾本单元故事内容，回归单元人文主题："改变"。

（2）说一说你知道了什么"改变"。

（3）自主交流。

（三）借助方法，试讲故事

1.回顾课文内容，借助恰当的方式复述故事。

◇《大象的耳朵》

串联关键词句讲故事。

◇《蜘蛛开店》

思维导图讲故事。

◇《青蛙卖泥塘》《小毛虫》

画出相关语句或对话，借助提示讲故事。

2.在复述的基础上加动作和表情讲故事。

【任务说明：借助任务，梳理四篇课文内容。充分利用课后的"示意图"、关键词句和相关提示的帮助下，试着讲故事讲述下来。示意图这一支架的运用，不仅能够加深自身对故事内容的理解，也为自己讲故事能力的提升奠定了一定的基础。】

三、学习任务三：亮相童话故事节，争当"故事大王"

（一）讨论制定童话故事节方案

1.谈话：如何能让你讲的童话故事更吸引人？

2.观看其他同学讲故事的视频，从内容、仪态、语言方面等制定标准。

3.进行讨论。

4.发布讲故事大赛的评价标准。

（二）分工筹备，自主练习，准备参加故事节

自主练习讲故事，争当"故事大王"。

（三）举行童话故事节

以小组为单位选择自己喜欢的童话进行声情并茂地讲述，头饰道具等由自己准备。

【任务说明：迁移运用所学内容，形象生动地讲好故事，增强对"改变"的理解和体悟。】

（侯珊珊 马昀蔚 宋宜泓）

第四节 学历案设计

一、基本信息

1.主题：二年级下册第七单元学历案——发现妙招，讲好童话故事。

2.课时：10

3.对象：二年级一班学生

4.人数：43

二、学习内容分析

本单元根据"改变"的社会人文题材，编排了《大象的耳朵》《蜘蛛开店》《青蛙卖泥塘》《小毛虫》等四篇课文。这四篇课文都是引人入胜、值得思索的童话故事。课文语言生动活泼，情景也生动有趣，从各个方面说明了"改变"所带给主人公的苦和乐。

《大象的耳朵》是一篇讲述大象和不同动物之间讨论的童话故事，告诉大家"人家是人家，我是我"的道理。《蜘蛛开店》讲述的是一只无聊和寂寞的蜘蛛决定开商店的故事。故事情节简单、一波三折，通过这几个小故事告诉我们每一件事情都不像我们想的那么容易，需要我们灵活思考。《青蛙卖泥塘》讲述了青蛙为了卖掉烂泥塘，一次又一次改造泥塘，而让结局变得越来越好。《小毛虫》讲述了一只小毛虫从结茧到破茧羽化成蝶的过程，故事中小毛虫因不断努力，耐心等待，而不断成长。虽然四篇课文都是童话故事，但切入点不同，从而使学生从不同角度体会"改变"所带来的不同结果，共同指向单元人文主题"改变"。

本单元的语文要素是"借助提示讲故事"，四篇课文从不同维度设计训练。《大象的耳朵》借助了课后的第二个题"画出课文中大象的话，说说大象的想法是怎么改变的"引导学生通过阅读课文，了解大象的两次想法改变，从而依托课文中的关键词句讲述故事。《蜘蛛开店》课后第一题引导学生借助课文内容示意图梳理课文脉络、讲好故事。《青蛙卖泥塘》课后第一题和第二题共同指向本单元的语文要素，需要学生聚焦故事情节，提取关键信息，分角色讲好故事。《小毛虫》一课通过课后第二题找出相关词句，讲好小毛虫成长的三个阶段。还可以借助课后第三题的词语，使故事讲得更有吸引力。

三、学习目标

本单元定位于"文学阅读与创意表达"学习任务群。这个任务群对我们第一学段的要求是"学习儿歌、童话，阅读图画书，体会童真童趣，感受多姿多彩的生活，初步体验文学阅读的乐趣"。根据单元整体解读，结合课程标准中"文学阅读与创意表达"学习任务群对第一学段的目标要求，本单元学习目标确定为：

知道（K）：

1.学会单元生字新词，通读课文，了解课文内容。

2."改变"是童话故事中的一个主题，也是生活中的一个主题。

3.借助合适的支架可以帮助我们梳理课文的关键信息，把握故事内容。

理解（U）：

阅读富有童趣和思维价值的童话故事，能从人物语言、行为和想法的变化中初步体会到"改变"所带来的不同结果，产生自己的判断和想法。

能够（D）：

1.运用合适的支架梳理故事内容。

2.借助合适的支架尝试讲述故事。

3.分享自己在学习生活中经历"改变"的故事。

结合单元整体解读，从学生实际出发，学习情境创设为"小朋友们，欢迎大家来到童话王国，第二届故事节就要开始啦！怎样讲好童话故事呢？让我们通过本单元的学习去发现吧！"。基于这样的学习情境，本单元的核心任务设为：发现妙招，讲好童话故事。

四、任务导引

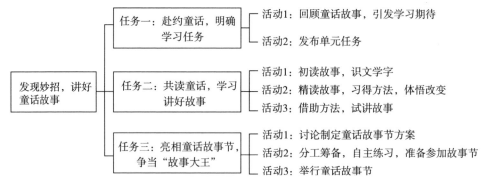

图6-1-1　任务导引图

五、评价任务

1.通过检测生字词的书写以及课文的朗读，达成"知道"层面的目标1。

2.通过任务一：赴约童话，明确学习任务。在回顾童话故事的同时引发学习期待，达成"知道"层面的目标2、3。

3.通过任务二：共读童话，学习讲好故事。借助支架梳理出课文的关键信息，把握故事内容，在读故事的过程中掌握方法，并把方法加以运用，达成"能够"层面的目标1、2。

4.通过任务三：亮相童话故事节，争当"故事大王"，体会到"改变"所带来的不同结果，产生自己的判断和想法。达成"理解"层面的目标和"能够"层面的目标2、3。

5.通过单元作业检测，评价单元目标达成度，以此修正、调整后续的学习。

六、学习过程

子任务一：赴约童话，明确学习任务

学习目标：

1.能够充分调动已有经验，分享阅读过的童话故事，说说喜欢的理由。

2.能够知道本单元的学习目标，激发学习兴趣。

学习重点：

明确单元核心任务，能大量阅读童话故事。

学习难点：

能和同学交流阅读过的童话故事，说说喜欢的理由。

评价任务：

1.通过探究与交流，达成学习目标1。

2.通过阅读与梳理，达成学习目标2.

学习活动：

活动一：回顾童话故事，引发学习期待。

1.师生交流读过的童话故事，说说故事的内容和喜欢的理由。

2.小结：丰富多彩的童话故事，让我们充满期待。

活动二：发布单元任务。

1.自主阅读《大象的耳朵》《蜘蛛开店》《青蛙卖泥塘》《小毛虫》。

2.出示"童话故事节"邀请函。

3.朗读本单元的学习目标和学习重点：发现妙招，讲好童话故事。

子任务二：共读童话，学习讲好故事
《大象的耳朵》

★第一课时

学习目标：

1.在文字、插图的帮助下，对"扇、遇"等8个汉字进行准确规范的书写。

2.通过图画、文字识别等各种方式，认识"扇"，"遇""安""痛""根""咦""竖"等，在特定情景下，对"似""扇"等多音词的使用有一定的认识。

3.想象人物心理，借助"？"和疑问词"咦"理解并读好问句的语气。

学习重点：

总结并掌握识记生字的方法，写好"扇"等一类半包围结构的字。

学习难点：

朗读课文，理解课文内容，想象人物心理，在具体的情境中理解运用多音字"似"和"扇"。

评价任务：

1.通过随文识字、字族识字、识字闯关游戏，达成学习目标1、2。

2.通过对比阅读与交流探讨，达成学习目标3。

学习活动：

活动一：初读故事，识文学字。

1.趣味谈话，激发兴趣。

（1）谈话：你们都读过了哪些故事呢？来，一起来交流一下吧！

（2）读故事的名字，了解"耳朵"应该读轻声。

（3）质疑课题：看了课题之后，有什么问题想问一问大象？

2.观察图片，了解象耳朵的不同。

（1）说"烦"读"烦"。

①这首歌是谁唱的？今天，我们要去认识的这只象有些心烦。

②"心烦"是什么意思？来看，"烦"左边是个火，火往哪儿跑？头上仿佛有一团火在燃烧，这是一种很糟糕的感觉，叫做"心烦"。

③这头大象，心烦是因为它的耳朵。

2.生字乐园，掌握方法。

（1）跟读课文录音，体会象耳朵的样子。边听边圈点勾画出本课的生字。

（2）随文识记"耷拉"和多音字"似"，找到描写大象耳朵的相关句子。PPT出示：大象有一对大耳朵，像扇子似的耷拉着。

（3）根据要求自由读课文，边读边思考：在这个故事里，象的耳朵还发生过什么变化？PPT出示：（要求：发音准确，语句通顺；不明确的地方反复读。）

（4）完成主题识记，挑战"识字闯关游戏"。

①带拼音拼读。

②掌握形声字的构字规律。

◇识记"竿"："竿"是个形声字，要认识它，首先要找到它的声旁"干"，然后找到它的形旁，这样才能记忆"竿"的发音。通过看图了解"竹竿"，了解字形的构成方式，从而联想起日常生活中的钓竿等。

◇识记"咦"：借助形声字识字方法，找出"夷"是声旁，"口"是形旁，就像在张大嘴巴，样子显得吃惊极了。而故事中的小兔子就是这样的吃惊，我们读一读，体会兔子的惊讶。

◇识记"遇"：声旁并非全部与其同音。"遇"包括表音的"禺"和表形的"走之"两个部件，就像两个好朋友一样，它们在路上走着就"遇到"了。其实课文中也是这么描写大象和小兔子的相遇的——"这一天，大象正在路上慢慢地散步，遇到了小兔子。"

◇识记"痛"：按照识记形声字的方法，猜一猜"痛"的声旁可能读"yǒng""甬"

和"痛"是韵母相同，都是"ong"，我们也称它为形声字。在同一字族中，读音也是相似的，例如"涌、勇、俑"。

③识记"舞"：观看微课视频，了解"舞"字的来历，强化识记。

④多种方法识记多音字"扇"。

◇观看实物演示：一把羽毛扇子不停被扇动，明白"扇"当作扇风工具时读"shàn"；

用于扇的动作时读"shān"。

◇结合字理字形巧记"扇"：观看视频，了解"扇"这个字的来历，在字理识字中体会识字的趣味性。

◇结合词性识字：明确"扇"是一个量词，在句子中加深理解。（"看，这儿有一扇门，当你推开教室里的这扇窗时，就能清晰地欣赏到外面的风景了。"）

⑤动作演示，识记"竖"字。

◇小兔子、小山羊、小马、小鹿还有小老鼠，它们的耳朵都是竖起来的。

◇什么叫竖着？你能用手做竖起来的动作吗？

小结：大家看，"竖"里面有个立，竖就是立，立就是竖，它们在一起组成一个词，就叫"竖立"。

⑥观察组成，教学"耷"字。

◇这只象有一对特别的耳朵，它的耳朵是垂的，耷拉下来的。

◇看看这个"耷"字的样子，猜猜是什么意思？（耳朵特别大，竖不起来的时候，它就会耷拉。）

⑦组词区分，识记"似"字。

◇诵读句子："大象有一对大耳朵，像扇子似的，耷拉着。"

◇"似"是一个多音字，读成翘舌音时，它只能组成一个词"似的"，当它

变成平舌音，

能组好多词语呢。（生读词语：似的、相似、似乎）

⑧小老师领读。

⑨去掉拼音读。

3.想象人物心理，理解并读好疑问句。

（1）分别找一找小动物们说的话，分角色扮演，想象人物的心理，体会到角色朗读真有趣。

（2）分别找出读小动物的疑问。

◇小兔子说："咦，大象啊，你的耳朵怎么耷拉下来了？"

◇小羊也说："大象啊，你的耳朵怎么是耷拉着的呢？"

（3）观察句子的标点符号，发现"？"。明白其实标点符号也是一种语言，它可以直接反映出说话人是什么样的语气，比如问号代表了疑问的语气。其次，还要注意语气词的使用，比如"咦"这个疑问词，也代表疑问的语气。

（4）在情境中练习说疑问句。明确表示疑问的语气词在读的时候语调要上扬。比如疑问词"怎么"。

（5）男女生分角色朗读，用表情带动声音读。

（6）练习说疑问句，建构自己的语言图示。

①咱们班的班长每天都是第一个到校，今天不知道什么原因迟到了，你有点不明白，就会这么问他：＿＿＿＿＿＿＿＿＿＿＿＿＿＿＿＿

②你看到自己的书包里多了一支漂亮的笔，觉得很奇怪，于是，会问

4.读好问句，体会详略写的好处。

（1）找出表示提问的标点符号。

（2）结合文本，理解"也"字。

（3）初步体会详略的写法。

①创设情境，练习说话。

◇呦呦，小鹿来了，看见大象耷拉着的大耳朵，会说什么呢？

◇嗒嗒嗒，小马来了，会问什么呢？

◇吱吱吱，小老鼠也遇到了，会问大象什么呢？

②句式对比，交流好处。

老师把大家说的也写进故事里了。这样写好不好?

小结:表示差不多意思的句子,多了会让人觉得很啰唆。所以,课文里面这样写。

③找出句子,读出不同。

④讨论,大象说的两句话语气是否一样?为什么?

小结:在本文开头,这头象以为它的耳朵天生就是这个样子的,它充满了信心,因此就自信大声地讲话。然后,它开始不安,也变得越来越不自信,从而导致声音越来越小。

⑤比较朗读两处大象语言的不同,在朗读中体会语气的不同。

5.快乐书写,写好生字。

(1)大象特别后悔,为了提醒自己和小朋友,它还专门给我们写了一封信。思考:大象对我们讲什么了呢?

(2)明确方法:写字要做到两看,一是要看结构,二是要看笔画。比如,在"扇""痛""遇"这三个字中,前两个是左上包围,而"遇"则是左下包围。

(3)学会观察,从"结构和主笔"两个方面进行观察,明确"扇"字的结构以及占位。

(4)同桌交流。

(5)书写课后生字。

"扇"("户"字头,扁平而狭窄;一撇向下伸展,向左摆动,"羽"字的肩部露出);"痛"(一点一横上下摞,撇上"点""提"成病床,"甬"字偷偷藏下边);

"遇"(抬头,身细,走之外包)。

"兔"(斜刀头位于上部与中部,下部"口"应平,长撇由"口"处穿过,纵弯勾于竖中线处,末笔不得遗漏,就像圆球小尾巴。)

"最"(上要窄下要宽,日字头要居中,中间一笔横要长,"耳"的长横在中线,最后一笔横变提。)

(6)注意写字姿势,开始描红、书写。练习写课后生字。

(7)对照评价标准,小组之间互相评价。

表6-1-2 互相评价表

写正确	写美观	笔画占位	我得到（ ）个☆
☆	☆	☆	

★ 第二课时

学习目标：

1.通过聆听教师示范朗读、合作朗读、抓住重点字词、角色表演等理解角色，读好文中的对话。

2.通过情境中的合作交流，利用语言支架等方式用自己的话简单说出大象想法是怎么改变的。

3.通过试讲、续编故事，明白"人家是人家，我是我"的道理，加深对文本的理解。

学习重点：

通过情境中的合作交流，利用语言支架等方式用自己的话简单说出大象想法是怎么改变的。

学习难点：

通过试讲、续编故事，明白"人家是人家，我是我"的道理，加深对文本的理解。

评价任务：

通过情境创设、角色置换、情景朗读等方式，体会大象和小动物的心理变化，理解文意，达成学习目标1。

通过完成学习单，讨论交流达成学习目标2、3。

学习活动：

活动二：精读故事，习得方法，体悟改变。

1.回顾前文。

（1）根据词卡，复述课文主要内容。

（2）分角色表演，故事的第1—8自然段。

小结：上一节课，了解了大象有一对扇子似的耳朵，垂下来耷拉着。但其他的小动物都以为它垂下的耳朵有什么不对劲的地方，所以它决定竖起耳朵。试着用疑问词"怎么"来问大象。

2.再读课文，理解词语。

（1）朗读大象的语言，理解"生来"。

◇什么是"生来就是这样"？

◇举例理解"生来"。

◇用"生来"说个句子。

（2）观察小动物的表情，想象其他小动物的反应，揣测此时的大象的心理。

（3）情景采访，联系生活实际，理解"不安"。

3.精读课文，根据学习单梳理"变化"的过程。

表6-1-3　学习单

大象的耳朵			
大象耳朵的特点：			
变化	劝说者	结果	感受
撑起来（竖着）			
放下去（耷拉着）			

（1）一变。

①从课文中找到大象说的内容，并理解它想法的变化。

◇大象说："我生来就是这样啊。

◇大象也不安起来，他自言自语地说："他们都这么说，是不是我的耳朵真的有毛病啦?我得让我的耳朵圣起来。

◇大象说："我还是让耳朵耷拉着吧。人家是人家，我是我。

②猜测"自言自语"在文中的意思。

③演一演"自言自语"的场景，深入理解词语的意思。

（2）二变。

①明确大象决定让自己的耳朵竖起来的做法和结果。

②在语境中再次认读"竿、舞、痛、烦"。

③把现实与生活联系起来，去体验大象的感觉。别说是耳朵，就算是一只蚊子，一只苍蝇，一只苍蝇，都会让人难以忍受。如果一只小飞虫飞到一头大象的耳边，它会有什么反应?

④加上动作读，感受大象行为的变化。

◇最后六象还是把他的耳朵放了下来，还是想让自己的耳朵耷拉着。

⑤用"开始，后来，最后"说出大象想法的变化。

4."变"中领悟。

（1）再读课文，辨析大象最后还是把它的耳朵放下来的决定是否正确，并深入思考原因。

（2）尝试用自己的话将句子补充完整。

◇小兔子、小羊、小鹿、小马和小老鼠都说大象的耳朵耷拉着有问题，大象听了大伙儿的话，开始不安起来，于是决定（　　　）；可是，耳朵竖起来之后（　　　）；最后还是（　　　），这样（　　　）。

（3）借助支架，明确大象和其他小动物耳朵不同的原因。

◇大象的耳朵是耷拉着的，因为（　　　）；小兔子、小羊、小鹿、小马和小老鼠的耳朵是竖着的，因为（　　　）。我还知道其他小动物的耳朵是（　　　），是因为（　　　）。

5.感悟"变化"的烦恼。

（1）明确在大家的质疑中大象是怎么做的，又面临怎样的烦恼？

（2）理解"又头痛又心烦"，明白大象耳朵竖起来的烦恼。

（3）理解"痛"。"痛"是什么意思？

"痛"共包含三层意思：①由于疾病、创伤等引起了一种难受的感觉；②悲伤；③尽情地。文中的"痛"是什么意思？

（4）理解"烦"。"烦"是什么意思？

明确"烦"左边的"火"表示热，右边的"页"表示"头"，头很热很热，就像我们生病发烧一样，头昏沉沉的，很不舒服，这里是指大象被烦的不能睡觉，而焦躁不安。

6.观看视频，了解大象耳朵的作用。思考：耳朵竖着的时候能起到这些作用吗？

7.结合生活实际，再次理解"人家是人家，我是我"这句话。

①生活中，我们也要像大象一样，比如说，班级里出现了这样的情况我会……

情境一：身边的同学头发都是直的，只有自己的头发是卷的……

情境二：报兴趣班时，同学们都选择了舞蹈，只有你选择了自己喜欢的画画，大家都劝自己也学舞蹈……

②想一想，还有什么时候也会对人家说这句话呢？

小结：在平时的生活中，我们要时常反思。衡量一件事情，不能光看外表，还要看它合不合适。适合自己的就是最好的。

活动三：借助方法，试讲故事。

1.回顾梳理，习得方法。

（1）沉浸式角色体验——用心揣摩，角色扮演。

①自主学习，搜寻故事中的多个角色，圈画各个角色的语言，体会不同角色的个性差异。

②聚焦大象的语言，思考大象的想法是怎么发生变化的，理解故事所要表达的意思。

③抓住重点词句，感受问句的朗读要点，体会小兔子当时的心情，再想一想小马、小老鼠等会怎么问大象。

④角色扮演，体会各个角色说话时的语气、表情的不同。

（2）自主式阅读探索——关注变化，阅读探索。

①阅读课文，提取信息，了解大象的变化阶段。

②借助表格，完成短文梳理。

（3）借助式学讲故事——借助表格，试讲故事。

2.畅谈"我"对"改变"的了解。

①你们有过因为跟大家"不一样"而被人说的经历吗？当时心里是什么感受？

②跟别人"不一样"，就一定是出了问题吗？

③后来，大象的想法为什么又改变了呢？它明白了什么呢？这些话题我们留到下次继续学习。

3."我"把改变讲给大家听。

①明确标准。

◇语言连贯、故事生动、完整。

◇声音洪亮，仪态自然大方。

②练习讲故事。

③参加故事大王"金话筒"。

4.利用"改变"真实发声。

（宋宜泓）

《蜘蛛开店》

★第一课时

学习目标：

1.掌握几种识字方法，能正确识记"店""蹲"等生字。

2.会写"商""店""换"等9个字。

3.结合文本语境，结合生活实际，对"寂寞""编织"等词的含义进行解读。

学习重点：

掌握几种识字方法，能正确识记"店""蹲"等生字。

学习难点：

结合文本语境，结合生活实际，对"寂寞""编织"等词的含义进行解读。

评价任务：

1.通过识字闯关游戏，畅游书写乐园达成学习目标1、2。

2.通过对比阅读与交流探讨，达成学习目标3。

学习活动：

活动一：初读故事，识文学字。

1.谈话导入，问题引思。

（1）板书课题。

今天，咱们继续来学习一个童话故事《蜘蛛开店》，伸出小手和老师一起写课题。蜘，左边是虫字旁，右边是知，蛛，左边也是虫字旁，右边读朱。蜘蛛干什么——（开店）。店，什么结构？对，左上包围，书写时它包围的部分的撇要写得——（伸展）。看来，你们对汉字的书写规则掌握得不错。

（2）理解课题。

来，看着课题，我问你答，注意回答要完整。谁开店？（蜘蛛开店）蜘蛛干什么？（蜘蛛开店）瞧，老师的问题不一样，你们读课题的味道也不一样。

（3）质疑课题。读了课题，你会提出什么问题？

2.初读识字，厘清脉络。

（1）大家提出这么多有价值的问题，那就打开课本第89页，大声朗读课文，到文中去寻找答案吧。

PPT出示：

读书要求：

1.遇到不认识的字，借助拼音，读准字音，读通句子。

2.遇到长句子，试着多读几遍，把它读通顺。

（2）我发现很多同学读完一遍又接着读下一遍，真会读书！现在，你知道蜘蛛为什么开店了吗？

◇读第1自然段

①朗读练习，借助停顿符号把长句子读得准确、流利，有节奏。

PPT出示：

有一只蜘蛛，每天/蹲在网上/等着小飞虫/落在上面，好寂寞，好无聊啊。

②图片识记，结合情境理解生字"蹲"。

这个字去掉拼音，你认识吗？它的部首是？因此，我们猜它与什么有关？是的，"蹲"在字典里有两种解释，一种是两腿弯曲如坐，但屁股不着地。一种是待着，停留。你觉得它在这句话中是哪个意思？

③部首入手，理解词语"寂寞"。

"寂"和"寞"它们相同的地方是什么？宝盖头一般和什么东西有关呢？对，屋子里没有声音就"寂"，屋子中无人，就"寞"，没出现一个人，也没出现一点声音，就是寂寞。

④结合语境，理解词语"寂寞"。

文中写了谁寂寞？从哪些词语感受到的？是的，天天等着，没人陪，没人玩，这种感觉就是好寂寞，好无聊。

⑤结合情感，指导朗读第1自然段。

◇读第2—11自然段

①"开火车"读课文，边读边思考：为了不那么寂寞和无聊，蜘蛛决定干什么？蜘蛛开店要卖什么？都有谁来买？用"＿＿＿＿＿＿"画出蜘蛛要卖什么；用"○"圈出谁来买了。

②借助句子，展开交流。

蜘蛛想卖（　　），因为（　　），（　　）来了。

看来，蜘蛛想卖的东西有——（卖）口罩、（卖）围巾、（卖）袜子。

③甲骨文识字，识记生字"袜""罩"。

图6-1-2　"袜"　　　　图6-1-3　"罩"

你能根据象形字图片猜出这两个字会是这其中的什么字吗？说说理由。（图6-1-2里有衣服，"袜"字是衣字旁，古人称袜子就是穿于足上的衣服。图6-1-3像用网把鸟盖在里面，这就是咱们中华的汉字文化。

④生活识字"罩"。

生活中，除了口罩，你还见过什么罩？（灯罩、眼罩、耳罩……）

⑤识记并理解词语"编织"。

这些东西是蜘蛛怎么做出来的？蜘蛛发挥了自己吐丝的本领，横着织，竖着织，互相交错着，把这些东西编织出来的。怪不得，编织两个字都有——绞丝旁。

⑥识记并理解词语"顾客"。

编织的这些东西都卖给了谁？它们都是蜘蛛商店的顾客。

⑦对比记忆，识记"颈"等"页"字旁的一类字。

"顾"和"颈"这两个字都有页字旁，"颈"是头与身体连接的部分；"顾"是把头转向左看，转向右看、转向后看。

3.归类写字。

谈话：第一次开店，就让小蜘蛛遇到了难题，它的口罩编织店还会继续开下去吗？它有了新的决定——再开一家商店。它要把这想法写下来告诉大家，可是这两个词它不会写，我们来帮帮它。

（1）对比学习，学写"决""定"。

①寻找相同点和不同点。

相同点：这两个字都有撇捺。

不同点：写法不一样，决的撇长，捺短；定的撇短，捺长。

②书写提示。

点竖直对的字，写时要做到，点竖对正，这样就能保持字的平稳；还要注意，点横相遇不相连。

（2）总结规律，学写"商""店"。

谈话：再看这个词，它读——（商店）。根据我们刚才学的这两条写字规则，谁来说说，写这两个字要注意什么？

①总结规律：点横不相连、点竖直对。

②根据规律，书空汉字"商"。

"商"字比较难写，伸出小手，我们一起写："一点一横长，点横不相连，点撇靠中央，房门没有点，里面八张口"。

（3）书写乐园。

谈话：拿起笔来，帮助小蜘蛛把它的想法补充完整吧。写时注意做到：字写准确、大小合适、写好关键笔画。

①对照标准，相互评价。

②自我评价。

表6-1-4 互相评价表

写正确	写美观	笔画占位	我得到（ ）个☆
☆	☆	☆	

★**第二课时**

学习目标：

1.能准确、流畅、有感情地阅读文章，并能感受到蜘蛛的情绪变化。

2.利用示意图，用自己的语言准确完整地讲述故事。

3.结合课文，拓展想象，继续写故事。

学习重点：

利用示意图，用自己的语言准确完整地讲述故事。

学习难点：

结合课文，拓展想象，继续写故事。

评价任务：

1.通过情境创设、情景朗读等方式，体会蜘蛛的想法和心情变化，达成学习目标1。

2.通过完成学习单，交流讨论达成学习目标2、3。

学习活动：

活动二：精读故事，习得方法，体悟改变。

1.品读课文，厘清思路，讲好故事。

（1）读出想法。

①默读第2—4自然段，一边默读，一边用"＿＿＿＿＿＿"画出蜘蛛为什么想卖口罩的句子。

PPT出示：

就卖口罩吧，因为口罩织起来很简单。

②边读边思考：蜘蛛为什么想卖口罩？

（2）读好招牌。

谈话：心里有了想法，说干就干，接下来，小蜘蛛做了什么？

①边读边画：招牌上写着——只需付一元钱。

②朗读练习：重读了"只"和"一"，让我们感觉到这口罩可真便宜。那我们一起帮蜘蛛大声叫卖吧。

（3）读好心情。

谈话：你们的叫卖声吸引来了第一位顾客——河马，看到顾客来了，蜘蛛心情怎样？

①读好小蜘蛛的心情。

高兴的时候，我们还可以不停地拍手呢！加上表情和动作，一起代表小蜘蛛欢迎河马的到来。

PPT出示：

顾客来了，是一只河马。河马巴那么大，口罩好难织啊，蜘用了一整天的功夫，

终于织完了。

②读好河马的心情。

◇发现河马特点。

河马有啥特点？——嘴巴大。有多大？做个动作比画比画。好大的嘴巴呀，你猜，小蜘蛛看到这张大嘴巴，会有怎样的表情？

◇带动作朗读。

带上表情和动作，把河马的嘴巴读得最大！

◇问题辨析。

这得织多大的口罩呀？

小蜘蛛是怎么织的？

结果怎样？

这口罩织起来简单吗？

从哪些词体会到的？——好难、一整天、终于。

③再读小蜘蛛的心情。

谈话：第一次做生意，就接了个大单，小蜘蛛愿意吗？可是它又不得不____？好无奈呀！它用了多长时间才织完？累不？可是它又不得不____？好辛苦啊！

④明晰心情，再读课文。带着自己的理解，加上表情和动作，试着读读这一段，读出河马的特点，读好小蜘蛛的心情。

⑤对比辨析，明晰原因。

◇刚开始，小蜘蛛想卖口罩，是因为_____。

◇可现实中，口罩织起来却_____？因为_____。

⑥再读课文，总结方法。

谈话：看，河马的到来，让小蜘蛛的想法和现实间发生了改变，让故事变的更有趣。来，看着屏幕上的表情提示，加上动作，我们一起读读蜘蛛卖口罩的故事！

小结：刚才，我们在读故事时，抓住关键词，加上了表情和动作，把河马的特点读好了，把小蜘蛛的心情读出来了，故事就变得吸引人。其实，讲故事也是这样的。

活动三：借助方法，试讲故事。

1.厘清思路，讲好故事。

（1）借助学习单，厘清思路。

表6-1-5 学习单

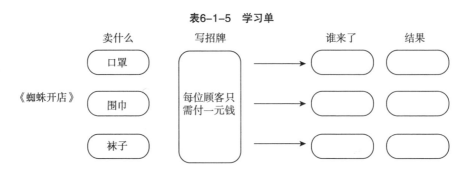

现在，我们一起来回顾一下蜘蛛卖口罩的故事，作者先写了——"蜘蛛想卖什么"，接着写——"它挂了个什么样的招牌"，然后写——"来了一位什么样的顾客"，最后写——"结果怎样"。

（2）借助图示，讲故事。

想着这样的顺序，你能借助提示图，就像我们刚才那样，把蜘蛛卖口罩的故事讲一讲吗？同桌俩先练一练，你讲我听，我讲你听，互相取长补短，把故事讲好。

（3）故事分享会。

①自由讲故事。

②对照评价要求，进行评价。

表6-1-6 评价表

☆	☆☆	☆☆☆
◇声音响亮 ◇讲清楚	◇声音响亮 ◇讲清楚、讲完整	◇声音响亮 ◇讲清楚、讲完整 ◇有表情，有动作，还可以有自己的想象

2.瞻前顾后，拓展延思。

这节课，我们读了故事，并借助示意图，加上自己的理解，讲了蜘蛛卖口罩的故事。《蜘蛛开店》这个故事，最有趣的就是来了不同的顾客，它们各有各的特点，河马的特点就是——嘴巴大，长颈鹿的特点是——脖子长，蜈蚣的特点是——足太多。

（1）串联词组，分段讲故事。

利用词组，把"卖围巾"和"卖袜子"的故事讲给同桌听，互帮互评。

◇卖围巾、长颈鹿、脖子和大树一样高、忙了一个星期

◇卖袜子、蜈蚣、四十二只脚、吓得匆忙跑回网上

（2）用示意图，完整讲故事。

①运用课后的示意图，练习完整地讲述故事。

②把故事完整地讲给同桌听，互相评价。

（3）复习旧知，巩固方法。

结合本期童话王国故事海选会的要求，试着把《蜘蛛开店》的故事清楚、完整、有趣地讲给爸爸、妈妈听，为下次的海选做好准备。

（4）运用方法，拓展延伸。

再送你一项挑战性的任务，根据你的时间来自愿选择是否完成：请你运用我们这节课学习的方法，读一读22课《小毛虫》，借助图表的提示简单地讲讲这个故事。

3.展开想象，续编故事。

（1）搭建表达支架，想象续编。

按照大家的建议，如果蜘蛛继续开店，会编织什么卖？它会遇到哪些顾客？又会发生什么故事呢？

PPT出示：卖（什么）→顾客（谁）→结果（怎么样）

（2）小组合作续编故事。

步骤一：独立思考，自主构思故事；

步骤二：小组互讲，完整续编故事；

步骤三：自由讲述，发现思路亮点；

步骤四：合作归纳，梳理续编思路；

步骤五：小组合作，具体续编故事。

（3）总结创编思路。

参考一：仿编故事，按照蜘蛛简单的思路续编。

参考二：创编故事，按照解决问题的思路续编。

（宋宜泓）

《青蛙卖泥塘》

★ 第一课时

学习目标：

1.能够借助多种方式，识记15个生字，会写"倒、搬、砍、破、籽"等六个生字。

2.能够结合学习单梳理内容，说出青蛙为了卖泥塘做了哪些努力？学会用关键词概括事情。

3.朗读课文，分角色表演故事，读出和演出青蛙吆喝的感觉。

学习重点：

1.会认15个生字，掌握多音字，会写六个生字。

2.朗读课文，分角色表演故事，读出和演出青蛙吆喝的感觉。

学习难点：

概括说明青蛙为了卖泥塘都做了哪些事。

评价任务：

1.通过读写运用，达成学习目标1。

2.通过自主阅读完成学习任务单，达成学习目标2.

3.通过角色表演，达成学习目标3。

学习活动：

活动一：初读故事，识文学字。

1.出示插图，导入课题。

（1）谈话：今天有一位小伙伴来和我们一起学习，大家和它打个招呼，叫叫它的名字。

（2）识记"蛙"字。

①大家有没有自己的小妙招记住"蛙"字？

②通过偏旁记住这个字真是个不错的方法，还有很多带有"虫"字旁的字，大家认识吗？

板书出示：蝌蚪、蜻蜓、蚂蚁、螃蟹

（3）识记"卖"字。

①"卖"和我们之前学过的那个字长得比较像？（买）

②观看字形演变动画。仔细观察，他们两个哪里不一样？

"买"字头上多了一个"十"。

"买"字头上是个"十"最开始代表一根草棍儿，插上草棍意味着东西要卖掉。这样是在路边卖物品，如果放在店里卖就不能插草棍，要挂一个"招牌"。（板书：牌子）

③"买"和"卖"是一对反义词，组词"买卖"。"买卖"就是"生意"，在这篇课文中青蛙也做了一个买卖，是什么？（青蛙卖泥塘）

（4）齐读课题，加深印象。

2.质疑题目，提出疑问。

读课题，质疑课题。

（1）为什么卖？

（2）怎么卖？

（3）卖掉了没有？

3.初读课文，学习生字。

（1）根据提示，自由朗读课文。

①自由读课文，划出生字，读准字音，读通句子，并标出自然段序号。

②思考我们提出的三个问题？

（2）阅读词语。

烂泥塘　牌子　吆喝　采集　草籽　水坑坑　挺舒服　播撒

灌足了水　绿茵茵　缺点儿　游泳　愣住了

（3）字词学习。

①读准字音。

②同桌互读。

互相检测读第一列的词语。

发现第二、三列的规律：轻声。

③感受字义。

对比读：水坑—水坑坑；缺点—缺点儿。

换种说法：愣住了——傻住了、呆住了。

（4）"开火车"读词语。

（5）交流三个问题。

活动二：精读故事，习得方法，体悟改变。

1.再读课文，利用作业单，梳理课文内容。

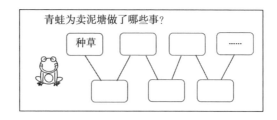

图6-1-4　课文梳理图

（1）交流课文内容。

（2）学用关键词概括事情，提炼关键词"种草"。

（3）同桌讨论，概括事情。

（4）进行反馈。

2.练读对话，角色扮演。

（1）聚焦种草，阅读第3至5自然段，自由练读。

（2）练习对话。

"卖泥塘喽，卖泥塘!"

"这个水坑坑嘛，在里边打打滚倒挺舒服。不过，要是周围有些草就更好了。"

①用波浪线划出青蛙和老牛的对话。

②练读并思考怎么把它们的对话读好。

③展示读并体会"大声吆喝"和老牛"低沉、惋惜"的语气。

（3）理解词语"吆喝"。

①猜一猜：出示图片，猜测图中的老爷爷吆喝什么?

②当一当：当一当老爷爷吆喝吆喝。

③演一演：那青蛙卖泥塘，该怎么吆喝呢?

④同桌分角色练习对话，加上动作演一演。

⑤上台展示。

⑥互相评价。

3.生字书写，巧妙评价。

（1）倒、搬。

①仔细观察汉字各部分结构：左中右结构，每一个部件都较为瘦长，要遵循汉字的谦让规则。

②观看范写，关注关键笔画："倒"和"搬"中的"提"画要谦让，"搬"中间"横"画不出头；"搬"的横折弯要写得小。

③练写：描二写一。

（2）砍、破。

①这两个字在结构方面有什么共同点？

②关注关键笔画：这两个字中有笔画遵循了汉字的谦让规则，是哪个？

③练写：描二写一。

（3）籽。

籽就是草的种子。草的种子甚至比米粒儿还小，因此左边是"米字旁"。米字旁的最后一笔遵循谦让规则——捺变成点。

（4）作品展示，反馈评价。

★ 第二课时

学习目标：

1.会写"嘛、倒、泉、应"等四个生字。

2.了解青蛙不卖泥塘的原因。

3.能展开想象，仿照老牛和野鸭的说法，说一说小鸟等其他小动物都说了什么话，能想象到青蛙最后会吆喝什么。

学习重点：

概括说明青蛙为了卖泥塘都做了哪些事。

学习难点：

展开想象，练习讲故事。

评价任务：

1.通过读写运用，达成学习目标1。

2.通过角色表演，达成学习目标2。

学习活动：

活动一：精读故事，习得方法，体悟改变。

1.复习导入。

（1）本节课我们接着学习《青蛙卖泥塘》。

（2）朗读词语。

烂泥塘　牌子　吆喝　采集草籽　水坑坑　挺舒服

播撒　灌足了水　绿茵茵　缺点儿　游泳　愣住了

①齐读。

②开火车读。

（3）借助词语复习课文内容。

①借助词语："烂泥塘""牌子"，复述第1和2自然段，说明故事起因。

②借助"水坑坑""绿茵茵"等ABB式词语和"采集""播撒"等动词，复述课文第3—5自然段内容，复习上节课的"种草"部分，引出老牛的建议。

2.深入文本，想象表达。

（1）情景体验。

【情境体验一】

①分别领取不同角色，扮演小青蛙、老牛、野鸭的过程中，用"你这个泥塘缺点儿……"的句式，说出为什么不买青蛙的泥塘。

②采访小青蛙：听了大家的建议你想说什么？

③再读课文：扮演老牛和野鸭，读一读课文中的话。

④交流比较两次对话的不同。

⑤挖掘语言特征："这个水坑坑……，不过……""这地方……，就是……"。

【情境体验二】

①再次扮演小青蛙、小鸟、蝴蝶、小兔、小猴、小狐狸，仿照老牛、野鸭的沟通方式，明确为什么不买青蛙的泥塘。

②再次采访小青蛙：这一次听了大家的想法你想说什么？

（2）小结。

如果要给他人提意见，可以先说人家的优点，再说出不足，这样更容易让人接受，做出改变。

（3）结合生活情景，练习说话艺术。

①想让我的字写得更漂亮，你会怎么说？

②上课我很喜欢举手发言，也喜欢偷偷和同桌说话，你可以怎样提醒一下我？

③我很喜欢数学，经常在其他课上做数学题，你发现了，会怎样提醒我？

3.采访"小青蛙"，寻找原因。

（1）采访班里的"小青蛙"："为什么不卖泥塘了？"

（2）引读原因段落。

①齐读第11自然段。

②认读词语：愣住。

◇认一认：开火车认读"愣住"。

◇猜一猜：观察"愣住"的图片，了解词语意思。

◇做一做：模仿图片做一做表情。

（3）扮演小青蛙，根据课文内容演一演，说一说，用上"青蛙不再卖泥塘了，因为……"的句式。

"多好的地方！有树，有花，有草，有水塘。你可以看蝴蝶在花丛中飞舞，听小鸟在树上唱歌。你可以在水里尽情游泳，躺在草地上晒太阳。这儿还有道路通到城里……"青蛙说到这里，突然愣住了，他想：这么好的地方，自己住挺好的，为什么要卖掉呢？

4.迁移句式，感悟生活。

（1）再读文本，感受青蛙的努力。

①青蛙的烂泥塘怎么会变得如此美丽？再次到文章中去寻找原因，并用波浪线标出。

◇于是他就去采集草籽，播撒在泥塘周围的地上。

◇于是他跑到周围的山里找到泉水，又砍了些竹子，把竹子破开，一根一根接起来，把水引到泥塘里来。

◇于是青蛙就照着他们的话去做，栽了树，种了花，修了路，还在泥塘旁边盖了房子。

②简单地说一说，青蛙为了改变自己的烂泥塘做出了哪些努力？

（2）小结：只要我们付出努力，即使是烂泥塘，也能变成风景秀丽的好地方！

5.追根溯源，感受语言的魅力。

（1）青蛙为什么愿意去改造它的烂泥塘？（听了小动物的话）

（2）小动物的话对青蛙影响很大。

当小动物直接指出青蛙的缺点时，小青蛙很伤心，第二次，用谁的方式说话，青蛙就很乐意接受小动物们的意见和建议了？（老牛、野鸭）

（3）课文后面讲到的小鸟、蝴蝶、小兔、小猴等怎么没有像前面的老牛、野鸭的对话那样写。

（4）小结：老牛、野鸭的沟通方式，是人和人之间交流的艺术，让听到的人更开心；后面其他动物的对话简写，是写作的艺术，要简就简，不能啰唆。

活动二：借助方法，试讲故事。

1.借助关键词，讲故事。

（1）小组合作借助关键词讲故事。

（2）小组表演。

（3）互相评价。

2.展开想象，创编故事。

青蛙住在美丽舒适的泥塘里,每天都过得很开心,这天它看见老牛,野鸭等小动物们路过它的泥塘，青蛙继续吆喝，它会吆喝什么呢？

（1）观看情景。

（2）同桌讨论。

（3）互相评价。

3.感悟道理：烂泥塘为什么变成了好地方？

（1）讨论交流。

（2）小结：美好的环境要靠我们自己的努力。

4.生字书写，自我评价。

（1）自主观察。

观察"泉、应、期"，讨论书写注意点。

（2）自主书写。

（3）互相评价。

（马昀蔚）

《小毛虫》

★ 第一课时

学习目标：

1.借助文本，通过分类、字源和语境等多种方法，会读"昆""怜"等15个生字；从字义上区别多音字"尽"的读音；会写"整""抽"等8个生字。

2.根据插图，结合课文，提炼出小毛虫变化的关键词句，梳理出故事内容。

3.借助插图、关键词句、示意图等讲好故事。

学习重点：

朗读课文，能借助关键词句梳理故事内容，读好故事。

学习难点：

借助插图、关键词句、示意图等讲好故事。

评价任务：

1.通过生字词检测，达成学习目标1。

2.通过朗读课文和梳理信息，达成学习目标2、3。

学习活动：

活动一：初读故事，识文学字。

1.观看图片，情境导入。

（1）今天我们继续读故事，故事的主人公是——一条小毛虫。来，一起叫出它的名字！

（2）看，它来了！瞧，一条小毛虫趴在一片树叶上，用新奇的目光打量着周围的一切。

明确"打量"这个轻声词语的读法。

（3）现在你们就是一条小毛虫，快来打量打量周围，都看到了谁？

（4）它们有一个共同的名字是——（昆虫）。来，一起读出它们的名字。

（5）总结"昆"字的识记方法。

2.初读感知，自主识字。

借助小提示明确：这条小毛虫身上会藏着什么故事。

PPT出示：

1.数一数、标一标，课文共有几个自然段。

2.自由读课文，读准字音，读通句子，难读的地方，多读几遍。

（1）偏旁归类、自主识字。

①分别朗读三组词语，读准字音。

可怜　愉快

挪动　挣扎

纺织　编织　绒毛

②朗读三组词语，发现生字规律。

读词语总结规律。

第一组：有"忄"，与心情有关。

第二组：有"扌"，与动作有关。

第三组：有"纟"，出示"纟"的甲骨文，发现它像丝线缠结，"纟"的字与丝织品有关。

③随文识字：万事万物都有自己的规律！

（2）语境复现，巩固识字。

①读读这两个句子，看看小毛虫的心情有什么变化？

◇只有它，这个可怜的小毛虫，既不会唱，也不会跑，更不会飞。

◇它愉快地舞动了一下双翅，如绒毛一般，从叶子上飘然而起。

抓住"可怜""愉快"对比小毛虫难过、开心的心情。

同桌互读，尝试分别用"可怜""愉快"说话。

②朗读第二组句子，巩固生字词，加深识记。

◇小毛只费了九牛二虎之力，才挪动了一点点。

◇它灵巧地从茧子里挣脱出来，惊奇地发现自己身上生出了一对轻盈的翅膀，上面布满色彩斑斓的花纹。

读句子体会动词"挪动""挣脱"的意思。

读句子体会成语"九牛二虎之力"的意思，并联系生活造句。

读第二句，借助图片理解"布满""色彩斑斓"的意思，并思考近义词。

（3）语义区别，自主识字。

①查字典，借助不同的意思，读准"尽"的字音。

出示句子：

◇尽管如此，它并不悲观失望，也不羡慕任何人。

◇小毛虫一刻也没有迟疑，尽心竭力地工作着。

②联系生活或旧知拓展积累词语。

尽（jǐn）：连词，表示姑且承认某种事实，下文往往有"但是、然而"等表示转折的连词跟它呼应，反接上文。

尽（jìn）：全部用出。

③联系生活或旧知拓展积累词语。

尽（jǐn）：尽早、尽快、尽先。

尽（jìn）：尽头、尽力、尽心、尽情、用尽、筋疲力尽。

3.掌握规律，写好生字。

（1）分析结构，掌握规律。

①朗读识记8个一类生字：整、抽、纺、织、编、怎、布、消。

②根据结构分类。

上下结构：整、怎。

左右结构：抽、纺、织、编、消。

半包围结构：布

③发现结构特点。

◇上下结构。

上宽下窄：整。

上窄下宽：怎。

◇左右结构：左窄右宽。

◇半包围结构：左上包围的字，包围部分的撇画要写伸展。

（2）描红临写，规范端正。

①"抽、编、消"每个生字描一个写一个。

②同桌互当小老师，根据要点进行点评。

③根据点评意见再写一个。

4.合作探究，学习课文。

（1）再读课文发现问题。

（2）借助学习单，进行质疑，梳理归纳。

◇小毛虫在成长过程中发生了哪些变化呢？找出相关的句子画上横线，读一读。

◇文中有许多吸引人的描写，找出来，并把你的感受写在旁边。

◇作者是怎样描写小毛虫的？你有什么收获？

表6-1-7　学习单

小毛虫的变化	小毛虫的做法	小毛虫的想法

（3）互相交流。

◇小毛虫在成长过程中有哪些变化？

◇和大家交流你认为写得好的句子。

★第二课时

学习目标：

1.积累"生机勃勃、尽心竭力"等词语，发现并梳理小毛虫的变化过程。

2.朗读课文，能借助关键词句用自己的话完整讲故事。

学习重点：

朗读课文，能借助关键词句用自己的话完整地讲故事。

学习难点：

理解"每个人都有自己该做的事情""万事万物都有自己的规律"两句话的含义。

评价任务：

1.通过读写、运用，达成学习目标1。

2.通过开展故事会，达成学习目标2。

学习活动：

活动：精读故事，习得方法，体悟改变。

1.复习生词，回顾内容。

2.阅读感悟，理解规律。

（1）同学们，通过上节课的学习，你知道小毛虫的成长都发生了什么变化吗？

（2）可怜的小毛虫。

①这究竟是一条怎样的小毛虫？读第1自然段找答案。

②再读课文，明确这是一条怎样的小毛虫。

③小毛虫很可怜，那其他昆虫怎样？从哪里可以看出？

④和其他昆虫相比，小毛虫显得更加可怜，试着读出它的可怜。

⑤连起来读，读出小毛虫的可怜和其他昆虫的生机勃勃。

（3）笨拙的小毛虫。

①再读课文，思考还有哪些地方写出小毛虫的可怜？

②朗读第2自然段，理解"九牛二虎之力、仿佛、整个世界"等词语。

③带着对这些词语的理解，再读第2段，读出小毛虫的笨拙与可怜。

（4）坚定的小毛虫。

①谈话：从大家的朗读中，我感觉到了小毛虫的可怜，看到了它动作的笨拙。这样一条小毛虫，在面对其他快活、自在的昆虫时，它是怎么想的？又是怎么做的？默读课文的第3、4自然段。

②小毛虫是怎么想的？

③小毛虫要做的事情是抽丝、纺织、编织。

大家想想：七星瓢虫，该做的事情是＿＿＿＿＿＿。

小蜜蜂，该做的事情是＿＿＿＿＿＿。

我们小学生该做的事情是＿＿＿＿＿＿。

小结：看，每个人都有自己该做的事情，所以不用悲观失望，也不用羡慕别人，做好自己该做的事情就好了。小毛虫多会思考啊！

④再读课文加深理解。

⑤小毛虫想着自己该做的事情，它做到了吗？你是从哪知道的？

⑥是呀，它终于把自己从头到脚裹进了温暖的茧屋里，可是，它发现怎

么了?

⑦待在与世隔绝的茧屋里,小毛虫又是怎么想的?(每一个事物都有自己的规律)

⑧观看"化茧成蝶"的视频,了解小毛虫的成长规律。

⑨读第7段,试着读出它愉快的心情和如绒毛一般飞起来的感觉。

3.借助提示、讲述故事。

(1)明确课文记载的就是小毛毛虫变成蝴蝶的不可思议的过程,这,就是小毛虫要做的事情,这,就是小毛虫要遵循的规律。借助示意图,学习讲故事。注意要借助第三题的词语,声音洪亮、故事完整,不遗漏重要信息,能加上自己的想象、表情和动作更好。

(2)小组练习讲故事,选三位代表,讲故事。

(3)对照评价标准评价。

表6-1-8 评价标准

评价标准	评价星级
愿意讲	☆
借助提示完整讲	☆ ☆
带上表情动作绘声绘色讲	☆ ☆ ☆

(4)小结:这节课我们学会了借助提示讲故事,恭喜大家都拿到了"故事大王"的称号。其实我们每个人都是一条小毛虫,但只要我们坚信万事万物都有自己的规律,学会耐心等待,就会冲破茧屋,展翅高飞!

4.书写乐园。

(1)观察"纺织"。

写好字也有规律。"纺、织"读什么?你发现了什么?

(2)学习写"织",迁移写两个词语:纺织、编织。

(3)你看纺织这两个字都是绞丝旁,就像小毛虫吐出的丝呢!写好它们还要注意什么呢?

(4)书空并练习书写。

(5)写字评价。

5.拓展延伸,推荐阅读。

小结:今天老师给大家带来了一本有趣的课外书《昆虫记》,这是法国昆虫学家法布尔观察昆虫世界写的一本非常优秀的科学童话故事。故事有趣，图画也很美，相信你读了一定会很喜欢。

（侯珊珊）

子任务三：亮相童话故事节，争当"故事大王"

学习目标：

1.能迁移运用课文中学到的方法，生动形象地讲好故事。

2.能从童话故事中理解和感悟"改变"，积累人生道理。

学习重点：

明确讲好故事的标准，能借助多种方法讲好故事。

学习难点：

能够在借助提示讲故事的基础上，充分调动多种感官讲好故事。

评价任务：

1.通过举办"童话故事节"，达成学习目标1。

2.通过颁奖和复盘童话故事，达成学习目标2。

学习任务：

活动一：讨论制定童话故事节方案。

1.交流：怎样才能讲好童话故事？

2.观看第一届故事节获奖作品，从故事内容、仪表风范、语言表达三个方面明确讲好故事的标准。

3.明确本届"童话故事节"评价标准。

活动二：分工筹备，自主练习，准备参加故事节。

分组合作，练习讲故事，争当"故事大王"。

活动三：举行童话故事节。

1.推选一名小主持，参赛选手依次抽签，按照顺序讲故事，依照标准进行评价，评选出本届"故事大王"。

2.颁发故事大王勋章，交流感悟。

表6-1-9 讲故事大赛评价标准

评价内容	☆	☆☆	☆☆☆
故事内容	基本能讲清楚童话故事的内容	能够讲清楚童话故事的内容，能简单增添合理想象，让故事内容吸引人	能讲清楚童话故事的内容，能在保留故事情景的基础上展开合理想象，让故事内容更吸引人，并发表感悟
仪态方面	动作、手势和表情举止自然，但不富有感染力	动作、表情自然，有感染力	动作、手势、表情，自然大方，富有感染力
语言表达	语言规范、吐字清晰	语言规范、吐字清晰、声音洪亮，讲述的内容基本熟练	语言规范、吐字清晰、声音洪亮；语气、语调、节奏有起伏变化，讲述内容熟练

七、作业与检测

单元检测

（一）基础性作业

1.给加点字写上正确的拼音。

（1）绵绵细雨如母亲的手似（　　　）的温柔地抚摸着大地，似（　　　）乎是要唤醒沉睡的万物。

（2）爷爷拿着扇（　　　）子坐在树荫下，一边扇（　　　）风，一边喝茶。

（3）张叔叔一口气喝（　　　）完一瓶啤酒，赢得了一片喝（　　　）彩声。

尽（　　　）管天气炎热，他依然在赛场上尽（　　　）力奔跑。

2.词语理解与运用。

把下面的词语补充完整，并选词填空（填序号）。

①（　　）（　　）勃勃　　②尽（　　）竭（　　）

③（　　）（　　）斑斓　　④自（　　）自（　　）

⑤（　　）（　　）隔绝　　⑥九（　　）二（　　）之力

☆她总是（　　　）地去完成老师布置的每项任务。

☆他一边翻书包，一边（　　　）："我的橡皮去哪儿了？"

（二）发展性作业

课内阅读：青蛙卖泥塘

"卖泥塘喽，卖泥塘!"有一天，青蛙又站在牌子旁吆喝起来，"多好的地方! 有树，有花，有草，有水塘。你可以看蝴蝶在花丛中飞舞，听小鸟在树上唱歌。你可以在水里尽情游泳，躺在草地上晒太阳。这儿还有道路通到城里……"青蛙说到这里，突然愣住了，它想：这么好的地方，自己住挺好的，为什么要卖掉呢?

1. "吆喝"是什么意思? _____。

2. 青蛙的泥塘现在是什么样子的? 用"_____"在文中画出来。

3. 青蛙为什么改变了想法?

_____。

课外阅读：

暖暖的小棉被

冬天到来前，小青蛙搬来和小鼹鼠成了邻居。过了几天，小鼹鼠到小青蛙的窗前看他，可是小青蛙躺在床上一动不动。小鼹鼠觉得很无聊，于是到小青蛙家里去叫醒他。小鼹鼠走到小青蛙的床前，推了推小青蛙："醒醒，小青蛙! "可是小青蛙嘴巴动了两下，又呼呼大睡了。小鼹鼠发现小青蛙连个被子都没有。"不盖被子睡觉，会感冒的。"小鼹鼠跑回家，抱来一床漂亮的小棉被给小青蛙盖上，然后坐在小青蛙的床边，给小青蛙读有趣的故事，唱好听的歌曲。

春天来了，花儿开了。小鼹鼠把花插在了小青蛙床头的花瓶里。"啊，什么味道? 好香啊! "小青蛙醒来了!"你醒了! 我是你的邻居小鼹鼠。"小青蛙伸了伸懒腰说："我这一觉睡得好香啊，还做了甜甜的梦呢。我梦到了一个善良的人，他为我唱歌，为我讲有趣的故事! "小鼹鼠听到后，不好意思地笑了。

"你不相信吗? 我还梦到他替我盖小棉被，真暖和啊! "

这时，小青蛙低头一看："啊，我身上真的有一床小棉被，和我梦里的一样暖和，这是怎么回事呢? "

1.联系上下文，我猜测"无聊"的意思是_____。

2.读了短文，我们知道小鼹鼠十分（　　　）

A.善良　　　B.聪明　　　C.勇敢

3.小青蛙有什么改变？为什么？结合生活实际说说你的猜想。

（三）拓展性作业：

推荐阅读：《小猪变形计》，借助支架梳理绘本内容，感受小猪每个变化带来的不同影响，将故事讲给身边人听。

八、学后反思

（一）学习内容回顾

表6-1-10　内容回顾表

课题名称	人物	改变的原因	改变的次数	改变的结果	懂得的道理
《大象的耳朵》					
《蜘蛛开店》					
《青蛙卖泥塘》					
《小毛虫》					

（二）习得方法回顾

通过本单元的学习，我发现了讲好故事的妙招，并能借助不同的方法讲好故事。

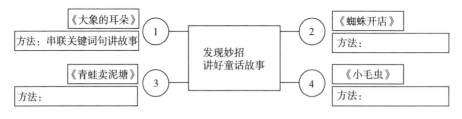

图6-1-5　讲好故事妙招图

九、学习资源

补充资源1：绘本《鼻子变变变》

补充资源2：绘本《小猪变形计》

补充资源3：童话故事集《一只想飞的猫》

第二章 三年级上册第二单元

第一节 教材分析

义务教育阶段学生的文学阅读相对于成人的"文学阅读"而言，处于初级阶段，其目的在于能够自主地领悟、体验，进而创造。学生应尽可能多地进行文学性阅读，在培养健康审美观念的同时，积累审美经验，对美形成初步的感觉和发现能力。"创意表达"旨在通过多种方式来展示美感，并鼓励学生用口头或书面方式来表达自己的作品。

一、教材概况

《语文课程标准2022版》指出："3—4年级能联系上下文，理解词句的意思，体会课文中关键词句在表达情意方面的作用。能借助字典、词典和生活积累，理解生词的意义。""运用多种方法理解难懂的词语"正是本单元的语文要素。在此之前，统编教材已经安排了借助图，查字典，联系人生阅历等方法，在低段教学中帮助学生理解词语的含义。

一下第三单元的"联系上下文理解词语意思"；一下第六单元的"联系生活实际了解词语的意思"；二上第四单元的"联系上下文和生活经验，了解词句的意思"，全都指向了自主阅读的培养。低年级、中年级阅读训练要点是"掌握多种方法理解难懂词语"，需要有计划、有目的地进行训练。低年级侧重于在有特定语境的情况下训练。如一年级下册第三单元《树与喜鹊》有气泡语提到："读完这一自然段，我知道了'孤单'的意思。"因此，他们需要在上下文的联系上进行训练，以便更好地理解词汇在具体情境中的含义。到了中高学段，随着学生阅读能力的增强，他们需要综合运用多种方法，才能更好地理解词汇，并能够独立阅读。

"学习写日记"是本单元的表达训练要素，它旨在帮助学生更好地理解并运用所掌握的知识。"进行连续观察，学习写观察日记"则更加注重实践能力，旨在培养他们的创造性思维，让他们能够更好地发现、思考、总结、分析问题，并将其转化为自己的写作素材。

二、教材特点

1.人文主题，前后勾连。

第二单元与节气相吻合，巧妙设计了人文主题"金秋时节"的学习内容安排，引导学生在感受自然之妙、秋天之妙的同时，品读古诗、现代秋景文章，激发学生热爱自然、热爱秋天的情感。"四季自然"的主题贯穿整个小学阶段：一上四单元的"自然四季"、一下第六单元的"夏天"、二下第一单元的"春天"、五上七单元的"四季之美"。

本单元设计了《古诗三首》《铺满金巴掌的水泥道》《秋天的雨》和《听听，秋的声音》。通过古今、诗歌、图片等的结合，呈现出秋日独特的风光。《古诗三首》描述了古代诗人在金秋时节的所思所感，是古代文人眼中的秋景，或咏景言志，或借景劝勉朋友，或表达思乡怀旧之情。《一条铺满金巴掌的水泥路》则通过儿童的眼睛，描述了深秋时节铺满金色落叶的上学路上水泥道的美景。《秋天的雨》则通过各种方式，生动地表达了金秋的独特魅力；《听听，秋的声音》描写了金秋时节大自然的各种声音。编者尝试超越时光与地域的局限，最大程度地让学生感知探索每个人在金秋季节的独特体验。

2.阅读元素，方法引领。

选编这一组诗文，不仅是通过人文主题教育来培养学生的审美情趣和自然意识，更是要"运用多种方法理解难懂的词语"。纵观一至六年级的语文要素，我们可以发现，围绕词语理解和积累这一相关范畴进行的阅读要素训练集中在低中段教学中。

从阅读认知加工上看，三上第一单元"阅读时着重在有新鲜感的词句上"，重点是能引起重视就行了。这里的新鲜感不是说出来的，但是有新鲜感的词句，不仅仅是指传统意义上的好句，而是指那些或运用了恰当的修辞手法，或有与众不同的说法，或能引起读者的想象，或能引起读者情感共鸣的词句，在此阶段，学生进入阅读中的生词识别过程，这是理解词语的"敲门砖"。到了三上二单元"多法解难词"，则重在"多法运用"，由阅读过程进入猜词、理解生词阶段。在这一阶段，学生需要掌握理解词语的基本方法，并能在阅读中实际运用这些方法，如"查字典""借助图片""联系生活实际""联系上下文""寻求老师和家长的帮助"等。在阅读中，学生需要掌握理解词语的基本方法，并能将这些方法运用到阅读中，这个阶段更强调词的理解，不必对词的作用要求太多。三上第七单元"感受课文语言的生动活泼，积累喜欢的语句"，就是要求学生在理解词语的基础上，再进行深层次的加工，这个时候学生单纯的理解词义是不够的，他需要把这个词放在文本中去体会：就是这个词为什么要用，怎么样把这个词用得活灵活现。这个时候就需要同学们在理解单词的基础上，能够体会到词语使用的妙处了。三下第七单元"运用多种方法理解难懂的句子"，要求同学们在理解句子中运用词语理解法迁移，以迁移的方式提升"由词入句"。从那时起，同学们对难词难句的理解方法已经初步掌握，为深入理解高段文本打下了基础。

从方法习得角度看，低年级学生通常会在具体语境下学习这个要素。因此，一下、二上的教学均安排介绍了依托语境理解词语的方法"联系上下文"和"联系生活经验"。《树与喜鹊》旨在帮助学生更好地理解文本中的词语和句子，并且培养他们在特殊情境下的联想能力。随着学生的成长，他们已经具备了一定的文学知识，因此需要他们能够运用多种方法来理解难以理解的概念，并将它们融为一体。

（邢 琳）

第二节 教学策略

"文学阅读与创意表达"任务群与传统文学作品单元相比，最大的不同在于：它从学生的语文生活出发，从成长的真实需要出发，结合单元的主题、情境、任务，围绕大任务，设计了一套逻辑性强的语文活动。帮助学生在真实有效的情境中进行有质量的文学阅读和富有创造性的表达，并在此过程中有效地激发学生的主观能动性。

一、创设真实情境，架构生活和文本的桥梁

文学作品的一些创作年代与学生的生活距离较远，要让学生真正进入其中，

难度很大。如何将学生带入文学作品的这一"特定时空"。这就需要一座"桥梁"——创设真实情境：它不仅可以把学生的生活联系起来，还可以把他们的探究欲引起来。情境创设不同于传统的课堂导入，它不是课堂上的一个环节，而是要在这节课的学习过程中贯穿始终。

三年级的学生充满好奇心，开始留心身边事物的变化。我们正身处秋天，孩子们眼中的秋天又是什么样的呢？本单元课文聚焦于金色的秋天，激发学生对秋天的兴趣，本单元主题打通了生活和文本，让二者相互勾连，从一片"秋叶"出发，探寻文本的奥秘。据此设计了第一个任务"看秋叶在跳舞"，其中主要包含了"明确核心任务"和"制作'秋叶'卡片"两大学习活动。为了更深刻地体验"秋叶"，我们首先向全体同学发出"秋叶"的挑战：通过绘画"秋叶"，展示出秋叶的独特魅力，从而使同学们更加深刻地认识到它的精彩。在《铺满金黄色巴掌的水泥道》和《秋天的雨》的第2自然段，我们可以深刻地体会到秋天的景象，从而更加深刻地理解大地的变化，以及它丰富多样的颜色，从而唤醒我们对大地、自然界的深沉的喜爱。

二、夯实单元教学，贯穿理解词语运用的方法

方法的获取不是一朝一夕之功，而是需要潜移默化地渗透，需要在文本中日积月累地归纳。在每节课的阅读教学中，时时刻刻都要进行迁移和运用，调动学生对词语的兴趣。在这一阶段，我们将指导学生正确读音，并能够感受古诗的韵律。我们还将使用注释、插图和与日常生活相关的方法来帮助学生理解词语，并在阅读时联想到诗歌的背景。

秋景不仅藏于古诗中，也蕴含在课文里。"它们排列得并不规则，甚至有些凌乱，然而，这更增添了水泥道的美。"我们能否一起深入探究"凌乱"的意思，看看你有什么方法能够理解清楚？同学们自然会想出很多用过的办法，比如：结合插图，看见水泥地面上的树叶非常不整齐；结合上文，联想到"乱七八糟"，毫无章法，信手拈来；或者抓住词中关键的"乱"字，猜出这个字肯定是非常乱的含义。那么有了这样的练习，也为本单元接下来的两课教学中进行《秋天的雨》《听听，秋的声音》的练习提供了良好的模板。在每一篇教学中都要夯实对词语的理解方法，做到课课有回音。

三、诵秋诗、品秋韵，丰富语言实践中的语言

积极的语言实践活动是指向语文学科核心素养提升的关键。本单元的几篇课文从体裁上来看，不仅有散文、现代诗，还有古诗，丰富的文本为丰富语言提供了平台。以任务为导向，让学生诵读故事、分享感受，是主动积累、梳理与整合的过程。通过这些练习，我们可以帮助学生更好地完成我们的教育目标。通过"欣赏秋日美景，品味古诗秋韵"课堂活动，我们可以帮助学生培养他们的语文核心素质。这些活动包括阅读优美的诗歌和练习口头表达，以增强他们的语言表达技巧。

在任务二、三的学习中，学生们收获了丰富的关于秋天的古诗、成语，《古诗三首》让他们深入体会到秋天的美妙，激发他们对秋天的深厚感情，并且能够积极地表达出自己的"秋思"。鼓励学生在日记中使用积累的古诗和成语，这样可以丰富他们的语言表达能力，并让他们真正掌握所学知识。

四、积极梳理，探究日记文体特点与价值

本单元的任务活动基于金秋的真实情境，把"运用多种方法理解难懂的词语"先细化到具体词语，再进行归纳总结，以任务驱动单元要素的落实。在秋叶、秋声、秋思这三个任务行进过程中，将"学习写日记"进行分解，并有机渗透到每一个任务中。通过仔细观察，我们可以成为秋日的探索家，并通过对事、物的深入了解，来探索它的神奇之处。我们应该把这些经验融入我们的日常生活，从而提升写作能力。

1.重视朗读训练，感受语言魅力。

本单元的课文适合学生进行朗读的训练，要引导学生读出秋天的味道，在此过程中感悟秋天的美好。在读、思、悟中培养学生初步的语言感受力，并通过"交流平台"，将语文要素"多法解难"与理解课文内容有机结合，边沟通边归纳，最终梳理归纳出方法。

整条水泥道的美景，在《满是金巴掌的水泥道》一文的第6自然段中写得很有层次，除了过程中的诵读心得外，别忘了指导写法，带领同学们真真切切地走向一道道美丽的风景。"它带着清凉和温柔……""秋天的雨，吹起了金色的小喇叭……"都须思而悟，读而悟。

2.积累好词佳句，为习作打基础。

写日记一方面可以记录身边有意义的事情，另一方面也为作文积累素材。"学习写日记"是本单元指向写作的语文要素，这一难点在教学时已分解到前三个任务中。一二年级的同学已经掌握了一句话的写法，到了三年级，同学们就要进入习写"段"的阶段了。"段"的作文就是由几句话组成的，所以在写话的过程中，要让学生学会用好好句来表达，这是一个很有必要的问题。积累活动可按教材提示有梯度地进行，如：把自己最中意的句子抄写一遍；对描写秋天景色的段落进行背诵，并在形式上辅以填空题；通过想象的画面积累秋天的四字词。

3.重视练笔训练，为完成习作服务。

课后小练笔是对这篇课文表达方法的总结，也是对这一单元习作的铺垫，所以教师在课后要把小练笔真正抓起来，为学生写好这篇单元作文打好基础，练笔训练是单元习作的过渡，这样就能让习作的难度有所降低。

"想象下，秋天的雨还会把颜色分给谁呢？""你在上学或放学时看到了什么样的景色？请用简洁明了的语言描述出来吧。"这是本单元设计的两次练笔。第一次练笔是希望学生在感知作者在描写上学路上水泥道的景色的手法之后，明白要抓住景物特点来构思并进行创作。第二次练笔旨在帮助学生深入理解文本的内容和表达特点，并运用自身的观察和实践经验来模仿写作。除了注重格式外，还应该激发学生体会写日记的乐趣，增强他们坚持写作的信心，并培养良好的写作习惯，同时也要充分考虑到三年级学生的实际需求。

（邢　琳）

第三节　设计思路

"文学阅读与创意表达"是"文学作品诵读与创作表现"的重点部分，它将第二阶段的读书描写自然、生活体验以及用文字表达自己热爱生命的情感纳入其中，旨在帮助孩子们更好地理解和体验自然界的美好。因此，我们将根据"文学阅读与创意表达"的重点部分，以及第二阶段的相关要求，制订一套完整的"文学阅读与创意表达"阅读描写自然、生活体验以及热爱生命的情感表现方案，以期达到以下教育效果：

知道（K）：

1.学会单元生字新词，通读课文，了解课文内容。

2.结合注释，理解词语在古诗中有具体的含义。

3.什么是日记，日记可以记录哪些内容。

理解（U）：

1.词语在句子、段落中表达特定的意思和情感。

2.用日记记录生活，促进成长。

能够（D）：

1.使用多种方法，如插图、注释、查阅词典、联系上下文以及将其与日常生活相结合，来帮助我们理解生词。

2.掌握日记的写作格式，用日记记录观察所得和生活故事，表达情感。结合单元整体解读，从学生实际出发，学习情境创设为"秋天奇妙而美丽，假如让你来编写属于自己的秋日纪念册，你会编写什么内容，让他人感受到别样的秋景"。基于这样的学习情境，本单元的核心任务设为：漫步秋天，创编我们的秋日纪念册。

一、学习任务一：看秋叶在跳舞，明确核心任务（1课时）

一夜秋风，一夜秋雨，秋天已经来到了我们的身边！秋，用她独有的树叶、声音来记录自己的生活。让我们用眼去欣赏，用耳去聆听，用心去感受，用笔写下属于自己的秋的日记吧！

（一）明确核心任务

1.发布核心任务，讨论一本秋日纪念册应该有哪些内容。

2.讨论明确完成核心任务的学习过程。

第一步：初步了解日记的写法和作用。

第二步：深入到生活各处"找秋天"，观察大自然。把听到的、看到和联想到的用日记的形式写下来。

第三步：收集成果，编制自己的秋日纪念册。

（二）制作"秋叶"卡片。

课前观察，收集秋叶，制作一张"秋叶"卡片，将自己收集到的秋叶贴在卡片上，简单做一下介绍。为最终形成秋日纪念册积累素材。

【任务说明：制作"秋叶"卡片，将自己的生活与学习进行勾连，为即将到来的学习进行铺垫。通过学文欣赏秋景，感受作者愉快的心情。】

二、学习任务二：学习理解难懂的词语的方法（6课时）

秋姑娘打开了颜料盒，用缤纷的秋叶让我们感受到了秋的绚丽。秋姑娘还吹起了金色的小喇叭，给我们带来了秋的声音。让我们一起去看看听听吧。

（一）习得方法，理解难懂词语

1.《铺满金色巴掌的水泥道》学习重点：

（1）课文中有哪些难懂的词语？

（2）理解课文中难懂的词语你有哪些好方法吗？

2.《秋天的雨》学习重点：

运用多种方法理解难懂的词语，感受秋雨的色彩、秋的气味、动植物的变化。

3.《听听，秋的声音》学习重点：

运用之前两篇课文学到的多种方法理解难懂的词语，感受秋的美妙声音。

（二）品读文章，积累优美语句

找出课文中优美的句子，进行诵读、学习、积累、摘抄。

（三）学以致用，记录秋日美景

【任务说明：会理解，灵活运用理解词语的多种方法。会积累，运用从文章中学到的诗意的语言充盈自己的秋日纪念册。去观察，去聆听，把听到的、看到的和联想到的用日记的形式写下来。】

三、学习任务三：欣赏秋日美景，品味古诗秋韵（2课时）

（一）走进古诗中的秋天

1.看看诗中描绘了哪些秋天的景物？

2.说说它们分别表达了作者怎样的情感？

3.根据古诗韵律自主选择音乐，然后进行配乐诵读。

（二）绘出古诗中的秋天

1.收集更多的秋日之诗。

2.尝试在自己的秋日纪念册上为喜欢的古诗配画。

【任务说明：走进古诗中的秋天，交流学习本单元之后对秋天的感受，收集描写秋天的诗句，为喜欢的古诗配画。】

四、学习任务四：整理、展示秋日纪念册（1课时）

（一）整理秋日纪念册

1.读一读自己写的日记，展开充分交流。

2.改一改，评一评。

（二）展示秋日纪念册

拓展延伸：

1.拓展关于秋天的诗句，促进感悟。

2.根据学习的内容，丰富日记内容。

我要把秋天的_____，写进我的日记里。

3.共赏秋之景，同绘秋之美。收集更多的秋日之诗。

4.尝试在自己的秋日纪念册上配画。

5.互相交流、展示自己的秋日纪念册。

【任务说明：整理自己的学习成果，梳理并完善自己的秋日纪念册。与同伴分享交流，取长补短。让自己的纪念册丰富、图文并茂。】

（刘婉鸣　马聪颖　邢　琳　周子娟　于海跃）

第四节　学历案设计

一、基本信息

1.主题：金秋时节

2.课时：10课时

3.对象：三年级一班学生

4.人数：44人

二、学习内容分析

这一单元围绕"金秋时节"这一主题，编排了《古诗三首》、两篇精读课文《铺满金色巴掌的水泥道》《秋天的雨》和《听听，秋的声音》一篇略读课文以及"学习写日记"的习作任务。

《古诗三首》描绘了诗人眼中的秋景，《山行》表达了作者对深秋枫林晚景的喜爱之情，《赠刘景文》是作者借助橙黄橘绿的秋景来劝勉朋友的，《夜书所见》记录下了作者在夜晚看到的江上秋景并借景抒发思乡之情。从孩子们背起书包到学校的路上看《铺满金色巴掌的水泥道》的视角，描写了深秋时节一夜秋风秋雨后的门前的水泥道美景，充满了童真童趣。《秋天的雨》描写了秋天五彩缤纷的景物，空气中弥漫着一股清新的气息，以及冬天里的小动物们过冬的情景，充满诗情画意。《听听，秋的声音》这首诗歌描绘了秋天大树、蟋蟀、大雁、秋风等的各种声音，语言精练，表达富有韵味，展现了秋天的生机与活力。

本单元的阅读要素是"运用多种方法理解难懂的词语"。在这一部分中，我们把重点放在了对难懂词语的理解上。在一二年级学会了不同的理解词汇的方法之后，可以根据自己的需要，对难以理解的词汇进行适当的解读。并延伸到日常阅读生活中。

"学习写日记"是本单元的习作要素。日记是三年级习作起步练习的一个重要形式。这是继学习写"请假条""留言条"后，学生需要掌握的第三种应用文。留心观察生活，依据本单元主题，可以将阅读与习作结合起来，通过单元阅读的学习以及实践活动，捕捉秋天的美，并用"日记"的方式记录下来。

三、学习目标

这一单元定位于"文学阅读与创意表达"学习任务群。在这个任务群中，对第二学段提出了"阅读描绘大自然……结合自己的生活体验，尝试用文学语言表达自己热爱自然、珍爱生命的情感"。在对学习内容进行分析的基础上，结合课标中"文学阅读与创意表达"学习任务群对应第二学段的要求，本单元的学习目标确定为：

知道（K）：

1.学会单元生字新词，通读课文，了解课文内容。

2.结合注释，理解词语在古诗中有具体的含义。

3.什么是日记，日记可以记录哪些内容。

理解（U）：

1.词语在句子、段落中表达特定的意思和情感。

2.用日记记录生活，促进成长。

能够（D）：

1.运用借助插图、借助注释、通过查阅词典、联系上下文、与现实生活相结合等多种方式来理解生词。

2.掌握日记的写作格式，用日记记录观察所得和生活故事，表达情感。

结合单元整体解读，从学生实际出发，学习情境创设为"秋天奇妙而美丽，假如让你来编写属于自己的秋日纪念册，你会编写什么内容，让他人感受到别样的秋景"。基于这样的学习情境，本单元的核心任务设为：漫步秋天，创编我们的秋日纪念册。

四、任务导引

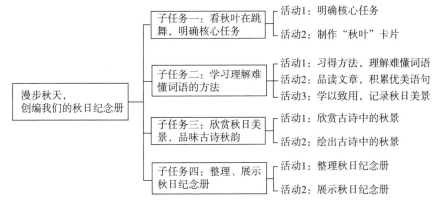

图6-2-1　任务导引图

五、评价任务

1.通过任务一：看秋叶在跳舞，明确核心任务。通过检测生字词的书写以及课文的朗读，达成"知道"层面的目标1。

2.通过任务二"学习理解难懂词语的方法"达成知道层面的目标1、理解层面的目标1和能够层面的目标1。

3.通过任务三"品味古诗的秋韵"从而达成知道层面的目标2。

4.通过任务四"整理、展示秋日纪念册"，达成知道层面的目标3、理解层面的目标2和能够层面的目标2。

六、学习过程

子任务一：看秋叶在跳舞，明确核心任务

学习目标：

1.明确核心任务，观察、搜集秋叶，互相欣赏、比较。

2.初步了解日记的写法和作用，用文字记录自己喜欢的秋叶的样子。

学习重点：

明确单元核心任务，初步了解日记的写法和作用。

学习难点：

用文字记录自己喜欢的秋叶的样子。

评价任务：

1.通过课堂研讨达成目标1。

2.通过学习日记的写法达成目标2。

学习活动：

活动一：明确核心任务。

一夜秋风，一夜秋雨，秋天已经来到了我们的身边！秋，用她独有的树叶、声音来记录自己的生活。让我们用眼去欣赏，用耳去聆听，用心去感受，用笔写下属于自己的秋的日记吧！

1.讨论一本秋日纪念册应该有哪些内容。

明确：格式要求和写日记一样，标清日期、星期和天气，并选择自己印象最深刻的秋日景色来写，按照一定的顺序来写清楚。同时，还要表达出自己的真情实感。记录时以第一人称书写。

2.讨论明确完成核心任务的学习过程。

第一步：了解日记的写法和作用。

（1）了解日记。日记就是把自己一天生活中的所见、所闻、所做、所感记录下来。

（2）日记的种类。

观察日记：记录生活中随时可见的人、事、景物等。

生活日记：记录在生活中自己亲身体会的事情。

随感日记：记录自己的感受或想法。

（3）交流写日记的好处。记录生活，留下回忆；提高自己的写话水平；锻炼一个人的意志力等。

第二步：深入到生活各处"找秋天"，观察大自然。把自己听到的、看到和联想到的用日记的形式写下来。

第三步：收集成果，编制自己的秋日纪念册。

同学们，秋天的美丽就是由无数件美景拼接而成的，我们的大脑不可能把秋天的每一处美景都记住，甚至于很多当时觉得特别精彩的瞬间、特别值得回味的时刻，时间一长就从我们的脑海中消失了。但是，当我们利用秋日纪念册把它们一一记录下来，那些美丽的时刻，就能历久弥新。

活动二：制作"秋叶"卡片。

如今校园正值秋天，校园中各种形状、颜色的叶子都很常见。你都搜集到了哪些树叶？一起来展示欣赏一下吧！

1.观察、搜集秋叶。

观察，收集秋叶，制作一张"秋叶"卡片。

2.介绍"秋叶"卡片。

将自己收集到的秋叶贴在卡片上，简单做一下介绍，内容可包括：秋叶的名字、形状、颜色，我在哪儿发现了它，等等。

（1）小组分享。

（2）全班交流。

3.片段练习，写写秋叶的样子。

（1）用笔写写自己最喜欢的秋叶的颜色、样子，可以仿照学过的课文中的语句来写。

（2）在刚才写的文字前面加上日期、星期、天气，形成日记的格式。

（3）形成秋叶集。

★日记1：秋叶集

（1）收集自己喜欢的秋叶　　（2）制作成标本

（3）粘贴在日记的左边　　　（4）写一篇有关"秋叶"的观察日记

秋叶集

_____

_____

_____

_____

图6-2-2 "秋叶"卡片

课堂小结：同学们，观察、搜集资料是整理秋天纪念册的前提，通过这堂课，我们搜集了美丽的秋叶，并能介绍自己的成果，用文字记录下秋叶的美丽，为后面整理秋天纪念册打下了基础。

子任务二：习得理解难懂词语得方法
《铺满金色巴掌的水泥道》

★第一课时

学习目标：

1.认识生字新词。

2.有感情地朗读课文，积累自己感兴趣的语句，积累优美语句。

3.能够运用多种方法来理解词语的意思，并能理解课文内容。

学习重点：

有感情地朗读课文，积累自己感兴趣的语句，积累优美语句。

学习难点：

能够运用多种方法来理解词语的意思，并能理解课文内容。

评价任务：

1.通过课堂检测达成目标1、目标2。

2.通过课堂探究实践达成目标3。

学习活动：

活动：习得方法，理解难懂词语。

在生活中我们经常看到落叶，却没有留心观察它的美。现在我们一起来看看，平时被我们忽略的梧桐树落叶吧！是的，这些枯黄的梧桐树落叶，就像巴掌一样，是多么可爱啊！让我们来想象一下，如果我们家前面的水泥路上长满了梧桐树的叶子，会不会很美呢？现在，就让我们一起走进《铺满金色巴掌的水泥道》。

（一）链接资料，学习新课

1.展示梧桐树叶的实物或图片，认识梧桐树叶，仔细观察树叶的形状、颜色等方面，并简单描述。

2.介绍作者及相关写作背景。

3.检测字词预习情况，进行生字识记与书写。

（二）导入课题，理解难理解的词语

今天我们一起来学习第5课，齐读课题。

1.理解"金色巴掌"这个词语。

（1）第一次读课题，你觉得哪个词语最难理解？

交流：金色巴掌这个词最难理解。

（2）通过预习，现在你理解这个词语了吗？

交流：知道金色巴掌就是梧桐树的落叶。

（3）思考：课文里面哪句话告诉我们金色巴掌就是梧桐树的落叶？快找一找。谁来读读这个句子？

"每一片法国梧桐树的落叶，就像一个金色的小巴掌，熨帖地、平展地粘在水泥道上。"（PPT展示）

我们一起来读一读。金色的小巴掌就是——法国梧桐树的落叶。

（4）小结：你看，遇到难理解的词语，我们通过读下文就可以明白。（梳理方法1：读下文）

2.理解"熨帖"这个词语。

（1）小声读读这句话，你觉得这句话中再有没有难理解的词语了？

交流：我觉得"熨帖"这个词难理解。

（2）"熨帖"这个词不常见，遇到不常见的词语，我们有一个不说话的老师——字典，快速拿出字典查一查，熨帖是什么意思？

交流：在字典611页（PPT展示：字典中解释照片）谁来说说，熨帖有几个意思？

a.妥帖、舒服；b.完全办妥事情。

（3）PPT展示：每一片法国梧桐树的落叶，就像一个金色的小巴掌，熨帖地、平展地粘在水泥道上。读读这句话，熨帖应该选哪个意思？

交流：妥帖、舒服就是熨帖。把意思带到句子中，再来读读这句话。

（4）小结1：借助字典，我们能大致了解它的意思。（梳理方法2：查字典）

（5）看，这是有同学拍到的两片梧桐树叶（PPT展示图片）仔细观察这两片叶子，哪一片可以说是熨帖的？为什么会这么熨帖？

交流：第二片；刚下完雨，被雨水打湿

追问：没有这场雨落叶能这样熨帖吗？

（6）小结2：看来联系生活经验也是理解词语的好办法（梳理方法3：生活经验）

（7）在本文中，熨帖是不是表示这个意思呢？我们还要到文中去找答案。（出示5、7两段，重点句标红）大家读读标红的两个句子，试着用文中的词语说说你对熨帖的理解。

交流：紧紧地粘在。

追问：你还能借助哪个词语来理解呢？

交流：平展地粘（变色）。

（8）平展而紧密地贴合在水泥道上，即为熨帖。树叶是怎么变得那么平整地粘在水泥道上，都是因为夜里刚刚下了一场秋雨啊。

3.理解其他难懂的词语。

（1）课文中还有没有像"熨帖、金色巴掌"这样难理解的词语呢？大家快速默读课文，把你认为难理解的词语圈出来。

学生交流：明朗、凌乱。

（2）先来看"明朗"一词。

谁来给大家读读这句话？（课件："啊！多么明朗的天空。"）

明朗的天空是什么样的天空？

交流：阳光灿烂、碧空如洗、晴朗的天空。

（3）小结：晴朗和明朗是一对近义词。你看，借助近义词可以帮助我们理解难理解词语。（梳理方法4：近义词）

（4）学以致用，检验是否真正理解了"明朗"是不是真正懂了，PPT展示图片：下雨、阴天、晴空万里，你觉得第几张图片是明朗的天空？带着你的理解再来读读这句话。

（5）举一反三，凌乱这个词语你能用什么办法理解？

（联系上下文、借助近义词、查字典）

（6）文中哪个词就是凌乱的意思？

交流：不规则的排列（不规则就是凌乱）。

（7）追问：雨后水泥道的落叶应该是什么样的？

交流：这样不规则的排列就是凌乱。

（8）小结：那规则和凌乱是一对反义词。借助反义词也可以帮助我们理解难懂的词语。（梳理方法4：反义词否定法）你看，在阅读过程中，如果我们遇到难理解的字词，我们有很多办法去理解它。

4.课堂回顾，交流收获。

自由交流并积累理解词语的方法。

课堂小结：同学们，一夜秋风秋雨过后，水泥道发生了不一样的变化，"我"一下子就发现了眼前的美景，我们也要有一双会发现美的眼睛，留意身边的美景。

★ 第二课时

学习目标：

1.借助文中的关键语句，赏析水泥道之美。

2.读写并用，试着用简短的语言来说说你在上学路上和回家途中所见到的美丽景色。

3.感受作者对秋的热爱，激发对自然的热爱之情。

学习重点：

借助文中的关键语句，赏析水泥道之美。

学习难点：

读写并用，试着用简短的语言来说说你在上学路上和回家途中所见到的美丽景色。

评价任务：

1.通过课堂互动交流达成目标1。

2.通过课堂读写、探究、实践达成目标2和目标3。

学习活动：

活动一：品读文章，积累优美语句。

看！这条路多么美丽呀！同学们，让我们跟随作者的笔触，去品味眼前的美景吧！

（一）品读课题，展示朗读

1.再来看题目，上节课我们学过了，金色的小巴掌就是梧桐树的落叶，那为什么不用大家都理解的词语来做题目呢？我们把题目换成《铺满法国梧桐树落叶的水泥道》，让人一读就明白，这样写可以吗？

2.比较读：男生读读课文题目，女生换成容易理解的题目。你觉得这两个题目哪个好？为什么？

交流：原来的题目更美、新鲜、让人好奇，所以有时候用难懂的词语更吸引人。这样写让人觉得很美，让人一读就喜欢。

（二）品读文章，积累优美句子

1.课文中有没有像题目这样，让人读起来觉得很美，让人一读就喜欢的句子呢？下面，请你自由读课文，找到喜欢的句子，有感情地读一读。

展示阅读提示：快速默读文章。用横线画出自己喜爱的句子，有感情地读一读。

2.谁愿意把自己最喜欢的句子读给大家听？

预设1：我喜欢的句子是"啊！多么明朗的天空。"

预设2：可是，地面还是潮湿的，不时还能看见一个亮晶晶的水洼，映着一角小小的蓝天。

预设3：这一片片闪着雨珠的叶子，一掉下来，便紧紧地粘在湿漉漉的水泥道上了。

（1）闭上眼睛想象一下：晶莹剔透的雨珠在金黄的落叶上滚动。这画面美吗？谁再给大家读读这句话？来，喜欢这个句子的同学端起课本，我们一起读。继续交流。你还喜欢哪个句子？

预设4：水泥道像铺上了一块彩色的地毯。这是一块印着落叶图案的、闪闪发光的地毯，从脚下一直铺到很远很远的地方，一直到路的尽头……

（2）还有你喜欢的句子吗？

预设5："我一步一步小心地走着……红色的小雨靴就像——两只棕红色的小鸟。"

（3）追问：为什么会把小雨靴比作成小鸟呢？

学生交流：由"一步一步小心地走着"可知"我"是多么喜欢这美丽的景色，不忍心把它毁掉。从"一片一片小心地数"中，我们可以看出"我"是多么喜欢那条林荫道上的梧桐树，"我"是个多么讨人喜欢的孩子！"欢快地蹦蹦跳跳，欢快地唱着"表明了"我"有多高兴！"我"巧妙地将小雨鞋比作两只红褐色的鸟儿，真是太可爱了。落叶纷纷落地，雨靴也如鸟儿一般，在枝叶之间跳跃，好开心啊！

4.小结：看来，课文和题目一样，也有很多吸引人、让人喜欢的句子。遇到喜欢的词语和句子我们还要把它们抄写下来。

5.抄写喜欢的句子也有诀窍。听好了！

（1）看一句写一句。（2）注意标点符号。（3）控制速度。（4）字美观大方。

下面，大家用五分钟时间，把你最喜欢的句子抄写到你的作业本上。（配音乐）

6.交流分享：五分钟时间到。来，把你抄写的句子读给同桌听。

（三）梳理文章结构，学写美景

PPT展示：

①道路两旁的法国梧桐树，掉下了一片片金黄金黄的叶子。

②我走在院墙外的水泥道上，水泥道像铺上了一块彩色的地毯。

③每一片法国梧桐树的落叶，都像一个金色的小巴掌，熨帖地、平展地粘在水泥道上。

1.这是一位同学摘抄的他喜欢的句子，大家发现了吗？这三个句子分别在第几自然段？

交流：第5、6、7三段。

2.快速读读这三段话，想一想这三段话主要写了什么？

交流：主要写了水泥道的样子。

3.作者就是按照从远到近的顺序观察水泥道的。文中有一个句子反复出现，你发现了吗？

交流：一夜秋风，一夜秋雨。

4.这两句话分别在文章的开头和结尾出现，这种写法叫前后照应。我们一起读一读。

前一句写上学时，后一句还在上学的路上。作者用简洁、优美的语言，告诉我们这篇文章写的是他在秋天雨后，上学路上所看到的美景。

5.作者在上学路上看到了法国梧桐树叶落到水泥道上的美景，你在上学路上看到了什么样的美景？想一想，谁来说一说？

活动二：学以致用，记录秋日美景。

（一）拓展阅读，赏析名段

1.出示课后"阅读链接"片段，大声朗读。

2.阅读与交流。

（1）说说汪曾祺"求学途中"的风景吧？（要经过一条大街，一条曲曲弯弯的巷子。）

（2）汪曾祺去学校的途中，他都看见了些什么？（手工作坊……看灯笼铺糊灯笼。）

（3）汪曾祺有什么感受？（百看不厌。）

（二）读写结合，学有所获

你们有没有注意到？在学校或回家的路途中，总是有许多值得回忆的风景，生动有趣的事物，这些都是我们用眼、耳、心的感觉所呈现出来的。不要忘记把它们写在纸上记录下来。

1.金色巴掌铺就的水泥道，真是太美妙了！各式各样的商店，多有意思的胡同啊！出示课后习题，练习写话。

提示：你上学的交通方式？你在路上看到了？你认为哪些地方十分有趣？你有什么体会呢？

2.指名读话，集体评议。

板书设计：

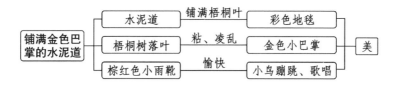

课堂小结：人生从来都不缺美，缺的是善于发现它的人。在一个秋天的清晨，"我"细心地观察着，用心地感受着这条水泥路的美丽，并利用自己丰富的想象力、生动的语言，描绘出水泥道之美，让读者身临其境地感受到了水泥道之美。

（刘婉鸣）

《秋天的雨》

★ 第一课时

学习目标：

1.运用多种方法理解难懂的词语。

2.感受秋雨的色彩、秋的气味、动植物的变化。

学习重点：

结合课文的内容，运用多种不同的方式理解"五彩缤纷""勾住"等重点词语的意思。学习难点：

结合课文的内容，运用多种不同的方式理解"五彩缤纷""勾住"等重点词语的意思。

评价任务：

1.通过课堂研讨达成目标1。

2.通过多种方法朗读课文达成目标2。

学习活动：

活动：习得方法，理解难懂词语。

（一）初读课文，发现难懂的词语

1.同学们，根据读书要求，大声、自由朗读课文。

（1）自由、有感情地朗读课文。

（2）圈出不理解的生字词语。

（3）遇到喜欢的句子多读几遍。

2.听原文音频，边听边跟读，注意朗读的节奏。

3.检测字词预习情况。这里啊，有许多小雨滴，只要同学们将小雨滴上的词语读得响亮又准确后就可以汇聚成秋雨钥匙，一起来打开秋天的大门。

（二）研读重点，探究难懂的词语

1.品读秋雨的五彩缤纷。

你看，它把黄色给了银杏树，黄黄的叶子像一把把小扇子，扇哪扇哪，扇走了夏天的炎热。

它把红色给了枫树，红红的枫叶像一枚杜邮票，飘哇飘哇，邮来了秋天的凉爽。

金黄色是给田野的，看，田野像金色的海洋。

菊花仙子得到的颜色就更多了，紫红的、淡黄的、雪白的……美丽的菊花在秋雨里频频点头。

（1）读过课文之后，用一个词语来形容秋天的雨，你会用哪个词?（五彩缤纷）

（2）默读第2段。热情的秋雨把颜色都分给了谁? 在书上圈一圈，一起交流。

（3）运用多种方法理解词语"五彩缤纷"。

预设一：秋天的雨，有一盒五彩缤纷的颜料。

a.运用学过的方法，初步理解"五彩缤纷"的意思。

b.找出本段描写颜色的词语。

c.交流喜欢哪种颜色的景物。

预设二：你看，它把黄色送给了银杏树，黄黄的叶子像一把把小扇子，扇哪扇哪，扇走了夏天的炎热。它把红色送给了枫树，红红的枫叶像一枚枚邮票，飘哇飘哇，邮来了秋天的凉爽。

①感受形象美。边读边想象，说一说你眼前仿佛出现了什么画面？

②感受动态美。欣赏银杏叶和枫叶飘落的动态图片，指导读出舒缓的节奏，把语速放慢一些，进一步感受到色彩荡漾的美丽画面。

作者把秋天写得如此优美动人，如果你留心观察也会发现身边美丽的秋景。下面就请同学们想象一下，秋天的雨还会把颜色分给谁呢？仿照这样的句式，说一说你眼中的秋天。

预设三：橙红色是给果树的，橘子、柿子你挤我碰，争着要人们去摘呢！

交流体会"你挤我碰"的意思。

预设四：菊花仙子得到的颜色就更多了，紫红的、淡黄的、雪白的……美丽的菊花在秋雨里频频点头。

多么富有人情味，我们似乎看见了秋风中的菊花，那婀娜多姿的样子。我们把这种美丽的姿态读出来吧！

（4）想象画面，背诵语段。

想象秋景图的画面，并结合提示背诵第2自然段。

小结：作者为我们描绘了一幅五彩缤纷的秋景图，这里面不仅有各种各样的颜色，还有随风飘动的树叶、你挤我碰的水果以及频频点头的菊花，这是一幅动态的美景。所以我们通过想象画面，还可以理解出"五彩缤纷"不仅指色彩绚丽丰富，还有一种动态美。

2.品读秋雨里好闻的气味。

（1）默读第3段，圈出文中表示气味的词语。

（2）交流读到这些词语时有什么感受。

（3）重点理解"勾住"。

a.思考：秋天的雨藏着哪些好闻的气味？（圈出描写气味的词语）小朋友的脚为什么经常被这香气吸引？倘若在这个时候你遇见这个情况，你会怎么做？

b.续写"勾住"。

如果小朋友们被香气吸引了，会是什么样子？让我们展开丰富的想象力，假设你身处其中，你将如何去做？在这篇文章的最后一段中，请同学们续写几句话。

小结：啊！原来秋雨中隐藏着如此多熟透的果子！这是一场多么令人陶醉的秋雨！我们发挥自己的想象力，再读一遍。

3.品读秋雨吹起的喇叭声。

（1）默读第4段，瞧！秋天的雨吹起了小喇叭，听听，它对动植物们都说了哪些话？

（2）动植物正在为过冬做积极准备，这是告诉大家，冬天快要来了。都有谁听到了？他们是怎么过冬呢？

学生交流：小松鼠、小青蛙、松柏、杨树、柳树。

4.品读秋天给人的感受。

（1）说一说自己对秋天的感受。（美丽、丰收、欢乐、繁忙……）

（2）结合课文内容着重体会"丰收的歌""欢乐的歌"，秋天的雨带给大家怎样的歌？

（3）读出对秋雨的喜爱和赞美之情。

课堂小结：同学们，四季的雨总是给我们带来不一样的感受。这节课通过运用不同方法理解难懂的词语，我们已经对课文有了初步的认知，但秋天究竟是什么样子的，秋雨到底有何神奇之处，下节课我们一起交流研讨。

★ 第二课时

学习目标：

1.品读课文，感受秋天之美。

2.体会作者所表达出的对秋天的雨的喜爱之情。

学习重点：

品读课文，感受秋天之美。背诵课文第2自然段。

学习难点：

结合课文的内容，运用多种不同的方式理解"五彩缤纷""勾住"等重点词语的意思。

评价任务：

1.通过课堂朗读、背诵达成目标1。

2.通过课堂上的探究、实践、交流等学习活动达成目标2。

学习活动：

活动一：品读文章，积累优美语句。

秋姑娘打开了五彩的颜料盒，用缤纷的秋叶让我们感受到了秋的绚丽。秋姑娘还吹起了金色的小喇叭，给我们带来了秋的声音。让我们一起去听听吧。

（一）自读课文，整体感知

1.自读课文，思考：

（1）秋天的雨是怎样打开秋天之门的？

交流：秋雨，是那样的凉爽，那样的柔和，那样的悄无声息，在你不注意的时候，就为你敞开了秋的门。

（2）你觉得秋天的雨神奇吗？有哪些神奇之处？

交流：秋雨，有一盒五彩缤纷的颜料；秋雨，藏着非常好闻的气味；秋雨，吹起了金色的小喇叭。

小结：这些句子连起来就是一首赞颂秋天的小诗，秋天的雨为我们打开了秋天之门，让我们看到了一个丰收的秋天。

2.默读课文第2、3、4自然段，文章是从哪几个角度描写秋雨的呢？

"秋天的雨，有一盒五彩缤纷的颜料"，秋雨为秋赋予了多彩的色彩，这就是秋天的颜色；"秋天的雨，藏着非常好闻的气味"，展现出秋天丰收的美妙景象；"秋天的雨，吹起了金色的小喇叭"，秋天的秋雨，像是在向动物和植物宣告着寒冬将至，动物和植物都在为过冬做着准备。

（三）品读课文，感受秋雨的神奇

你最喜欢哪个自然段，与大家分享一下自己的体会。

1.阅读第2个段落，感知秋天的颜色之美。阅读时，在脑海中想象银杏树叶的美丽，并读出其中的动态。阅读第二个自然段中的比喻和拟人句子。

2.发挥想象能力，体会秋天的甜蜜。

3.发挥想象能力阅读第4段，体会这些小动物是多么的可爱。

秋天的秋风吹动着那金黄色的小号角，你听见了吗？动物和植物在听了秋雨后会有怎样的反应？把它读出来！

交流：喜鹊搭房子，松鼠寻松果，青蛙掘地，松树披着衣服，杨树和柳树都落了一地的叶子。

4.出示课文的最后一个自然段。（PPT展示：秋天的雨，带给大地的是一曲丰收的歌，带给小朋友的是一首欢乐的歌。）读出丰收的喜悦和小朋友的欢乐。

活动二：学以致用，记录秋天美景。

1.阅读交流。

（1）自由朗读课后"阅读链接"材料。

（2）思考：短文主要从哪些方面描绘了秋天的景色？圈画出相关的语句。

2.对比阅读。

（1）请找出短文和《秋天的雨》相同和不同的地方？

（2）读了这则材料，你有什么感受？

3.记录秋景。

（1）积累课文中描写秋雨颜色的段落。

（2）把自己看到的秋景写下来。

板书设计：

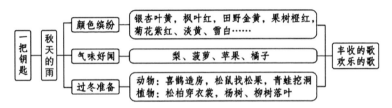

课堂小结：无论是对秋的描述，还是对动植物"迁徙"的描述，都是为了突出秋的美与谜。带着你锐利的双眼，走进秋天，感受秋天的美！

（马聪颖）

《听听，秋的声音》

学习目标：

1.声情并茂地朗读课文，发挥自己的想象，在不同的自然之声中感知到秋的生命力

2.能独立运用所学的各种方法来理解"叮咛""歌吟"等词的意思。

学习重点：

声情并茂地朗读课文，发挥自己的想象，在不同的自然之声中感知秋的生命力。

学习难点：

能独立运用所学的各种方法来理解"叮咛""歌吟"等词的意思。

评价任务：

1.通过课堂研讨达成目标1。

2.通过课堂上的探究、实践、交流等学习活动达成目标2。

学习活动：

活动一：习得方法，理解难懂的词语。

播放大自然中各种声音的音频，听着音频分辨声音，并交流一下听到这些声音的感受。

1.学习诗歌第1—4节，小组合作并完成自主学习卡。

出示自主学习卡：

表6-2-1 自主学习卡

读思：这首诗描写的是什么秋声？你会在脑海中勾勒出怎样的形象？	
声音	
画面	

2.交流汇报。

（1）练习：模仿第一个句子，完成诗句的内容。

①秋的声音，是黄叶道别的话音。

②秋的声音，是____的_____。

③秋的声音，是____的_____。

④秋的声音，是____的_____。

（2）同学们，在你的脑海里想象出了什么样的画面？

（3）再次有感情地朗读诗歌，圈画出不理解的地方并和同学讨论交流。互相交流，运用学到的方法理解"叮咛""歌吟"的含义。

（4）借助更多秋景图片理解"音乐厅"在文中的含义。

（5）小组分工合作：你还听见什么秋声？选出一个声音，模仿这首诗的第1—4节，试着说一说。

3.自主学习第5、6节。

（1）自由朗读，请思考这次你听到了什么声音？（无声的）

（2）通过对这两节的学习你知道了什么？

（3）说说自己的感悟。（感悟：作者采用了排比类的修辞方法，将秋天的声音描绘得淋漓尽致。不过，这一次，却是听不到的。）

（4）这首诗和前头四句诗的区别在哪里？（前面四句给人一种"秋之声"的感受，很好听，后两句却让人感受到了"秋"的宁静，让人感受到了温暖。）

活动二：品读文章，积累优美语句。

1.有感情地朗读诗歌。

2.汇报交流。

（1）论一论：读题目下方的"阅读提示"，清楚地告诉了我们用什么方式来学诗？（①有感情地朗读；②善于想象和联想；③勤于动脑思考。）

（2）找一找：秋之声是什么？诗中的主要内容是什么？（黄叶落、蟋蟀鸣、大雁叫、秋风吹拂的声音。）

（3）谈一谈：朗读诗歌第1—3小节，合理展开想象，说说你似乎看到了什么，听到了什么，有哪些体会。

（4）想一想：你还能听到哪些秋的声音？

3.把诗歌中优美的句子进行积累、摘抄。

活动三：学以致用，记录秋日美景。

1.通过多媒体辅助教学，模仿课文中所学到的内容，并把所学到的词语和句子都记录下来。

示例：

听，秋天的声响，稻田里泛起了波涛，"哗哗"地，传来了同伴们的笑声。

听，秋天的声响，雨打在屋檐上的"滴答"声，是在好心地提醒你，天越来越冷了。

2.朗读第5、6小节，思考：这两小节的声音和前三小节的声音有何不同？（前面的三段都是用耳来听，而在这里则要用心去听和感受。）

3.同学们，我们发现了那么多秋天的声音，是那么的丰富，那么的精彩！秋天的歌声在哪里？让我们收集一段关于秋天的音频，并仿照秋天的声音，写下属于自己的"秋声集"。

★日记2：秋声集

（1）收集一段有关秋天的音频　（2）将音频文件制作成二维码格式

（3）粘贴在日记的左边　　　　（4）写下一篇有关"秋声"的摘录

日记

秋声集

_____

_____

_____

_____

图6-2-3　"秋声"卡片

板书设计：

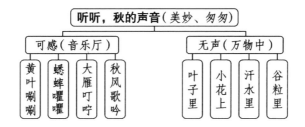

课堂小结：同学们，秋之声多么迷人，秋之声多么醉人。从各种不同的声音中，我们可以领略到自然界的奇妙；从秋之声中，我们可以感受到作者对秋的赞颂与眷恋。如果你用心倾听，你会发现秋的特殊魅力。

（于海跃）

子任务三：欣赏秋日美景，品味古诗秋韵

《古诗三首》

★第一课时

学习目标：

1.认识"径、斜"2个生字，会写"寒、径、斜、霜"4个生字。

2.通过观察课文的插图，结合着注释，通过查阅词典，根据上下文和联系生活经验等方法，理解词语的意思，重点理解诗句中"远上""斜""生处""坐""爱""于"的意思，进而完整地理解诗意。

3.能准确、流利、有感情地背诵三首古诗。

4.通过阅读理解这首诗，可以感受到这首诗所描述的浓浓的秋色，以及作者所要表达的情感，从而领略到这首诗的美。

学习重点：

能准确、流利、有感情地背诵三首古诗。

学习难点：

通过阅读理解这首诗，可以感受到这首诗所描述的浓浓的秋色，以及作者所要表达的情感，从而领略到这首诗的美。

评价任务：

1.通过朗读和交流达成目标1、2。

2.通过多种方式朗读达成目标3。

3.通过课堂研讨达成目标4。

学习活动：

活动一：欣赏古诗中秋景。

亲爱的同学们，秋天以其独特的风景激发着诗人的思绪。这些古代诗文也乘着文字的翅膀，穿越千年的时光，来到我们的身边。让我们走进第四课《古诗三首》，一起欣赏古代诗人眼中秋天的美景，感悟诗人的情怀。

1.理解诗题，引出方法。

（1）这三首诗的题目分别是什么意思呢？

（2）自己试着去理解"注释"，诗中有些字词比较难理解，有些古今词义也不同，课本提供了部分字词的解释，这就是注释。

2.初读感知，寻找景物。

（1）过渡：这三句诗描绘了哪一季的风景？你在哪里找到的？

（2）自由朗读这三首诗，要注意发音、理解诗句，对难以理解的词语要用拼音反复朗读。

（3）指名读诗。

（4）男女生配合读。

（5）这三首诗中哪些地方让你感受到了秋天？默读这三首古诗，用笔圈出来。

（6）汇报交流，并说明理由。

3.再读古诗，理解诗意。

（1）请交流圈画的事物。（PPT展示：山、石径、白云、人家、枫叶）

（2）了解关键词的含义。

（3）出示一张秋山幽径的图画，若你漫步其间，感觉如何？以"远""斜"为题，谈一谈诗人是否曾在山间漫步？评出哪位学生的答案符合诗性，并说明原因。

（4）展示枫叶、春花两张图片，教师引导：哪一张图片更漂亮？你想要哪个图片？当枫叶在秋风中依然生机盎然地把山岭染成红色时，你的心情是怎样的？

（5）指定后两行，一起朗读。这两个句子是怎么回事？停车与枫叶有何联系？（原因）诗歌中的哪一个词能表现出这样的关系？（专注于"坐"。）

（6）诗人把秋景写得生动活泼。这位诗人在此次"秋游"中的心境又将如何呢？

（7）教师出示两张图，一张是"夏日莲花开"。观看夏日莲花，感受莲花的活力；一张"秋叶凋萎"的画，来感受秋天的苍凉。让学生根据自己的理解，选择合适的图片，并说明原因。

（8）理解"尽""擎雨盖"。

一起阅读，感受到秋荷凋谢的情景。

理解"菊残""傲霜枝"。

通过展示残菊的图画，说明其中的"菊残"和"傲霜枝"的含义。菊花在秋风中依然昂扬地站立，你想说点什么？

（9）理解"萧萧""动客情"并指导朗读。

一般情况下，我们都习惯用"呼呼"来形容风，这首诗里用的是"萧萧"，你能不能用"呼呼"来代替？对照阅读。

你们怎么看？有没有发现什么不一样的地方？（最后一句，更能表现出诗人的凄凉之情。）

是啊，古人常用"萧萧"来表现秋天的凄凉。对呀，古人常用"萧萧"一词来形容萧瑟之意。你看，唐朝杜甫的一首《登高》就是这么写的："无边落木萧萧下，不尽长江滚滚来。"那时候，杜甫年老多病，流浪在外，站在高处，看着落叶飘零，长江滔滔，心中充满了凄凉寂寞的感觉。叶绍翁亦借"萧萧"一语，将自己心中的这一感受抒发出来。谁能把这两行字读得好？

（10）我们还能从什么地方读到诗人的寂寞呢？（江上秋风动客情）你似乎已经进入了诗人的心灵。那么，这个"客"是什么意思？诗人（叶绍翁）为什么自称"客"？（他四处流浪，不在故乡，犹如客居他乡。"客"，在此可作"客居他乡"之意。）

4.细细品读，领悟诗情。

过渡：同学们找到了那么多景物，"一切景语皆情语"，秋日的阳光，洒落在落叶、花瓣、历代诗人的心中，他们又是什么呢？

（1）金秋的阳光洒在诗人杜牧的心上，他漫步山林，看着远方，他看到了什么？自己读一读，看着插图结合注释，同桌先说一说。

（2）此时此刻，你就是诗人杜牧，微信电话已经拨通，你会对好友说些什么呢？

（枫林非常美）

（3）这首诗中哪个字最能表达诗人此刻的心情？（"爱"）

小结：看来金秋的阳光洒在诗人杜牧的心上，是对秋天枫林的爱。金秋的阳光洒在苏轼的心上，又是什么呢？自主朗读《赠刘景文》。

（4）诗人为什么把"残荷败菊"送给他最好的朋友呢？（出示资料）

（5）在诗人苏轼的心里，他想让朋友记住什么？（PPT展示：一年好景君须记，正是橙黄橘绿时）在阅读"橙黄橘绿"的时候，你会有怎样的联想？

（6）此时，我是不得志的刘景文，你是我最好的朋友苏轼，你会对我说什么？

这首诗看似在写秋景，实则是在劝勉友人记住，现在正是人生的好时光。刘景文受到了诗人的鼓励，终于施展了才华，展露了头角。

小结：金秋的阳光洒在苏轼的心上，是对好友的劝勉，金秋的阳光洒在诗人叶绍翁的心上，那是一份什么？

（7）出示诗人叶绍翁资料，理解"动客情"。诗人想到了什么？一起读一读。读到挑促织，你还会想到其他儿童生活的画面吗？

（8）总结梳理三首诗的内容，填写表6-2-2。

表6-2-2 三首诗内容梳理表

课题	写了秋天的哪些景色	表达了诗人怎样的情感
《山行》		
《赠刘景文》		
《夜书所见》		

5.回归秋景，升华情感。

这节课我们用这些方法学习了这三首古诗，"一切景语皆情语"。秋天的阳光，透过绿叶，透过花瓣，隐藏在杜牧的心中，洒落在刘景文的心中，洒落在叶绍翁的心中。相信你们能把这些方法运用到下节课的学习中。

课堂小结：同学们，通过对三首诗歌的朗读，我们可以体会到诗人对秋天的萧瑟和落叶、故乡的孩子捉蟋蟀、栅栏下的灯光的怀念，从而表达了自己的思乡之情。

★第二课时

学习目标：

1.收集更多的秋日之诗。

2.尝试在自己的秋日纪念册上为喜欢的古诗配画。

学习重点：

尝试在自己的秋日纪念册上为喜欢的古诗配画。

学习难点：

尝试在自己的秋日纪念册上为喜欢的古诗配画。

评价任务：

1.通过课前收集达成目标1。

2.通过绘画达成目标2。

学习活动：

绘出古诗中的秋景。

一夜秋风，一夜秋雨，秋天到来了。秋叶缤纷，不同的形状，不同的颜色，把秋天打扮得五彩斑斓。秋声悦耳，田野里丰收的歌吟，小动物告别的序曲，仿佛一首欢乐的歌。这一节课，让我们走进诗人和作者语言里的秋风、秋叶、秋雨，发掘平日里未发现的独特的秋景，用笔写下自己最新发现的秋季日记，体会秋韵。让我们走进古诗中的秋天，收集描写秋天的诗句，为喜欢的古诗配画吧。

1.读出诗中景物：

（1）运用所掌握的理解词语的方法，完整地说说每首诗的意思。

（2）看着诗的配图，读出诗的画面。

2.读出诗的韵味。

（1）提供四五首音乐，根据古诗韵律自主选择，然后进行配乐诵读。

（2）回忆古诗：我们都学了什么古诗，用景物来抒发感情，你还记得吗？（PPT展示《静夜思》）

（3）请你读给我们听好吗？李白如何借景抒情？（同学们互相交换意见）

3.扩展延伸：这种以景物来表达感情的诗有很多。

PPT展示：露从今夜白，月是故乡明。——[唐]杜甫《月夜忆舍弟》

春风又绿江南岸，明月何时照我还。——[宋]王安石《泊船瓜洲》

4.根据内容，仿写诗歌。

金秋的阳光，洒在＿＿＿＿＿＿＿＿＿＿＿＿＿。

学生交流，教师点拨。

总结：不错，这些诗句都是借月表达了作者对故乡的思念。古人常借明月、杨柳等景物来表达自己的感情，有兴趣的学生在课外可以找到一些古诗，用来表达自己的感情，阅读它们并有所感悟。

5.拓展延伸：再收集一首关于"秋天"的诗，并为其配上相应的图画，写下一篇关于"秋思"的日记。

★日记3：秋思集

（1）收集一段有关秋天的古诗 （2）将古诗眷写在日记的左边

（3）为古诗配上相应的图画 （4）写下一篇有关"秋思"的心得日记

秋思集

_____

_____

_____

_____

图6-2-4 "秋思"卡片

课堂小结：同学们，古代诗歌是我国的中华传统文化，因此我们不仅要了解诗歌的意思，更要进行古诗文的积累，在不断反复的朗读中，感受诗歌的韵味和美好的意境。为创编秋日纪念册积累素材。

（邢　琳）

子任务四：整理、展示秋日纪念册

学习目标：

1.掌握日记的格式、内容，记录自己的真实感受。

2.能有顺序地观察，有条理地说话，整理秋的日记。

学习重点：

掌握日记的格式、内容，记录自己的真实感受。

学习难点：

能有顺序地观察，有条理地说话，整理秋的日记。

评价任务：

通过课堂练笔达成目标1、2。

学习活动：

活动一：整理秋日纪念册。

1.翻开课本第24页，读读这篇日记，跟你身边的同学们交流以下三个问题：

（1）写日记有什么好处？

（2）日记的格式是怎样的？

（3）日记里可以写些什么？

2.汇报交流。

（1）懂好处：①新鲜及时；②素材库；③沟通桥；④形式不拘；⑤反省与提高……

（2）知格式：日记由时间、星期、天气、正文构成，第一行是时间、星期、天气，第二行是文章的内容。正文与写话相同，可以分自然段写，每个段落开头空两格。

（3）明内容：写生活中真实发生的事，你的所见、所闻、所感、所想……

3.击掌游戏：日记顺口溜，牢记所学内容。

同学们，让我们投入大自然的怀抱，仔细观察、用心聆听，你一定会听到秋天各种奇妙的声音，欣赏到五彩缤纷的秋日美景。

4.回顾拓展，朗读诗歌《秋天的日记》，品味秋韵之美。

秋天的日记

叶儿落，叶儿黄，

秋风踩在树叶上，

沙沙响，沙沙响。

瓜果飘香，农民正忙，

把丰收的喜悦写在脸上。

五色的山丘是多彩的花房，

秋天是一位出嫁的姑娘……

我要把秋天的＿＿＿＿＿＿＿，写进我的日记里。

5.你读我诵：《赠刘景文》。

读：秋天，荷有什么变化？

诵：荷尽已无擎雨盖。

读：秋天，菊有什么变化？

诵：菊残犹有傲霜枝。

读：不要觉得一年中的美景就要结束了，要记住，这一年中最美丽的景色是什么时候。

诵：一年好景君须记，正是橙黄橘绿时。

我要把秋天的＿＿＿＿＿＿＿，写进我的日记里。

6.整理交流。

（1）整理前期写的三篇日记，读一读自己写的日记给同伴听，巩固对日记的格式的了解，归纳日记的内容，总结写日记的好处。

（2）改一改，评一评。

活动二：展示秋日纪念册。

1.整理自己的学习成果，梳理并完善自己的秋日纪念册。让自己的纪念册丰富、图文并茂。

2.开个展览会，与同伴分享交流，取长补短。

课堂小结：同学们，创写秋的日记是丰盈秋天纪念册的重要内容，通过这堂课，我们用文字记录下秋的美丽，最后集中进行展示，整理自己的学习成果，丰富自己的秋日纪念册。

（周子娟）

七、作业与检测

单元检测

（一）基础性作业

1.以下加点词语的读音完全正确的是（　　　）。

A.水洼（wā）　　增加（zēng）　　B.皮靴（xié）　　凌乱（líng）

C.棕色（zhōng）　　脚印（yìn）　　D.混乱（shé）　　水晶（jīn）

2.连线。

潮湿的	天空		仔细地	歌唱
明朗的	地面		愉快的	数着
湿漉漉的	水洼		紧紧的	走着
亮晶晶的	水泥道		小心地	粘着

3.扩充词语，起个美题目。

"铺满金色巴掌的水泥道"这个题目可真美啊！请你照样子，给下面的场景起一个漂亮的题目吧！

秋天的田野	→	穿着金色婚纱的田野
秋天的树林	→	
秋天的果园	→	

4.红红的枫叶像一枚枚邮票，飘哇飘哇，邮来了秋天的凉爽。

【分解组合法】"凉"是"清凉"的意思，"爽"是"爽快"的意思，通过分解组合我们可以知道"凉爽"的意思是（　　　）

A.清凉爽快　　　　B.温度低

我用_____方法理解了_____，意思是_____。

同学互评：☆☆☆☆☆　　　老师评价：☆☆☆☆☆

（二）发展性作业

1.课内阅读。

秋天的雨，有一盒五彩缤纷的颜料。它把（　　　）给了银杏树，把（　　　）给了枫树，把（　　　）给了田野，把（　　　）给了果树，把（　　　）、（　　　）、（　　　）……给了菊花。

我知道文中"五彩缤纷"的意思是_____，运用的是_____的方法。

A.借助注释　　B.具体语境　　C.近义词　　D.查字典　　E.生活经验

2.课外阅读

五花山（节选）

秋天的山不再是一种颜色了。下过一场秋霜，有的树林变成了金黄色，好像所有的阳光都集中到那儿去了；有的树林变成了杏黄色，远远望去，就像枝头挂满了熟透的杏和梨；有的树林变成了火红色，风一吹，树林跳起舞来，就像一簇簇火苗在跳跃；还有的树林变得紫红紫红，跟剧场里紫绒幕布的颜色一样。只有松柏不怕秋霜，针一样的叶子还是那么翠绿。

秋天的山一片金黄，一片火红，一片翠绿……人们给这五颜六色的山起了个好听的名字，叫"五花山"。

1.我能联系上下文理解"五颜六色"的意思是_____。我还能从选文中找出描写颜色的词语：_____、_____。

2.人们给山取名"五花山"是因为＿＿＿＿＿＿＿。

3.选文中画横线的句子，把＿＿＿＿＿＿＿想象成＿＿＿＿＿＿＿，特别有新鲜感。

4.我能展开想象，用这种方法仿写"秋天的果园"。

秋天的果园＿＿＿＿＿＿＿。苹果变成了＿＿＿＿＿＿＿，好像＿＿＿＿＿＿＿；＿＿＿＿＿＿＿变成了＿＿＿＿＿＿＿，就像＿＿＿＿＿＿＿。

（三）拓展性作业

推荐阅读：《一片叶子落下来》《金波四季童话（秋天卷）》

同学互评：☆☆☆☆　　老师评价：☆☆☆☆☆

八、学后反思

1.通过本单元的语文实践活动中，你都会运用哪些方法理解难懂词语？举例说说。

2.在本单元中，你还积累了哪些学习经验愿意与别人分享？

九、学习资源

1.补充资源1：《自报家门》

2.补充资源2：《一片叶子落下来》

3.补充资源3：《金波四季童话（秋天卷）》

第三章 三年级下册第五单元

以发展学生习作能力为主线的习作单元，这是统编版小语教材从三年级上册就开始编排的特殊单元。习作单元通过学习内容间的有机融合，相互关联，统整性地构成一个整体，以单元合力方式引领学生走进读与写的深度体验、迁移与运用的学习活动中，循序渐进地提升学生习作能力。

第一节 教材分析

一、教材概况

习作单元的构成与普通单元不相同，包括"精读课文、交流平台、初试身手、习作例文、习作"五个板块。它的编排有其独特之处，从三年级至五年级的教材中，共编排了六个单元的学习内容，具体内容见五年级上册第五单元的"教材分析"部分。

单元的编排主题明确，聚焦写景、写事、写人等习作类型，聚力提升学生想象、观察、说明等习作能力……呈序列、有梯度地发展学生的表达能力，提升习作素养。

二、教材特点

（一）功能特殊

习作单元的五个板块内容发挥着各自的功能。

精读课文，不只指向内容的理解，更是引导学生在学习中发现习作知识，体会其中表达的特点，其重点在于从阅读中学习作方法。交流平台，引导学生通过学习，回顾、整理、总结、提炼习作方法；初试身手，是习作单元的独有板块，引导学生应用单元获取的写作知识初试习作，形成初步的习作技能。习作例文，各单元从不同角度丰富了习作样例，一般编排两篇，均用批注或者课后练习的形式，对本单元的习作方法举例说明，进行强调，补充丰富，提供习作思路，启发学生如何更好地写好习作。习作练习，则是在"初试身手"初步技能表达练习的基础上，实现方法与技能的整合运用，将写作知识、技能转化为习作能力，形成学习成果，达成单元学习任务。

由此可见，习作单元，从一至终，聚焦表达，指向表达，循序渐进地引领学生掌握习作方法，发展习作能力。这就要求我们教师在设计每一课元的学习目标及重难点时，准确把握教材，找准习作训练点，将"语文要素"真正地落实到位，切实提升学生的习作素养。

（二）纵横关联

习作单元的编排内容，纵横联结，整体关联。

一是，单元内横向关联，层级递进。

习作单元包括精读课文、交流平台、初试身手、习作例文、习作五个板块，它们之间横线关联，搭建了"从读到写、从写促读、从学到用"的层层递进的学习网，促习作知识向习作技能的转化，从而提升习作水平。以三年级下册第五单元为例。

如何表达想象？不论是精读课文、交流平台、初试身手、习作例文，还是习作等，都环拱"想象"二字展开。较普通单元而言，它更具有整体性，单元内版块内容的关联安排，环环相扣。导语体现了语文要素，借助两篇精读课文的课后习题、交流平台的小结、初试身手的实践、例文的旁批以及习作要求作为支架，让写作练习有方法，想象表达有路径。具体分析如下：

精读课文，感受想象，习得方法。《宇宙的另一边》《我变成了一棵树》的课后练习都是先阅读课文进行交流，让学生自己感受想象世界的奇妙，然后联系学生的生活实际开展丰富的想象，进而说出自己创造的想象故事。其设计思路都是感受想象的神奇，明白想象是自己的内心出发，在阅读中感受想象的乐趣，发现蕴含的表达方法。

"交流平台"，梳理总结，领悟内化。它对如何大胆想象进行了梳理、总结。让学生明白想象是很神奇的。"初试身手"，尝试运用想象。以游戏的方式展开的活动让学生在亲身经历中感受想象的乐趣，在说和写中，实现从阅读到表达的迁移。

习作例文，运用方法，进行表达。两篇充满想象的例文，借助旁批和思考题，给予学生想象的方法：一是在面对命题习作时，怎样通过对题目进行提问，打开思路，大胆想象；二是通过哪些方式来展开想象，创写故事。比如，能够关注事物的特点顺向想象，还能使用逆向思维反向想象。

习作练习，大胆想象，转知为能。如果说初试身手是单项技能训练，那么，单元习作则是方法与技能的综合运用，它将写作知识与技能转化为写作能力。本单元最后安排的习作"奇妙的想象"，让学生创作属于自己的想象世界，共分为三部分：一是选择题目，二是出示写作要求，三是建议展示方式。这样在单元整组教学中，先阅读后习作的编排形式，循序渐进地落实以阅读促想象，以想象促表达的成效，有助于学生习作能力的提升。

教学时，各板块间要前后勾连，相互融合，切记孤立处理。

二是，教材内纵向关联，阶梯上升。

纵观统编教材单元习作的编排序列，就会发现习作知识以及能力训练存在着关联性、发展性、系统性，整个编排在循序渐进中促学生习作能力的阶梯性发展。仍以三年级下册第五单元为例：从整套教材内容来看，我们不难发现，想象类习作训练内容的增多成为统编教材习作编写的一大特点。

那什么是想象？想象是一种特殊的思维形式，是人类大脑对已经存在的表象进行加工改造而创造新事物的过程。

为什么想象？我们看，教材从"课后练习题""词句段运用""普通单元""习作单元"四个方面构成了编排立体化、能力序列化、指导具体化的想象类习作训练体系，目的就是让学生在学习过程中，对机体进行调节，发展他们的思维。

那怎样想象？我们在使用教材的过程中其实都有所了解：比如，低年级的看图想象写话；二年级下册《枫树上的喜鹊》课后题：看到下面的情景，你会想到什么？试着写下来；三年上册第三单元：给出一些词语"国王、黄昏、厨房……"，看到这些词语，你的脑海里浮现出了怎样的画面？想到了什么样的故事？发挥想象，把故事写下来等。这些想象都是根据语言文字或者是图表的描述，在头脑中重新创造出新形象的过程，心理学上把它叫做再造想象。随着教学活动和思维水平的提高，三年级以后的儿童想象的发展就逐渐由再造想象发展向独立想象，能根据头脑中已有形象，独立地创造新形象，这比再造想象困难、复杂。就像我们教材中想象习作的序列编排，到了三年级下册就开始鼓励学生大胆想象，给出题目，发挥想象写故事；四年级注重培养学生独特的想象力；五年级写想象故事，要求分段叙述，要写具体，且注意情节的转折。这些呈梯度的编排，都恰恰顺应了儿童想象创造性发展的规律。

如果把各个年级关于想象类的习作训练内容串联在一起，就会发现三个学段遵循了儿童从低段的再造想象逐渐发展向中高段的创造想象的规律，编排了螺旋上升的习作要素，在习作训练中激发想象力，发展他们的创造性思维，助推小学儿童敢于大胆想象，学会合理想象，并表达真情实感。

"想象"类习作训练内容具体见表6-3-1：

表6-3-1　"想象"类习作训练内容

册别	单元	语文要素	习作话题	习作要求	表达训练要素
二年级上册	第七单元	借助语言文字展开想象	单元写话：小老鼠在干什么	老鼠在干什么？电脑屏幕上突然出现了谁？接下来会怎样？快把你想到的写下来吧	看一幅图，想象写话
	第八单元	综合运用多种方法自主识字、自主阅读；借助提示，复述课文	课后题：《23.纸船和风筝》	选做：小熊也想写一张卡片，挂在风筝上送给松鼠，请你替他写一写吧	
二年级下册	第四单元	运用学到的词语把想象的内容写下来	课后题：《9.枫树上的喜鹊》	看到下面的情景，你会想到什么？试着写下来。我看见喜鹊阿姨找了一条虫子回来，站在窝边。喜鹊弟弟一齐叫道："鹊！鹊！鹊鹊鹊！"我懂得，他们的意思是："＿＿＿＿"	
			单元写话：有趣的经历	1.看图，想一想：小虫子、蚂蚁和蝴蝶用鸡蛋壳做了哪些事情？它们有什么有趣的经历？把它们这一天的经历写下来吧！2.写的时候，可以用上下面的词语：早上、过了一会儿、到了下午、天黑了	看多幅图，用上表示时间的词语想象写话

续表

册别	单元	语文要素	习作话题	习作要求	表达训练要素
三年级上册	第三单元	1.感受童话丰富的想象。2.试着自己编童话,写童话	单元习作:我来编童话	1."国王 黄昏 厨房……"看到上面这些词语,你的脑海里浮现出了怎样的画面?想到了什么样的故事?发挥想象,把故事写下来。2.写之前想一想:故事里有哪些角色?事情发生在什么时间?是在哪里发生的?他们在那里做什么?他们之间发生了什么故事?3.写完后小声读一读,看看句子是否通顺。试着给故事加一个题目,注意题目要居中	大胆想象写童话
	第四单元	1.一边读一边预测,顺着故事情节去猜想。2.学习预测的一些基本方法。3.尝试续编故事	单元习作:续写故事	1.下面的图讲了什么事情?接下来可能会发生什么?请你把故事写完。2.写好以后小声读一遍,用学过的修改符号把有明显错误的地方改过来。3.和同学交流习作之后,说说你更喜欢谁写的故事	运用预测,尝试续编故事
	第六单元	1.借助关键语句理解一段话的意思。2.习作的时候,试着围绕一个意思写	语文园地:语句段运用	看到下面的词语,你的眼前会浮现怎样的画面?选择一两个词语写句子:懒洋洋 慢腾腾 颤巍巍 兴冲冲 静悄悄 空荡荡 乱糟糟 闹哄哄	
	第七单元	1.感受课文生动的语言,积累喜欢的语句。2.留心生活,把自己的想法记录下来	课后小练笔:《21.大自然的声音》	你听到过哪些"美妙的声音"?试着写几句话和同学交流,如,"鸟儿是大自然的歌手……""厨房是一个音乐厅……"	

续表

册别	单元	语文要素	习作话题	习作要求	表达训练要素
三年级下册	第二单元	1.读寓言故事，明白其中的道理。 2.把图画的内容写清楚	单元习作：看图画，写一写	1.写之前，先仔细观察图画，想一想：图画上有哪些人？他们在干什么？他们的动作分别是怎样的？可能说了哪些话？ 2.写的时候，要把自己看到的、想到的写清楚。 3.写完后，跟同学交换习作读一读，互相评一评：图画的内容是不是介绍清楚了？有没有错别字？根据同学的意见修改习作	
	第五单元	1.走进想象的世界，感受想象的神奇。 2.发挥想象写故事，创造自己的想象世界	单元习作：奇妙的想象	1."最好玩的国王、一本有魔法的书……"选一个题目写一个想象故事，也可以写其他的想象故事。要大胆想象，创造出属于自己的想象世界。 2.写完后，可以交换习作。说说自己最喜欢同学写的什么内容，什么地方需要修改	发挥想象写故事，创造自己的想象世界
	第八单元	1.了解故事的主要内容，复述故事。 2.根据提示，展开想象，尝试编童话故事	单元习作：这样想象真有趣	1.一旦动物失去了原有的主要特征，或是变得与原来完全相反，它们的生活会有什么变化？又会发生哪些奇异的事情呢？ 2.选一种动物作为主角，大胆想象，编一个童话故事。 3.写完后，用学过的修改符号修改自己的习作	根据提示，展开想象，尝试编童话故事

续表

册别	单元	语文要素	习作话题	习作要求	表达训练要素
四年级上册	第二单元	1.阅读时，尝试从不同角度去思考，提出自己的问题。2.写一个人，注意把印象深刻的地方写出来	单元习作：小小"动物园"	1.把自己的家想象成"动物园"，分别用一段话写一写家里的"动物"。2.写好了读给同桌听，看看有没有不通顺的句子。回家读给家人听，请他们评评写的像不像	写一个人，注意把印象深刻的地方写出来
	第四单元	1.感受神话中神奇的想象和鲜明的人物形象。2.展开想象，写一个故事	单元习作：我和___过一天	1.如果有机会和神话或童话中的某一位人物过上一天，你会选择谁？你们会一起去哪里？会做些什么？会发生什么故事呢？把自己的想法和小组同学说一说，再写下来。2.写完后，听听同学的意见，认真修改，最后誊写清楚	展开想象，写一个故事
四年级下册	第二单元	1.阅读时能提出不懂的问题，并试着解决。2.展开奇思妙想，写一写自己想发明的东西	单元习作：我的奇思妙想	1.你想发明什么？它是什么样子的？有哪些功能？把它写出来介绍给大家吧！可以参考下面的提示，想想自己要写的内容。还可以把你想发明的东西画出来，帮助自己描述。2.写完后，把习作读给同桌听，让同桌说说你是否写清楚了	展开奇思妙想，写一写自己想发明的东西
	第八单元	1.感受童话的奇妙，体会人物真善美的形象。2.按自己的想法新编故事	单元习作：故事新编	1.如果让你重编一个龟兔赛跑的故事，你会怎么编呢？先设想一下故事的结局：乌龟和兔子都赢了……假如我们选"乌龟又赢了"这个结局，可以想象新的故事情节……2.我们也来写一写吧！可以新编《龟兔赛跑》，也可以另选一个熟悉的故事，如《狐假虎威》《坐井观天》《狐狸和乌鸦》，创编新故事。3.编完后，可以配上插图，把习作贴在教室的墙报上，大家一起分享这些有趣的故事	按自己的想法新编故事

续表

册别	单元	语文要素	习作话题	习作要求	表达训练要素
五年级上册	第四单元	1.结合资料，体会课文表达的思想感情。2.学习列提纲，分段叙述	单元习作：二十年后的家乡	1.首先要大胆想象，二十年后的家乡会发生什么巨变。如，环境有什么变化？人们的工作、生活有什么变化？然后参考下面的例子，把想象到的场景或者事件梳理一下，列一个习作提纲（题目、开头、中间、结尾），明确自己要写什么，从哪些方面来写。2.按照自己编写的习作提纲，分段叙述，把重点部分写具体。3.写完后，跟同学互换习作，提出修改建议，再根据同学的建议认真修改习作	学习列提纲，分段叙述。把重点部分写具体
五年级下册	第六单元	1.了解人物的思维过程，加深对课文内容的理解。2.根据情境编故事，把事情发展变化的过程写具体	单元习作：神奇的探险之旅	1.你喜欢探险吗？你读过有关探险的书吗？这次习作就让我们编一个惊险刺激的探险故事吧。2.你希望和谁一同去探险？从下面两列人物中各选一个，和你一起组成一支探险小队。你想去哪儿探险？打算带上哪些装备？可能会遇到什么险情？下面的提示供你参考：场景、装备、险情。写的时候要展开丰富合理的想象，把遇到的困境、求生的方法写具体，如果能把心情的变化写出来就更好了。3.写完后，认真修改自己的习作	展开合理想象，编一个惊险刺激的探险故事

因此，习作单元的教学，要将同类主题置于整套教材中进行纵向的梳理，明确各年段、各年级、各单元习作训练要点在整个小学阶段所处的位置，更好地帮助老师定位各年段习作的目标，从而不任意地降低或拔高习作训练要求。

（邢明芳）

第二节　教学策略

我们都知道，习作单元的精读课文、习作例文、交流平台、初试身手及习作最终都是为表达服务的。精读课文是让学生从课文中学习表达；交流平台是梳理小结课文中的要素和方法；初试身手，是让学生尝试从精读课文中学到的方法来加以运用；习作例文是以此为例来进一步指导习作；而习作则是巩固这个单元所有的习作要素。那么，在习作单元的教学中，我们怎样落实单元整体教学呢？

一、借助"范本"，指向表达运用

习作单元的精读课文，是优质的表达范本。教学中，我们要瞄准习作要素，将其作为主线，一以贯之，充分发挥精读课文的范例价值，引领学生学习、体悟、发现、梳理等，习得表达的秘钥。以三年级下册第五单元为例：

（一）基于生活，大胆想象

三年级的学生对想象很有兴趣，但找不到想象的门路，教学精读课文时，我们要发挥文本价值，在内容上引领他们从乐想象到会想象。

有意想象并不是天马行空的信马由缰，他们都是在已有的生活经验基础上展开的。《宇宙的另一边》通过"我"想象宇宙的另外一边，围绕宇宙的另一边到底有哪些秘密进行了丰富而具体的想象。这些具体的想象内容有雪、太阳、石头、课堂等，都没有离开"我"的学习与生活。《我变成了一棵树》，树上为什么会长满鸟窝？因为现实生活中树上就有鸟窝。为什么我的鸟窝里会住进了小动物和妈妈？因为现实中，鸟窝里住着鸟儿和它的孩子们等。这些奇特的想象都与现实生活紧密联系。因此，教学时，我们通过多种形式的读，引导学生发现，想象基于生活，它是在现实生活中"生长"出来的。从而习得联系生活实际，打开想象思路，让想象表达的内容变得丰富而有趣的方法。

（二）寻找连接，转换想象

想象的呈现需要找一个关联点，把真实存在的事物，与想象创造的事物进行连接、转换。这样才会打开想象的大门，让想象的内容丰富多彩、神奇有趣。

比如，教学《宇宙的另一边》可以在梳理小结时，引导学生发现作者正是抓住"倒影"这个连接点，将宇宙这一边的现有的此物与想象出的另一边的彼物进行了转换，使得彼、此联系起来，创造了神奇有趣的想象。比如《我变成了一棵树》，以"变成"这个关键词为连接点，完成了现实中的"我"与想象中的"大树"的转换，让想象因此显得奇异而有趣。

（三）品悟文本，习得方法

习作单元的精读课文，为学生提供了具体的写法支架，承担着为写而教的任务。因此，我们在教学时，要通过精读课文引导学生感悟作者是如何表达的，从而学文得法。

《宇宙的另一边》的学习，可以通过创设游戏情境，带着学生走进这一文本的学习，开启他们的想象之门。接着，通过阅读，对宇宙这边和另一边一一对应的现象的梳理，引导学生发现作者陈诗哥就是围绕"很远很远的地方，宇宙的另一边，是这一边的倒影"这个秘密展开奇特的想象来写的。从中发现原来表达想象的方法可以是"反着想象"，并深入感受反着想象的奇特与有趣。阅读第11自然段，发现在宇宙的另一边写关于风的习作的秘密，就是把自己变成风。至此，联系课后题，发挥想象，展开交流，在阅读与表达的交融中落实语文要素。

《我变成了一棵树》围绕"创造一个神奇的世界"展开。教学时，可以通过阅读，抓住关键词、句、段等，引导学生感受想象的有意思，语言的有趣味。在品读中引导学生发现"成为所想""顺着事物特点"想象的方法，打开了思维的大门，同时，教师要注意引导学生通过多样的读书活动，感受作者从"我"变成了一棵树后的心理变化的描写以及文本内角色间的对话、作者与读者的对话方式，让想象有情节、有意思。

当然，在学习这两篇精读课文，习得想象的表达方法的同时，还要注意发挥范本中蕴含的"表达有顺序""主题有思想"的价值，引导学生有序表达，向正能量的方向去想象，让他人感受到你想象中表达出来的美好心愿及真情实感。

二、融于"平台"，关联教学内容

习作单元的交流平台，切记不可孤立学习，我们要将其融于整组教学中，做到相互关联、渗透与提升，让学生在学习、比较、梳理、总结与提炼中，充分内化，外显于行。

大胆想象这一习作单元的交流平台共有三段话，均可以与相关文本勾连、整合，且在第二篇精读课文学习的最后环节，与交流平台进行勾连，有意识地推进单元整体学习，指向习作实践，避免"交流平台"的学习流于形式。

三、勾连"例文"，指导修改习作

习作单元的教学，我们可采用先读后写的方式，也可采用先写后读，以写促读的思路。例文，不做单独的教学，而是与习作评改相融，指导评改赏析，通过勾连、转化、评价等，夯实习作指导，服务习作教学。

以三年级下册第五单元的学习为例，就可采用先习作后例文的方式，初次习作后，可以借助两篇习作例文的题目、旁批等导学系统，帮助学生不拘形式地打开想象的思路、巩固想象的方法、指导写清楚的路径，发挥例文应有的价值，让其真正为教学所用，为学生所用。

第三节　设计思路

将本单元定位于"文学阅读与创意表达"学习任务群。该任务群对第二学段"阅读与鉴赏"的学习目标的要求是"阅读富有想象力和表现力的儿童文学作品……发展想象力"。

"走进想象的世界，感受想象的神奇"是本单元的阅读要素，鼓励学生大胆想象，培养自己的想象力和创造性思维。《宇宙的另一边》提示我们可以根据现在的世界进行反向想象，想象另外一个相反的世界；《我变成了一棵树》则告诉我们可以把自己想象成别的东西，根据事物的特点进行想象。

"发挥想象写故事，创造自己的想象世界"是本单元的习作要素，聚焦的能力是想象，培养自己的想象力。低学段的想象立足于学生的思维能力，从图画和文字两方面展开想象。到了第二学段，学生要学会有意识地从多角度展开合理的想象，从天马行空到有目的、有逻辑的想象。由此可知，部编版教材对于我们想象类习作的要求是逐步提升的。关注本单元这一个习作单元，还会发现每个板块都发挥着各自的作用，但都为习作要素服务。构成了以读促写的想象类习作训练系统。

结合单元整体解读，结合课标中"文学阅读与创意表达"学习任务群对应第二学段的要求，本单元的学习目标确定为：

知道（K）：

1.学会单元生字新词，通读课文，了解课文内容。

2.理解课文内容，走进想象世界，感受想象的奇妙，体验大胆想象的乐趣。

理解（U）：

1.借助文本，学习反着想象、成为所想、抓住事物特点等的想象方法。

2.品悟文本，了解按顺序和利用对话推动情节发展等表达想象的方法。

3.感受课文蕴含的情感与思想。

能够（D）：

1.综合运用学到的想象及表达方法，尝试续编故事。

2.发挥大胆想象，将自己的想象清楚、有序、有趣地写下来。

学习任务一：聚焦交流平台，进入奇妙的想象（1课时）。

想象力是人生的智慧翅膀，想象力之于人，就像翅膀之于飞鸟，想象力比知识更重要。让我们大胆想象，进入奇妙的想象世界。

活动一：明确核心任务。

1.明确核心任务，讨论怎样进行大胆想象，并把想象的故事写出来。

2.讨论明确完成核心任务的学习过程。

第一步：理解课文内容，走进想象世界，感受想象的奇妙，大胆创作属于自己的想象故事。

第二步：借助文本，学习想象方法。

第三步：综合运用学到的想象及表达方法，赏析并修改想象故事；展示自己的想象故事，分享到想象长廊中。

活动二：了解想象角度。

变身想象达人，交流两篇课文是通过什么角度想象的，再来看看交流平台，可以通过抓住出人意料的情节、人物特殊的本领，或者把自己想象成童话中的人物，感受童话世界中主人公的奇异经历，大胆想象，从而创造出现实世界中没有的景象和事物，在想象的世界里，任何事情都可能发生。

活动三：创作想象故事。

了解了不同的想象角度后，把这些方法运用到"初试身手"中，创作属于自己的想象故事。

【任务说明：通过聚焦交流平台，创设单元的学习情境，在奇妙的想象世界中了解想象角度，对想象有整体把握，为创造神奇的想象世界打下基础。】

学习任务二：揭秘想象方法，感受奇妙的想象（4课时）。

本单元的学习主题是——想象力比知识更重要。那就让我们插上想象的翅膀，在本单元的学习中，揭秘想象的方法，畅游奇妙的想象。

活动一：初读文本，感受想象神奇。

1.读文《宇宙的另一边》，说一说宇宙另一边的秘密，感受作者大胆奇特的想象。

2.读文《我变成了一棵树》，联系课文内容进行想象，感受想象的奇特。

活动二：细读文本，习得想象方法。

1.学习作者基于生活，反着想象、成为所想的方法，体验大胆想象的乐趣，感受和学习作者的有序表达。

2.顺着事物特点进行想象，根据事物的特点开展大胆想象，勾连起事物之间的不同联系，还能够把自己想象成其他的事物，这样的想象创造出了比生活中更加奇妙的事物和景象。

活动三：品悟文本，指向表达想象。

（1）借助课中学习单中的提示，自主选择喜欢的仿说话题，先在小组内和伙伴们分享自己的想法，然后再全班交流。

交流：在宇宙的另一边，如果想写一片叶子的习作，就得想象自己变成了一片轻盈的叶子……；在宇宙的另一边，如果想写太阳的习作，就得想象自己变成了一轮明晃晃的太阳，挂在半空中……；在宇宙的另一边，如果想写蟋蟀的住宅，就得想象自己变成一只蟋蟀……

（2）读对话和心理活动。

通过多样的读书活动，感受作者从"我"变成了一棵树后的心理变化的描写以及文本内角色间的对话、作者与读者的对话方式，让想象有情节、有意思。注意有序表达，向正能量的方向去想象，让他人感受到你想象中表达出来的美好心愿及真情实感。

【任务说明：通过阅读文本，回顾课文中的想象故事，梳理课文中的想象方法，互相交流大家对想象的体会和感受，进一步感受想象的神奇与乐趣，为创造自己的想象世界提供灵感。】

学习任务三：体验想象乐趣，分享奇妙的想象（4课时）。

活动一：感受乐趣，大胆想象实践。

1.欣赏课本上的手指印画并思考：图片中画的是什么？猜一猜是如何画出来的。

2.通过不同方式创造成系列的手指印画，根据事物特点进行联想。

3.联系生活，大胆实践。

4.小组交流，评选"最佳创意"奖。

活动二：故事接龙，放飞想象翅膀。

1.出示两个故事开头之后，引导学生根据故事开头的信息去想象。

2.从二选其一，根据兴趣重新分组。挑选自己最感兴趣的故事开头，进行大胆的想象，同样故事开头的同学重新组合成组。

3.接龙编写（15分钟），教师巡视指导。

4.开展评选"最佳故事龙"活动，在小组内交流自己续编的故事，评选最佳。

5.邀请各组优秀代表在班级内交流，师生评价。（互相之间指出写得好的地方和不够好的地方，再邀请教师适时进行总结评价）

6.最终出示评价标准，选出"最佳故事龙"。

7.课后使用修改符号进行修改、完善自己的习作。

活动三：借助标准，赏析修改文章。

1.通过前期学习单元课文，咱们基本掌握了想象方法，明确了习作标准，写出了想象中的世界。下面开始根据标准赏析习作吧。（从"赏析习作题目、思维逻辑、语言表达、想象方法"四个方面赏析。）

2.赏析习作题目：这个单元每篇文章的题目都很有趣，习作要求提供的题目也很有趣。观察屏幕上有趣的题目，挑选出你最感兴趣的一个题目，猜猜作者可能会写些什么？

3.赏析文章开头：想象作文，可以根据题目安排切入点，或通过提出一个问题、描述一个有趣的情境，还可以开门见山直奔主题，等等。

4.赏析语言表达：阅读同学所写的部分精彩片段，交流最喜欢的表达方式。

5.赏析想象方法：观看完整的三篇习作，《橡皮的遭遇》《一本有魔法的书》《假如人类可以冬眠》，思考：你想先读了哪一篇习作？这篇习作哪里写得有意思？作者是怎样写出它有意思的？

6.赏析习作之"成为所想"写。学生交流《橡皮的遭遇》一文时，出示需要思考的问题。

小结："成为所想"能体验到变身后的奇异经历。

7.赏析习作之"反着想象"写。学生交流《假如人类可以冬眠》一文时，出示需要思考的问题。

小结：小作者大胆发挥想象的方法，就是反着想象。

8.赏析习作之"抓住特点"写。学生交流《一本有魔法的书》一文时，出示需要思考的问题。

小结：抓住事物的特点，发散思维，大胆想象出有趣的事。

活动四：习作展示，创享想象长廊。

表6-3-2 评价标准

赏析内容	赏析标准			个人自评	学生互评	教师评价
	☆☆☆	☆☆	☆			
习作题目	1.醒目 2.独具匠心 3.富有想象力					
思维逻辑	1.逻辑严密 2.安排合理 3.情理之中					
语言表达	1.表述有顺序 2.运用对话推动情节 3.表达清楚、吸引人					
想象方法	1.成为所想 2.抓住特点 3.反着想象					

1.根据评价标准，学生互相赏评他人习作。

2.交流：他人习作有趣的片段及写法特点。

3.习作总评获得10颗星及以上的习作当选为"最具想象力作文"，课后，张贴在墙报的"想象岛"中，作者被评为"想象小达人"。

4.从小组其他习作中挑选"最亮眼的题目""最自然的开头""最精彩的片段""最独特的表达"，把自己手中的星星标志贴在他人习作相应位置上。

5.课后，分类整理好这些精彩题目、开头、片段、习作等，汇编到本期的"星海习作"集，供全班同学、年级同学分享、阅读。

【任务说明：习作例文为想象作文的修改提供模仿的范例，本任务借助习作例文帮助我们把想象故事写得更丰富。通过习作的评改和鉴赏让我们借鉴别人的优秀之处修改自己的不足之处，让自己的想象作文更上一层楼。】

（刘婉鸣）

第四节 学历案设计

一、基本信息

1.主题：想象力比知识更重要

2.课时：9课时

3.对象：三年级一班学生

4.人数：44

二、学习内容分析

本单元是一个想象习作单元，安排了精读课文两篇《宇宙的另一边》《我变成了一棵树》和习作例文两篇《一支铅笔的梦想》《尾巴它有一只猫》。《宇宙的另一边》描写了"我"想象宇宙的另一边是这一边的倒影，宇宙的另一边的所有的人、事和物都是与这一边相反的故事，展现了"我"丰富的想象力。《我变成了一棵树》讲述了"我"变成一棵树之后的奇妙经历，在大胆想象中实现了"我"美好的愿望。"交流平台"对精读课文中有趣的想象进行了梳理、总结、提炼，让学生知道可以根据事物特点或把自己想象成别的事物展开大胆想象，习得方法。"初试身手"有两个体验活动，发挥神奇的想象，培养自己的想象力。"手指画"这个活动在动手实践中展开丰富的想象；"续编故事"提供了两个故事的开头，接龙编写故事，在说、写中，实现从阅读到表达的迁移运用。习作《奇妙的想象》，是对本单元所学的综合运用。

"走进想象的世界，感受想象的神奇"是本单元的阅读要素，鼓励学生大胆想象，培养自己的想象力和创造性思维。《宇宙的另一边》提示我们可以根据现在的世界进行反向想象，想象另外一个相反的世界；《我变成了一棵树》则告诉我们可以把自己想象成别的东西，根据事物的特点进行想象。

"发挥想象写故事，创造自己的想象世界"是本单元的习作要素，聚焦的能力是想象，培养自己的想象力。低学段的想象立足于学生的思维能力，从图画和文字两方面展开想象。到了第二学段，学生要学会有意识地从多角度展开合理的想象，从天马行空到有目的、有逻辑的想象。由此可知，部编版教材对于我们想象类习作的要求是逐步提升的。关注本单元这一个习作单元，还会发现每个板块都发挥着各自的作用，但都为习作要素服务。构成了以读促写的想象类习作训练系统。

三、学习目标

本单元定位于"文学阅读与创意表达"学习任务群。该任务群对第二学段"阅读与鉴赏"的学习目标要求是"阅读富有想象力和表现力的儿童文学作品……发展想象力"。根据学习内容的分析，结合课标中"文学阅读与创意表达"学习任务群对应第二学段的要求，本单元的学习目标确定为：

知道（K）：

1.学会单元生字新词，通读课文，了解课文内容。

2.理解课文内容，走进想象世界，感受想象的奇妙，体验大胆想象的乐趣。

理解（U）：

1.借助文本，学习反着想象、成为所想、抓住事物特点等的想象方法。

2.品悟文本，了解按顺序和利用对话推动情节发展等表达想象的方法。

3.感受课文蕴含的情感与思想。

能够（D）：

1.综合运用学到的想象及表达方法，尝试续编故事。

2.发挥大胆想象，将自己的想象清楚、有序、有趣地写下来。

结合单元整体解读，从学生实际出发，学习情境创设为："感受想象的奇妙，创造大胆而富有想象力的故事，在想象力长廊中展示。"基于这样的学习情境，本单元的核心任务设为：感受想象的神奇，创造想象的世界。

四、任务导引

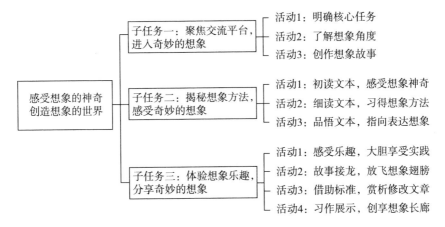

图6-3-1 任务导引图

五、评价任务

1.通过任务一"聚焦交流平台，进入奇妙的想象"达成"知道"层面的目标1、2。

2.通过任务二"揭秘想象方法，揭秘奇妙的想象"达到"理解"层面的1、2。

3.通过任务三"体验想象乐趣，分享奇妙的想象"达到"能够"层面的1、2。

4.通过单元作业检测，评价单元目标达成度，以此修正、调整后续的学习。

六、学习过程

【前置性作业】

（一）读一读

1.我读了（　　）遍课文。

自评：读正确☆　　读通顺☆☆　　读流利☆☆☆

2.给课文自然段标上序号。

（二）写一写

1.把下列生字认真端正地抄写到田字格中。

淌　秘　铃　篇　状　狐　狸　肠　巧

自评：书写认真☆　　　　笔画端正☆　　　　结构合理☆

2.在练习本上抄写并试着默写下列词语。

星空　流淌　秘密　相遇　思绪　瞬间

丁零　失望　继续　想念　麻烦　了解

这些词语中，我不太理解的有（　　　　），我用了（　　　　）的方法理解这些词语。

3.我感觉课文中有很多句子写得特别神奇，比如＿＿＿＿＿＿＿＿＿＿＿＿＿

＿＿＿＿＿＿＿＿＿＿＿＿＿＿＿＿＿＿＿＿＿＿＿＿＿＿＿＿＿＿＿＿＿。

（三）想一想

1.在《宇宙的另一边》这篇课文中，作者大胆想象了宇宙另一边很多奇特的事物。请依据课文内容填写表格。

表6-3-3 《宇宙的另一边》中的想象秘密

	宇宙的这一边	宇宙的另一边
我		
雪		
石头		

2.《我变成了一棵树》中，英英因为＿＿＿＿＿＿＿＿希望变成一棵树。在英英奇妙的想象世界里，发生了很多有趣的事，比如：＿＿＿＿＿＿＿＿＿＿＿＿＿；

＿＿＿＿＿＿＿＿＿＿；＿＿＿＿＿＿＿＿＿等。

子任务一：聚焦交流平台，进入奇妙的想象

★第一课时

学习目标：

1.聚焦交流平台，畅所欲言想象的神奇之处。

2.走进想象的奇妙世界，把自己创编的想象故事写出来。

学习重点：

聚焦交流平台，畅所欲言想象的神奇之处。

学习难点：

把自己创编的想象故事写出来。

评价任务：

1.通过活动查阅资料与交流探讨，达成学习目标1。

2.通过自主学习与完成想象习作，达成学习目标2.

学习活动：

同学们，想象力是人生的智慧翅膀，想象力之于人，就像翅膀之于飞鸟，想象力比知识更重要。让我们大胆想象，进入奇妙的想象世界。

活动一：明确核心任务。

1.在想象的世界里，什么都可能发生，一切都变得那么奇妙。今天我们开启第五单元的学习。首先，我们一起聚焦单元导读页。

观察图画，畅聊神奇的想象。

2.进而朗读爱因斯坦的名言："想象力比知识更重要。"看看图上画的是什么情景？由此你想到了什么？

互相交流，感受想象的神奇。

3.生活中，只要你肯于观察，敢于想象，你会发现很多有意思的事情。正像爱因斯坦说的："想象力比知识更重要。"第五单元作为一个习作单元，主要的学习任务是什么？

交流：走进想象世界，感受神奇想象。发挥想象创编故事，创造只属于自己的想象世界。

4.让我们一起打开奇幻之门，走进想象的世界，感受想象的神奇吧。

活动二：了解想象角度。

1.我们把这个单元的内容变成好玩的任务，让我们变身想象达人，不断地进行闯关吧。先来看看两篇课文中通过什么角度进行想象的？

预设：通过抓出人意料的情节、人物的特殊本领，或把自己想象成童话中的人物，感受在想象世界里主人公的奇异经历。

2.再来看看"交流平台"，又是从哪些角度进行想象的？

预设：想象中的事物具有特殊技能，或具有出人意料的故事情节。那我们不妨把这些方法运用到"初试身手"中，创作属于自己的想象故事。

活动三：创作想象故事。

那我们不妨把这些方法运用到"初试身手"中，创作属于自己的想象故事，先来看根据单元习作提示。

1.以小组为单位，组员之间互相分享自己的习作。

2.那我们参照这个标准从想象内容的新颖性、独立性和创作程度等不同角度欣赏评价他人习作，能结合他人的评价修改自己的习作，班级内展示学生习作。

子任务二：揭秘想象方法，畅游奇妙的想象
《宇宙的另一边》

★ 第一课时

学习目标：

1.说一说宇宙另一边的秘密，感受作者大胆奇特的想象以及"反着想"的方法。

2.感受和学习作者大胆丰富与奇特的想象。

学习重点：

读懂文本内容，说一说出故事中"宇宙的另一边"的秘密，感受作者大胆、丰富与奇特的想象。

学习难点：

感受作者想象的大胆、丰富与奇特。

评价任务：

1.通过课堂研讨达成目标1。

2.通过课堂探究实践达成目标2。

学习活动：

活动一：初读文本，感受想象的神奇。

1.本单元的学习主题是——齐读单元导语。让我们插上想象的翅膀，在本单元的学习中，感受想象的神奇，解密想象的密码，放飞自己的想象，表达美好心愿。

2.本节课，我们一起走进16课的学习。上课之前，先一起来做一个小游戏——我说你做。（PPT展示游戏规则）一起来读读游戏规则。

3.一起游戏，谈感受。

4.读课题，谈想象。齐读课题。读了课题，你觉得宇宙的另一边可能是怎样的？

交流：可能是一片沙漠，骆驼成群；可能是车水马龙；可能有外星人，他们生活的地方，住的、用的、穿的全是高科技的……

5.读课文，聊想象。接下来，朗读课文，思考：作者想象中的宇宙的另一边是什么样的？

（1）交流：作者想象中的宇宙另一边的样子和我们这里差不多。

读了课文后，说说内心的感受，可以借助这些词语来说说，也可以用上自己感触最深的关键词来表达。（出示：有趣、熟悉、不可思议）

（2）交流：我觉得很熟悉，和我们这里差不多，因为文中有一句话说"宇宙的另一边，是这一边的倒影"；我觉得不可思议，我就从没去想宇宙还有另一边，而且另一边竟然和我们这里差不多；我觉得很有趣，因为在宇宙的那边，石头可能像花朵一样开放，还有，把自己想成风的样子，就变成风了……

（3）小结：初读课文后，我们有了这么多的感受，这就是想象给我们带来的独特魅力。

活动二：细读文本，习得想象方法。

1.课前，我们已经在预习单的帮助下，预习过我们本单元的课文，正确识记、听写了生字，了解了课文的主要内容。同一篇文章，不同的人读有不同的感受，接下来，就让我们走进这篇文章，细读品味不同的阅读滋味。

2.朗读第1自然段

3.追问："那个孩子是另一个我吗？"

随机出示课文第3自然段，师生合作朗读：当我……他……

4.从这些句子中，你有什么发现吗？

学生交流：宇宙的另一边有的东西，宇宙的这一边都有；宇宙的这一边和另一边都是相反的；作者想的宇宙的另一边的东西，有的是我们生活中有的……

小结：原来，这些有趣的现象都是作者根据自己的现实生活想象出来的，我们的想象就应该基于现实生活。

5.在宇宙的另一边，作者还想象到了哪些有趣的现象呢？默读第4—9自然段，思考一下：作者由宇宙的这一边的哪些事物想象到了宇宙另一边的奇妙景象？将相关的关键词圈画出来，完成课中导学单。

（1）默读课文，自主完成表格。

（2）指名交流，并展示填写的表格。

（3）梳理第4—9自然段的主要内容，感受作者基于生活的想象是多么丰富、奇特。

6.接下来，再次朗读第4—9自然段，从中选择你认为最有趣的部分，反复品读，并思考你认为作者的想象奇妙在哪里？

7.你能不能也像小作者这样，想象一下：在宇宙的另一边，石头还会怎样？（互相交流：可以仿照这个例子，尝试像小作者一样大胆地想象）

（我觉得最有趣的是宇宙的另一边的加法。）

那你愿意为我们读一读宇宙的另一边有趣的加法吗？大声朗读。

宇宙的这一边，我们平常数学课上的加法是怎样的？互相交流。

而宇宙的另一边呢？

宇宙另一边的加法的确是太有趣了！能试着通过你的朗读把加法的有趣表达出来吗？同样有趣的还有乘法呢！让我们全班齐读乘法描写的句子。（全班齐读）

在我们这里的数学课上，你见过这么奇妙的乘法吗？（没有。）

你能想象宇宙的另一边除法会是什么样吗？加减乘除的混合运算又是啥样？互相交流。

大胆的想象能够创造出现实世界中没有的事物和景象，你有怎样的感觉？

8.小结：是的，有趣、奇妙，这就是想象的魅力与奇特。

课堂小结：想象真奇妙，只有想不到的，没有做不到的；感受到了想象的有趣、奇特；作者的大胆想象，让我们有了奇异的经历与体验。

★ 第二课时

学习目标：

1.结合重点语句进一步体会作者大胆奇特的想象。

2.学习作者"反着想"的方法，体验大胆想象的乐趣，感受和学习作者的有序表达。

学习重点：

学习作者"反着想"的方法。体验大胆想象的乐趣，感受和学习作者的有序表达。

学习难点：

体验大胆想象的乐趣，感受和学习作者的有序表达。

评价任务：

1.通过课堂研讨达成目标1。

2.通过课堂探究实践达成目标2。

学习活动：

活动：品悟文本，指向表达想象。

学习作者"反着想"的方法，感受和学习作者的有序表达。

1.本单元的习作是让我们来写想象故事，除了可以运用本课咱们学到的这些想象方法放飞我们的想象外，作者还有一个写作的小窍门，藏在最后一段里，来，一起读读课文的这一段，你有什么发现呢？（出示：下课了，大家都围着我，想知道宇宙的另一边还有什么有趣的事情……飞到那个很远很远的地方，再去拜访宇宙另一边的那个"我"。）

2.交流：我发现，作者开头写"我趴在窗台上，看着浩瀚的星空"，到了最后，还在写看星空，开头结尾呼应；我发现这个小窍门就是多想自己就是宇宙另一边的"我"；整篇课文，作者写了他上学—学习—回家，就跟我们一天的学习、生活一样。

小结：我们的发现很了不起，写想象故事，就是在与另一个"我"对话。所以，写想象习作并不难，就是自然而然地写出我们的想法。刚才有位同学的发现很有价值，他发现作者按照"上学—学习—回家"一天的学习生活经历写出了宇宙另一边的"我"，就像作者这样，把很多的想法，想清楚后进行整理，梳理后按照顺序来写，想象的故事读起来就会更受大家喜欢。

3.跟着作者的想象，我们发现了写想象故事的妙招，来，说说，你都发现了什么？

小结：学有所得，我们就要像作者那样，基于生活，反着想象、成为所想，并按顺序把自己奇特、有趣的想象写下来，做到有创意、有意思、有条理。

4.在感受了作者对宇宙的另一边丰富、奇特的想象之后，让我们回过头来思考一下：作者是如何基于现实生活，写出这样有趣、奇妙的想象的呢？

5.大家可真了不起！发现了作者想象的秘密——反着想。

其实，作者在文中还告诉了我们宇宙另一边习作的秘密，来，读一读第11自然段，你发现了吗？

交流：在宇宙的另一边，写什么事物的作文，只要把自己想象成为那种事物……

小结：大胆的想象，可以让我们的习作充满神奇感，想写风，就把自己想成风，就能把风写得神奇有趣，看来，把自己想象成想写的那种事物去写作，就能把他写好，这就是"成为所想"的想象妙招。

来，让我们把自己想象成风，一起来读读这个神奇的句子吧！

6.你们发现了作者"成为所想"的表达方法，真了不起。接下来，让我们也在宇宙的另一边"成为所想"吧。

如果想写关于月亮的习作，你觉得我们可以怎样做？

你还想写关于什么的习作？我们可以怎样做？请大家借助课中学习单中的提示，自主选择你喜欢的仿说话题，先在小组内和伙伴们分享自己的想法，然后，再和同伴交流。

交流：在宇宙的另一边，如果想写一片叶子的习作，就得想象自己变成了一片轻盈的叶子……；在宇宙的另一边，如果想写太阳的习作，就得想象自己变成了一轮明晃晃的太阳，挂在半空中……；在宇宙的另一边，如果想写蟋蟀的住宅，就得想象自己变成一只蟋蟀……

小结：我们的想象都真有趣，瞧，成为所想，让大家的交流变得精彩奇妙。

学习反思：这节课，我们跟随着作者的想象，遨游了宇宙的另一边，来说说你的收获吧！

课堂小结：作者是用了反着想象、成为所想的方法，把宇宙的另一边写得特别有意思，特别神奇。学有所得，我们就要像作者那样，基于生活，反着想象、成为所想，并按顺序把自己奇特、有趣的想象写下来，做到有创意、有意思、有条理。

（邢　琳）

《我变成了一棵树》

★ 第一课时

学习目标：

1.认识生字，会写新词语；能够正确、流利、通顺地朗读课文。

2.结合课文中具体的语句，思考"我变成一棵树后发生了哪些奇妙的事情？"初步感受奇特的想象，体会运用对话、心理活动展开故事的表达方法。

学习重点：

结合课文中具体的语句，思考："我变成一棵树后发生了哪些奇妙的事情？"

学习难点：

初步感受奇特的想象，体会运用对话、心理活动展开故事的表达方法。

评价任务：

1.通过课堂研讨达成目标1。

2.通过课堂探究实践达成目标2。

学习活动：

活动一：初读文本，感受想象的神奇。

1.导入：上节课我们学习了《宇宙的另一边》这篇课文，作者是怎样想象，又是怎样表达想象内容的呢？今天我们就借助《我变成了一棵树》一课，继续关注作者的想象方法和表达方法。

2.默读课文交流问题：英英为什么要变成一棵树？她变成了一棵树后，发生了哪些有意思的事情？

小结：我们借助这两个问题就梳理出了课文主要内容：英英因为不想回家吃饭而变成一棵树，然后发生了一连串有意思的事情，最后在妈妈美食的引诱下回到现实。

3.自由读课文，体会顺着事物特点进行想象。

思考：这篇课文中作者的想象特别有意思，那课文中哪些内容是想象的，哪些内容是现实的呢？下面快速阅读课文找找相关内容。

交流：第1—3自然段是现实，其余大部分是想象的内容。

思考：英英是怎样由现实世界进入想象世界的？

小结：神奇的想象可以让我们拥有奇异的经历。现实与想象的连接点就是"变成"这个关键词。

4.在想象的世界里，"我"变成树之后，发生了哪些有意思的事呢？默读课文第5—23自然段，一边读一边用笔画出自己觉得有意思的语句。读完后和同桌交流。

（1）抓住"痒痒的"和"冒出来"。（PPT展示：我心里想着，就觉得身上痒痒的，低头一看，发现许多小树枝正从我身上冒出来。呀，我真的变成了一棵树！）

思考：哪些词语让你觉得特别有意思？（痒痒的、冒出来）

指名读句子，边读边想象身体长出树枝的神奇。

思考：为什么英英要想象自己变成一棵树，而不是变成别的？

小结：英英在树下玩，所以想变成一棵树。现实中小树就会长树枝，所以在想象中"我"身上痒痒的也长出了树枝，这就是顺着事物原有的特点去想象。

（2）抓住"各种形状的鸟窝"。（PPT展示：我变成了树，树上长满了各种形状的鸟窝：三角形的、正方形的，还有长方形的、圆形的、椭圆形的、菱形的……）

思考：生活中的鸟窝有这么多形状吗？而在想象的世界里，我变成了一棵树就可以长出那么多神奇的鸟窝。还有哪些神奇的形状呢？

展开想象，进行交流。

小结：我们也能和作者一样顺着事物特点大胆想象，创造出了现实中不存在的各种各样的鸟窝，这样的想象创造出了比生活中更加奇妙的事物和景象。

活动二：细读文本，习得想象方法。

1.课文中肯定还有许多地方让你觉得特别有意思，这么奇特的想象，让我们通过朗读来感受一下吧！

通过小组读、男女分读、齐读等不同形式朗读有意思的语句，可以边读边看课本插图。

2.思考：在读的时候你的脑海中出现了怎样的画面？英英为什么会邀请小动物们住在自己的鸟窝里？

交流：小动物们住在各种形状的鸟窝里，十分开心；英英很喜欢小动物，非常想养小动物等。

小结：英英通过大胆奇特的想象，在想象世界里实现了自己的愿望，这就是"成为所想"的想象方法。如果你也能变，你想变成什么？变了以后会发生什么奇妙的事？

交流自己的想象。

课堂小结：顺着事物特点大胆想象，创造出了现实中不存在的各种各样的鸟窝，这样的想象创造出了比生活中更加奇妙的事物和景象。

★ 第二课时

学习目标：

1.通过勾画交流有意思的句子，结合生活实际，学习作者抓住事物特点运用"成为所想"的方式进行想象。

2.能大胆想象自己变成什么，会发生什么神奇有趣的事情，并以此为依据尝试创编故事。

学习重点：

通过勾画交流有意思的句子，结合生活实际，学习作者抓住事物特点运用"成为所想"的方式进行想象。

学习难点：

能大胆想象自己变成什么，会发生什么神奇有趣的事情，并以此为依据尝试创编故事。

评价任务：

1.通过课堂研讨达成目标1。

2.通过课堂探究实践达成目标2。

学习活动：

活动：品悟文本，指向表达想象。

1.读对话。

思考：除了养小动的愿望，从下面句子的关键词语中，又读出了英英怎样的渴望呢？

你怎么住进来？别担心，我会弯下腰，让鸟窝离你很近很近，你只需轻轻一跳或者轻轻一爬，就像平时上你的小床那么容易。

（1）抓住"你"字思考："你"指的谁？（指的是每一位读到这篇文章的读者）

（2）找一找其他作者与读者对话以及文中小动物之间的对话和"唉、噢、哎呀"这些词，读一读。

小结：我们感到作者似乎在与我们亲切地对话，和她一起感受想象世界的神奇与美好，作者、读者和文中人物之间的对话这也是这篇课文表达上的一个特点。

2.读心理活动。

"我"就这样和小动物们玩了一天，到了傍晚谁来了？

（1）齐读："傍晚的时候，妈妈背着一个大包过来了，我的心嘭嘭地跳着，震得树上的鸟窝都一动一动的，发出丁零丁零的声音。"

思考：如果你一天见不到妈妈，你心里会有什么感受？从"我的心嘭嘭地跳着"感受到了什么？

预设交流：一天见不到妈妈会非常想妈妈；英英既高兴又紧张。

（2）这句话写出了英英的心情，课文中还有哪些描写英英心情的词？

"她不知道我变成了树！我有点高兴，又有些失望。"

提问：采访英英此时的感受，为什么有点高兴？为什么又有些失望呢？

小结：无论英英从现实世界走进想象世界还是从想象世界回到现实世界，妈妈的关爱一直伴随着她，想象世界也要表达真情实感。（板书：真情实感）

学习反思：本单元我们学了《宇宙的另一边》和《我变成了一棵树》这两篇课文。通过这两篇课文的学习，你在大胆想象方面有什么收获？

小结：推荐大家阅读《逃家小兔》，再次感受想象的魅力，读完了可以把这个故事讲给别人听一听。

课堂小结：根据事物的特点展开丰富的想象，勾连起建立事物之间的联系，还能够把自己想象成其他的事物，让文章更有意思，也让我们拥有奇异的经历。

（马聪颖）

子任务三：体验想象乐趣，分享"奇妙的想象"
《初试身手》

学习目标：

1.能根据手指印的特点进行丰富的想象，画出想象中的事物，并能进行有创意的表达，感受大胆想象的乐趣。

2.能尝试运用学过的想象方法编写故事，体会丰富与神奇的想象。

学习重点：

能根据手指印的特点进行丰富的想象，画出想象中的事物，并能进行有创意的表达，感受大胆想象的乐趣。

学习难点：

能尝试运用学过的想象方法编写故事，体会丰富与神奇的想象。

评价任务：

1.通过课堂研讨达成目标1。

2.通过课堂探究实践达成目标2。

学习活动：

活动一：感受乐趣，大胆想象实践。

1.欣赏课本上的手指印画并思考：图片中画的是什么？猜一猜是如何画出来的。

2.某个手指横着印、竖着印、重叠着印等不同方式创造成系列的手指印画，还可以多个手指共同运用一起创作。

提示：可以根据事物特点进行联想。

3.联系生活，大胆实践。

（1）联系生活实际，想一想生活中哪些事物是类似圆形或椭圆形的，把手指印想象成这些事物需要再画上什么，在充分思考以后尝试创作自己的作品。

（2）运用成为所想的方法想象。《我变成了一棵树》中我全身长出了各种形状的鸟窝，如果你就是这个椭圆形的手指印，你身上会长出什么？你会变成什么有趣的事物？

（3）反着想象，生活中哪些事物不是圆形或椭圆形的？如果这些事物成为椭圆形的，会有哪些有趣的事发生？

小结：依据手指印的特点，把它们想成其他的事物，并呈现出丰富有趣的画面。

4.小组交流，介绍自己创意，同系列的还可以比一比，赛一赛看谁的最新奇，最有创意。

5.评选优胜者参加班内交流，争夺"最佳创意"奖。

活动二：故事接龙，放飞想象翅膀。

1.出示两个故事开头之后，可以根据故事开头的信息去想象。（利用"成为所想"的表达方法，续编故事《我变成了瞌睡虫》；利用"反着想"表达方法，续编故事《小牧童进颠倒村》。）

夏天到了，瞌睡虫王国一片沸腾。它们纷纷飞出洞口，去寻找自己的朋友……

作前学习：可以顺着故事的开头，不断追问、不断思考、续编故事。

例如：瞌睡虫有什么特点？它们能去哪里寻找朋友呢？它们找到朋友了吗？它们之间还会发生什么故事？

一阵大风过后，小牧童被吹到了颠倒村。他睁开眼睛，只见树枝和树叶长进土里，树根却张牙舞爪地伸向天空……

作前学习：根据事物的特点大胆地想象。

例如：颠倒村的房子和普通房子相比有什么特点？还可以借助《颠倒歌》，想象颠倒村还可能有什么奇妙的景象呢？出示《颠倒歌》，激发想象。

太阳出西落在了东，胡萝卜发芽长了一根葱。天上无云下大雨，树梢不动刮大风。滚油锅里鱼打浪，高山顶上把船撑。东洋大海失了火，烧毁了龙王的水晶宫。一只蚂蚱咬死驴，小麻雀一嘴叼死鹰。阳关道上有人骑着大刀扛着马，又来个口袋驮驴一溜风。半空中有个兔子咬死鹰，院子里老鼠拉猫钻窟窿。极小的公鸡下了蛋，蛋中长根骨头硬如钉。小鸡吃了黄鼠狼，青蛙吃了个长蛇精。老太太见了心害怕，胡子吓得直扑棱。

2.从中二选其一，根据兴趣重新分组。挑选自己最感兴趣的故事开头，进行大胆的想象，同样故事开头的同学重新组合成组。

3.接龙编写（15分钟左右）。

4.开展评选"最佳故事龙"活动，在小组内交流自己续编的故事，评选最佳。

5.邀请各组优秀代表在班级内交流，师生评价。（交流指出写得好的地方和不够好的地方，适时进行总结评价）

6.最终出示评价标准，选出"最佳故事龙"。

7.课后使用修改符号进行修改、完善自己的习作。

课堂小结：我们一起学习了边画画边展开想象，还能根据开头，运用"成为所想""反着想"等方式展开想象续编故事。

《奇妙的想象》

★ 第一课时

学习目标：

1.能借助习作例文进一步体会丰富与神奇的想象。

2.大胆想象，写一个想象故事。

3.运用修改符号修改自己的习作，与同学分享、赏评习作。

学习重点：

能借助习作例文进一步体会丰富与神奇的想象

学习难点：

大胆想象，写一个想象故事，并运用修改符号修改自己的习作，与同学分享、赏评习作。

评价任务：

1.通过课堂学习达成目标1。

2.通过课堂练笔达成目标2、3。

学习活动：

活动：借助标准，赏析修改文章。

1.我们前期学习单元课文之后，基本掌握了想象方法，也明确了习作标准，你们打开了思路，都能写出想象中的世界。

2.上节课，咱们也了解了赏析一篇习作的标准，这节课，咱们就根据标准赏析习作。还记得可以从哪些方面来赏析一篇习作吗？

交流：从"赏析习作题目、思维逻辑、语言表达、想象方法"四个方面赏析。

3.赏析习作题目：这个单元每篇文章的题目都很有趣，习作要求提供的题目也很有趣。请欣赏大屏幕上有趣的题目，自己读读，找出你最感兴趣的一个题目，猜猜作者可能会写些什么？

读者与作者交流。

小结：首先要恭喜咱班的小作者们，你们用心起的题目一下子吸引住了我们；题目起得好，读者就会大胆猜测，还会迫不及待地读你的习作。而作为小读者的你们，在对比中有了思考，在阅读中就与作者产生了共鸣。

4.赏析文章开头：想象作文，需要根据题目安排一个合理的切入点。还记得本单元学习的几篇课文都是用了什么方法引入想象内容吗？

小结：提出一个问题，从现实很自然地引入想象世界；描述一个有趣的情境，激发读者的兴趣；还能够开门见山，直奔主题。

5.赏析语言表达：大家看，这里罗列了部分精彩片段，你来读读，一会儿说说你最喜欢哪种表达方式？为什么。

6.你们发现了这些片段里语言表达方面的出彩之处，真了不起。通过刚才的交流，我们知道了"表达有顺序、故事角色对话、作者与读者对话"等表达方式，能够推动情节发展，使想象更合理，使表达更有条理，使我们读起来感觉身临其境。

7.赏析想象方法：现在，咱们来看完整的三篇习作，有三位小作者分享了自己的习作，咱们看题目：《橡皮的遭遇》《假如人类可以冬眠》《一本有魔法的书》，思考：你想先读哪一篇习作？这篇习作哪里写得有意思？作者是怎样写出它有意思的？

8.赏析习作之"成为所想"。交流《橡皮的遭遇》一文时，出示需要思考的问题。

学生交流第3自然段时，顺势引领全班同学：咱们也来读读文中"自己变成橡皮之后的所见所闻"部分，有趣在哪儿呢？

交流：自己成为一块橡皮，能听懂同学们的话，同学们却完全听不懂自己的话。

思考：原来，想象习作在自己变身之后，也会有沟通不便之处。

咱们再来关注橡皮的不同经历，这次有趣在哪儿呢？

交流：一块橡皮竟能感受到被摔、被踩、被戳的疼痛，也能感受到被爱护的欣喜。这种"成为所想"的想象方法多么神奇、有趣呀！

思考：根据自己的亲身经历判断出哪些行为是应该有的，哪些行为是不应该有的？看来，习作中"表达要有思想"这一点很重要呢。

小结：作者是把自己想象成橡皮之后，才体验到了神奇、有趣的经历。由此可见，"成为所想"能体验到变身后的奇异经历。

9.赏析习作之"反着想象"。交流《假如人类可以冬眠》一文时，出示需要思考的问题。

学生找到第3段时，关注：这一段有趣在哪儿？

交流：因为想象着游乐园里有一群动物在玩，这种场面是现实中不存在的，所以感觉很有意思。还有，人类冬眠后，原来冬眠的动物们就都出来玩啦，可是却因为人类不活动，而没有电，也没有食物，最有意思。

思考：咱们可以用汇总表格的方式，转向对表达方法的探究：现实世界中，冬天都是动物冬眠，孩子到游乐场玩，大人们工作；而想象世界呢？自己填写表格，说说你的发现吧！

交流：找到了小作者大胆发挥想象的方法，就是反着想象。

请看，大屏幕上是本次习作中咱们同学写的"反着想象"的片段，请小作者给大家介绍一下。

10.赏析习作之"抓住特点"写。交流《一本有魔法的书》一文时，出示需要思考的问题。

交流：有趣在哪儿？

提问：此文与本单元哪篇课文十分类似？《一支铅笔的梦想》。

思考：两篇文章都是抓住事物的特点，发散思维，大胆想象出有趣的事。

请看，大屏幕上是本次习作中咱们同学写的"抓住特点"的片段，请小作者给大家介绍一下。

课堂小结：写作有方法。"表达有顺序、故事角色对话、作者与读者对话"等表达方式，能够推动情节发展，使想象更合理，使表达更有条理，使我们读起来感觉身临其境。

★第二课时

学习目标：

1.借助习作例文，进一步体会丰富与神奇的想象。

2.开拓想象的思路，能把自己的想象故事写清楚。

3.提升互评互改和自我修改的能力。

学习重点：

借助习作例文，进一步体会丰富与神奇的想象。

学习难点：

提升互评互改和自我修改的能力。

评价任务：

1.通过课堂学习达成目标1、2。

2.通过课堂交流达成目标3。

学习活动：

活动：习作展示，创享想象长廊

刚才我们对照赏析标准赏析了他人的习作，现在，再次对照标准，找出自己习作中都有哪些优秀之处，分别在旁边画上星星标记。

1.互相赏评他人习作。

2.交流：他人习作有趣的片段及写法特点。

3.习作总评获得十颗星及以上的同学请举手，祝贺你们的习作当选为"最具想象力作文"，课后张贴在想象长廊中，你们就是这节课的"想象小达人"。

4.下面，有请"想象小达人"们从小组其他习作中挑选"最亮眼的题目""最自然的开头""最精彩的片段""最独特的表达"，把自己手中的星星标志贴在他人习作相应位置上。

5.课后，咱们把这些精彩题目、开头、片段、习作等分类整理，展示在想象长廊中，供全班同学、年级同学分享、阅读。

课堂小结：同学们，通过这堂课，我们用文字记录下神奇的想象，最后集中进行展示，整理自己的学习成果，展示在想象长廊中。

创作富有想象力的文章评价标准：

表6-3-4 评价标准

赏析内容	赏析标准			个人自评	学生互评	教师评价
	☆☆☆	☆☆	☆			
习作题目	1.醒目；2.独具匠心；3.富有想象力					
思维逻辑	1.逻辑严密；2.安排合理；3.情理之中					
语言表达	1.表述有顺序；2.运用对话推动情节；3.表达清楚、吸引人					
想象方法	1.成为所想；2.抓住特点；3.反着想象					

（刘婉鸣）

七、作业与检测

单元检测：

（一）基础性作业

1.走进想象的世界。

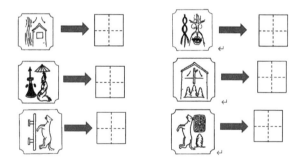

同学们，在想象世界上的生字都施了魔法，你能帮他们找回原本的样子吗？

2.感受想象的神奇。

想一想：宇宙的另一边还有哪些神奇之物？

（二）发展性作业

1.想象一下，"宇宙的另一边"可能还会有哪些秘密？让我们插上想象的翅膀，把你的想象用文字表达出来吧！

2.想象很奇妙，尾巴竟然有一只猫，除此之外，你还想到了哪些新鲜有趣的说法？

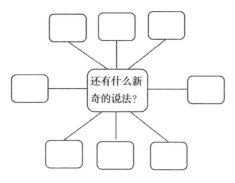

图6-3-2 "想象"图

（三）拓展性作业

1.小练笔：

在这么多充满神奇的想象中，你最喜欢哪一种呢？请你发挥想象，创编一段小故事，让大家也体验到想象的神奇吧！

_____

_____

_____

_____

_____

_____

_____

2.完成想象评价卡。

表6-3-5 评价卡

想象评价卡	
姓名：_____	班级：_____

评价指标＼评价对象	想象大胆奇妙指数
自己评	☆☆☆☆☆
同伴评	☆☆☆☆☆
老师评	☆☆☆☆☆

3.推荐阅读《爱德华的奇妙之旅》。

八、学后反思

1.通过本单元的学习，你都学会了哪些想象的方法？

图6-3-3 学后反思图

2.通过本单元的学习你在知识、能力、思想等方面有哪些收获？

3.自己在本单元的学习中遇到了哪些问题？是否得以解决？现在是否还存在什么困惑需要老师或者同学帮助解决的？

4.你在本单元还积累了哪些学习经验愿意与别人分享？

九、学习资源

1.补充资源1：《爱德华的奇妙之旅》